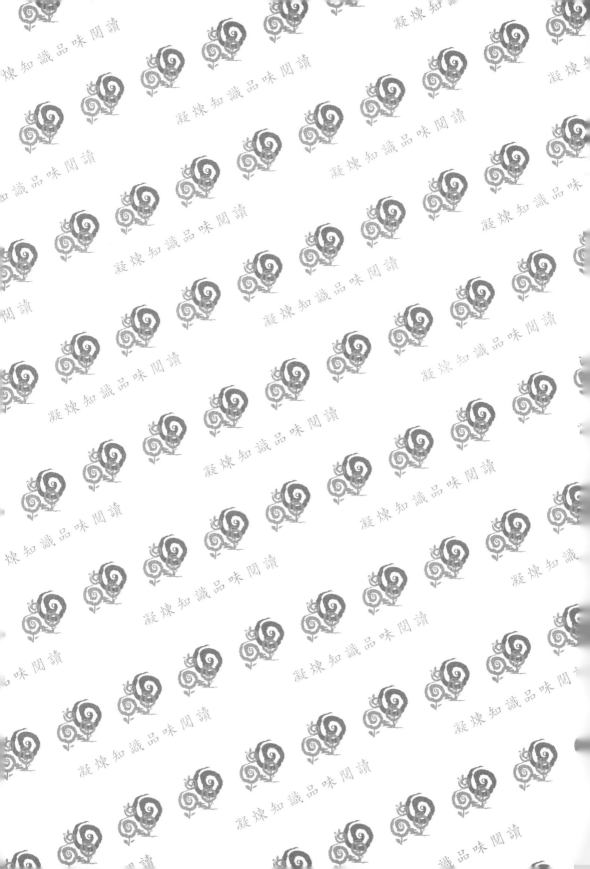

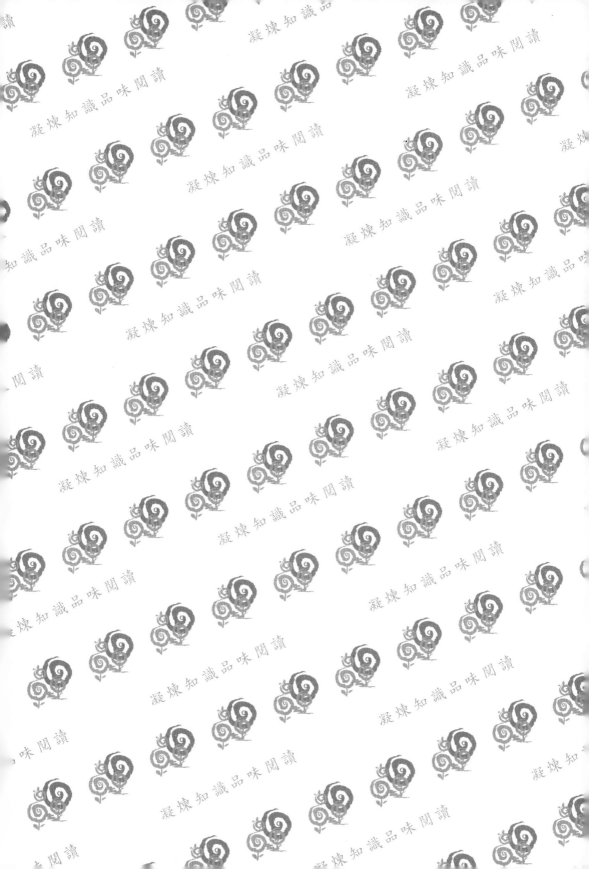

i-LEADER⁺ 智慧學校

理念、指標與案例

張奕華 著

五南圖書出版公司 印行

作者序

「教育的根本目的，是讓每一個孩子的潛力得到充分發揮。」(The fundamental purpose of education is to enable every child to realize their full potential) 這句話深刻揭示了教育的本質。在當今這個快速變遷的數位時代，教育不僅要激發學生的潛能，更需引導他們適應未來的需求。隨著人工智慧（AI）、人工物聯網（AIoT）等新興科技的迅速崛起，智慧學校的理念逐漸成為全球教育界的焦點。智慧學校的發展不僅是科技應用的升級，更是一場涵蓋教育理念、教學方式及學校經營的全面革新。在此背景下，我撰寫了《i-LEADER智慧學校：理念、指標與案例》一書，旨在探討智慧學校的發展路徑，並提供具體的實踐指導。

「學習是成長的基石，科技是未來的引擎。」（Learning is the cornerstone of growth, and technology is the engine of the future）這一觀點促使我們重新思考科技在教育中的關鍵角色。在撰寫本書過程中，我特別關注智慧教育的發展趨勢，以及AI在學校教育中的應用。第一章深入探討了AI時代智慧教育的發展趨勢，分析了科技對教育的深遠影響，並介紹了智慧學校的基本概念與發展架構。接著，在第二章中具體討論了AI如何應用於學校教育，透過多個實際案例，展示了AI科技在提升學習效果與學校管理效率方面的潛力。

愛因斯坦（Albert Einstein）曾說：「教育的藝術是激發學生的靈感，而不是填滿他們的頭腦。」（It is the supreme art of the teacher to awaken joy in creative expression and knowledge）這句話提醒我們，教育不僅僅是知識的傳遞，更是啟發學生創造力與靈感的過程。第三章探討了i-LEADER+的意涵，並闡明如何將智慧學習、智慧教學、智慧健康、智慧行政、智慧環境及智慧綠能，這六大向度整合起來，形成智慧校園的關鍵要素。同時，本章也介紹了如何運用人工智慧等科技來支援這些智慧向度，推動學校教育的現代化與智慧化發展。

「未來的學校將成為智慧的港灣、科技與人性融合，創造全新的教育體驗。」（The school of the future will be a haven of wisdom, where technology and humanity blend to create a new educational experience）這一理念充分體現了智慧學校的核心思想。本書第四章深入探討了i-LEADER+智慧學校的

理念，該理念結合智慧學習、智慧教學、智慧健康、智慧行政、智慧環境與智慧綠能等六大向度，旨在運用科技創新與人性化的方式，為學生提供全方位的學習與成長環境，並強調科技在教育中的核心作用。第五章則提出了i-LEADER+智慧學校的指標體系，這些指標不僅為智慧學校的建設提供具體指南，也為評估學校在數位化、科技整合與創新應用方面的表現提供了標準。透過這些指標，學校能夠更有效地推動智慧教育，提升教學與管理的品質，最終實現互動性與創新兼具的智慧校園環境。最後，第六章透過一系列成功的案例展示了智慧學校的實踐成果，為讀者提供具體操作的參考，並說明了不同類型學校如何運用智慧科技實現教育革新。

「知識無限，但必須靠教育來傳遞；智慧校園則讓知識變得更加可及。」（Knowledge is infinite, but it must be transmitted through education; the smart campus makes knowledge more accessible）這種觀點強調了智慧校園的價值所在。本書的撰寫過程中，參考了國內外最新的研究成果與實踐經驗，特別感謝那些致力於智慧學校建設的學者與教育工作者，他們的研究和案例為本書提供了豐富的素材與靈感。書中引用的文獻與資料，包括來自聯合國教科文組織、國際學術會議等機構的報告與研究等等，這些資料為智慧學校的未來發展提供了理論支持與實踐指導。

希望這本書能夠為智慧學校的領導者、教育者以及研究者提供有價值的參考，幫助他們在智慧教育的道路上不斷探索與前行。特別感謝五南圖書出版股份有限公司黃副總編輯惠娟，從編輯建議到出版流程給予了大力支持和指導。除此之外，也感謝五南圖書出版團隊的專業投入，確保本書得以順利問世，為推動智慧學校的發展貢獻一分力量。

張奕華

謹識於智匯空間2024

CONTENTS
目　錄

第一章
AI 時代下智慧教育趨勢

　　自 1959 年伊利諾伊大學創建 PLATO 系統以來，電腦已被應用於教育領域；該系統是一個擁有數千個終端的系統，能為小學、大學和社區學院的學生提供服務。在 1963 年另一個系統開始使用數學和閱讀的練習自主式學習計劃，使學生能夠更積極地參與學習過程。人工智慧與教育領域於一九七〇年代由十幾位先驅者建立，其中包括約翰·塞爾夫（John Self）、賈米·卡波內爾（Jaime Carbonell）和威廉·克蘭西（William Clancey）。最早的智能導師（intelligent tutor）出現在賈米·卡波內爾的 1970 年博士論文中，他開發了一個名為 Scholar 的系統，邀請學生探索南美的地理特徵。這個系統不同於傳統基於電腦的教學，它透過遍歷地理知識的語義網路（semantic network），對學生的陳述產生個別回應（Yu & Lu, 2021）。隨著人工智慧的發展，「ChatGPT 的功能受到廣泛認可，讓大型人工智慧模型（large-scale AI models）受到大眾關注，它能透過深度學習（deep learning）處理龐大的資料集（datasets），生成高品質的內容，包括文字（text）、圖片（images）和影片（videos）。在教育領域中，這種生成式人工智慧（generative artificial intelligence）的普及和廣泛應用，將對教學方式、學習取向和評量方式產生重大影響。同時，它也會讓人們更關注 AI 在教育中的道德問題（ethical considerations），大型 AI 模型的潛力和應用前景引起了廣泛興趣和關注」（UNESCO IITE, 2023, p.50）。「隨著資訊科技的發展，教育智慧科技整合了 5G、物聯網、大數據、雲計算、人工智慧、區塊鏈等技術，促進了對教育智慧科技的研究和迭代。智慧教育的基本支持來自於環境感知、數據獲取和數據安全。智慧教育的生成依賴於雲計算、人工智慧和機器學習等智慧科技」（UNESCO IITE, 2022a, p.1）。在《人工智慧來了》一書中提到突破

傳統想像的新式教育——「線上課程、討論小組、實習實踐、自我探索和自我完善」，揭開 AI 時代最「智慧」的學習方式（李開復、王詠剛，2017）。隨著人工智慧的快速發展，當下已經進入了第四次工業革命，並帶來廣泛的數位轉型，其中包括人工智慧等先進科技。為了幫助學生適應在充滿人工智慧應用的世界，教師有必要為學生提供足夠的跨不同學科的人工智慧整合學習機會（Kim, 2022; Sun, Ma, Zeng, Han, & Jin, 2023）。Sumakul、Hamied 和 Sukyad（2022）建議人工智慧在教育方面具有優勢，並且已經開發了應用於教學和學習的人工智慧。而相關研究（Celik, Dindar, Muukkonen,&Järvelä, 2022; Gupta&Bhaskar, 2020; Huang, Samek,&Shiri, 2021; Monteith, Noyce, &Zhang, 2022; Walia&Kumar, 2022; Xu&Margevica-Grinberga, 2021; Yau, Chai, Chiu, Meng, King, &Yam, 2023）擴展了對人工智慧在教育領域的理解以及說明人工智慧對教學有顯著的正面影響。由此對應到智慧教育的本質——「利用智慧科技建立智能環境，以促進智慧教學，提供個性化的學習服務，並賦予學習者發展智慧才能的能力，其中包括更優越的價值取向、更高水準的思考品質和更強大的行為能力」（Zhu & He, 2012），AI（人工智慧）在智慧教育中扮演著關鍵角色，透過智慧教育平臺和工具的應用，AI 技術能夠提供更個性化、靈活且高效的學習體驗。AI 能夠分析學生的學習風格、進度和需求，從而提供特定需求的教學內容和反饋，促進學習者更有效地掌握知識。同時，AI 還能支援教師在教學設計和評量中做出更明智的決策。因此，AI 與智慧教育的結合不僅豐富了教學方法，也提高了教育的個性化程度，有助於培養學生更全面的技能和智慧。

第一節　AI 與智慧教育轉型

壹、整合「AI+5G」的智慧城市

智慧城市（Smart City）指的是運用數據、通訊及科技來改善城市

問題；智慧城市最初的概念來自 IBM 的「智慧地球」——利用物聯網、人工智慧（AI）、雲端運算等工具，與城市裡的交通、自來水道、電力、建築物等設備系統形成有效率的互動，最終提升政府效能，也改善民眾生活品質。隨著日新月異的科技，智慧城市的發展進度也成爲國際城市競爭力的關鍵指標，智慧城市的應用範圍可分爲六大範圍。根據國際城市策略師 Boyd Cohen 提出的智慧城市輪（Smart City Wheel）（見圖 1-1），智慧城市的六大面向又分別包括三個子項目（許鈺屏，2023），其中在「智慧市民」（Smart People）面向之下，包括「二十一世紀智慧教育」等三個子項目，例如，儘管 3D 列印的早期階段主要由工程師和擁有高級學位的人主導，但隨著這項科技變得更加易於取得，

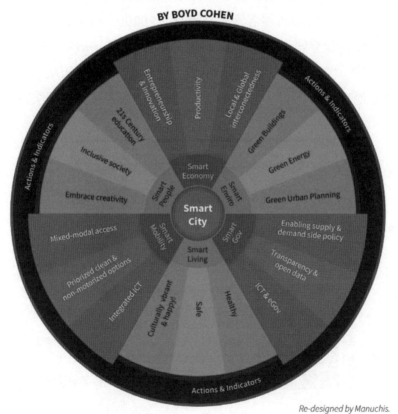

Re-designed by Manuchis.

圖 1-1　Boyd Cohen 的智慧城市之輪
資料來源：ResearchGate (2017).

將會有越來越多的機會供學校的孩子、希望重新接受培訓的成年人，甚至是老年人加入製造城市的行列（Cohen, 2018）。

　　AI 技術與 5G 通訊帶來社會、產業的重大變革、轉型與成長。從 2020 年初爆發的新冠肺炎，各界所採用的科技防疫中，可看到智慧手機防疫定位應用、5G 無人機物資遞送、線上教育協助學習不中斷、電腦視覺技術協助醫療診斷或檢測、人工智慧及深度學習技術協助新藥快速發現等數位科技，持續幫助人們減緩疫情影響，也隱約指出未來新典範變革下的數位成長方向。利用 AI+5G 科技可以協助產業轉型並協助智慧製造、智慧零售、智慧金融、智慧醫療、智慧農漁牧、智慧生活、智慧交通和智慧環境等場域之數位成長與創新（見圖 1-2）。同時，也可以從樂活社會、高值經濟、堅韌環境、普惠科技、創新教育等方向著手，以達到創新目的（蔡志宏、林劍秋，2020）。Herath 和 Mittal 指出人工智慧在智慧城市研究中已被使用超過十五年，城市化對環境產生了重大影響，涉及管理、醫療、能源和「教育」等相關領域。人工智慧的概念已應用於所謂的「智慧城市」發展中，在智慧城市解決方案中應

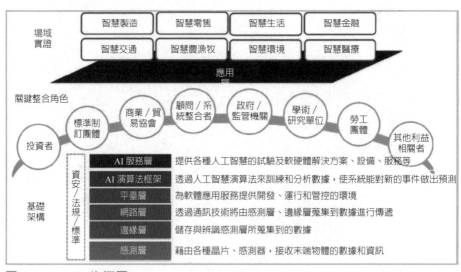

圖 1-2　AI+5G 生態圖

資料來源：蔡志宏、林劍秋（2020, p.22）。

用人工智慧具有顯著優勢，如改善充足的供水、能源和廢物管理，以及
減少交通噪音和污染。AI 在智慧城市中不斷增加的推動力和影響區域
如圖 1-3 所示（Fisher, 2023）。

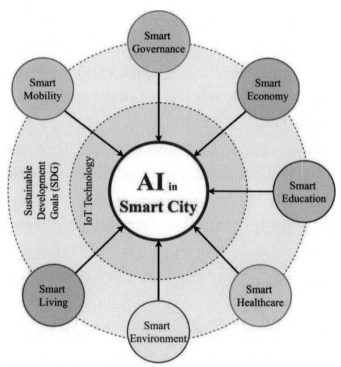

圖 1-3　在智慧城市中人工智慧的驅動力和影響領域
資料來源：Fisher (2023, p.10).

　　由瑞士商學院管理發展研究所（IMD）發表的 2023 年智慧城市指
數按照城市如何利用科技應對面臨的挑戰，以實現更高生活品質，評
選了 141 個城市。新加坡被認為是亞洲領先的智慧城市，排名世界第
七。在 2020 年和 2021 年，新加坡也在全球排名第七，比 2019 年的第
十名上升了三名。新加坡在 2019 年至 2021 年曾經排名第一，但根據
2023 年指數使用的新方法，過去的排名現已進行調整（Smart Nation
and Digital Government Office, 2023）。打造「智慧國」是新加坡政府
一直努力的目標，其智慧城市發展在世界上名列前茅，因此智慧教育成

為新加坡政府重點培植的領域。新加坡政府在教育方面的開支自 2005 年以來增加一倍以上，到 2017 年其教育投資達到 129 億新元，佔國家總預算的 17%。新加坡資訊通訊發展管理局（IDA）與新加坡教育部（MOE）攜手合作推出新加坡「未來學校」計劃，以鼓勵學校開展創新的教學方法，將新的科技運用到教學中。「未來學校」是指透過在教學中使用最新的應用軟體，開發 3D 模擬學習情境模式、創新課程體系方法、培養師生自主創新能力以及加強對外交流與學習等。新加坡智慧教育的核心理念是將教育從教會學生知識轉變爲教會學生學會學習，使學生的創造性思維、互助協作能力等得到全面發展，使新加坡走在資訊科技運用的最前端，爲實現所有學校都能使用資訊科技的目標奠定了堅實的基礎。智慧教育是新加坡推動人才策略、人才立國的重要途徑，在初等教育、高等教育、師資培養等方面都積極推進智慧教育模式改革，投入大量資金對教學設施、基礎條件、裝置環境等進行相應的購置、設置、改造，並不斷加強以研究專案的形式投入對科技應用方式的研究，並取得了顯著的成績（江彥廷，無日期）。智慧城市的發展和智慧教育的推進爲學校帶來了重要啓示，學校可以借鏡智慧城市的整合模式，運用科技手段提升教育品質和管理效率，例如，利用人工智慧和 5G 技術改善教學、管理校園設施、優化學生學習體驗。同時，新加坡的智慧教育模式提供了豐富的實務經驗，學校可以借鏡其創新教學方法、科技應用和人才培養策略，促進教育模式的轉型和發展。透過智慧科技和教育理念的結合，學校能夠更好地滿足學生和社會的需求，培養具備創造力、合作能力和適應未來挑戰的新一代人才。

貳、整合「AI+5G」的智慧教育

自一九八〇年代以來資訊科技在教育中的應用已經歷了三十多年的發展，爲發展提供了新的機遇。進入智能時代後，以人工智慧爲代表的新一代資訊科技，它推動了教育過程中的資料探勘和智能服務的實現，走向了智慧教育的新時代。在這一時期中，資訊科技的主要作用是

積極實現智慧教育服務和教育生態。因此，智慧教育是現代教育資訊化的趨勢，並且在全球範圍內受到越來越多的關注。智慧教育不僅僅是在教育中應用智慧科技，更是在智能時代對教育進行全面轉型和改革的過程。在智慧教育的轉型和改革中，智慧科技的應用將充分發揮機器和人類的不同優勢，實現人機協同合作。充分利用 5G 和 AI 科技加快智慧教育的轉型和改革，將顯著提高教育生產力，為公眾提供更好的教育服務，以解決教育的核心矛盾，突破教育成長的限制。智慧教育的發展和普及是資訊科技進步發展的必然結果，也是教育改革和發展的現實需求（Zuo, Xu, Li, Xu, & Wang, 2022）。資訊科技的快速發展為學校帶來了智慧教育的新時代，學校宜積極採納人工智慧等新一代資訊科技，推動教育過程的智慧化和服務的智慧化。此外，智慧教育的發展也需要學校與資訊科技企業、教育機構等合作，共同推動教育改革和發展，以應對教育面臨的新挑戰，實現教育的全面提升。

Dake 和 Ofosu 提出 5G 生態系統模型的「智慧教育」（Smart Education Concept Integrated in Huawei 5G Model）概念，將 5G 提供的服務分組並適應於教育，如圖 1-4 所示。在「3D 影片與 UHD 螢幕」（3D Video, UHD Screens）方面，3D 可視化科技使電腦生成的圖像顯得更加逼真。這項科技有助於呈現那些非常抽象且難以重新創建的內容。憑藉 3D 虛擬化科技，學習者感受到比單純閱讀更深入的理解。3D 科技帶來了與真實世界內容相當的電腦生成圖像，這項科技有助於在教育中整合模擬和動畫，以更好地呈現最複雜的教育內容。由於影片在教育中的巨大好處，3D 影片的採用已成為創新教育的最流行科技之一，用於協助教學過程。至於在「雲端學習與娛樂」（work and play in the cloud）方面，雲端運算是一種網際網路導向的計算方式，透過網際網路提供給組織的電腦和設備不同服務，如伺服器、儲存和應用。借助 eMBB、uRLLC 和 mMTC 等雲端運算技術，5G 服務提供了在雲端工作和娛樂的機會。透過這項技術，學術機構的各個部門可以在降低計算成本、應用程式托管、內容存儲和交付方面受益。為了充分利用

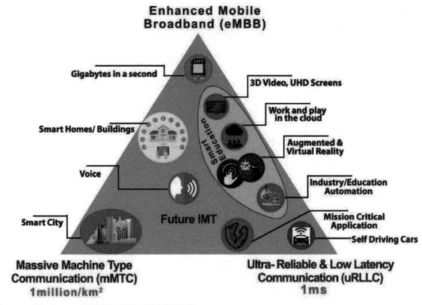

圖 1-4 整合 5G 模型的智慧教育概念
資料來源：Dake 和 Ofosu (2019, p.202).

5G 生態系統提供的服務，各種雲端運算模型變得重要，5G 的超高可靠性和低延遲將成為應用該服務的催化劑。在「擴增實境和虛擬實境」（Augumented and Virtual Reality）方面，虛擬實境是一個互動且觸覺的電腦生成環境，使用者透過模擬設備在物理上相互連接，透過多種感官，如視覺、聽覺、觸覺和嗅覺感知物體，以協作方式執行任務。擴增實境是將電腦生成的內容與真實內容結合在使用者的建構性視角中，擴增實境和虛擬現實科技可以結合使用以實現特定目標。這些科技的主要挑戰是可用頻寬、網路速度和運行時延（latency to run）。5G 服務提供了上述解決方案，這兩種科技在 5G 的支持下，基本上可以為教育建立智慧學生、智慧教師和智慧行政團隊帶來巨大的好處。在「產業／教育自動化」（Industry／Educational Automation）方面，5G 網路將具有軟體定義網路（SDN）架構，包括控制平面和數據平面，大部分控制平面的智能將引導數據平面驅動基礎設施。圖 1-5 描述了一個自動化的 5G 教育環境的情境，以實現智慧大學校園，5G 的出現將在教室和

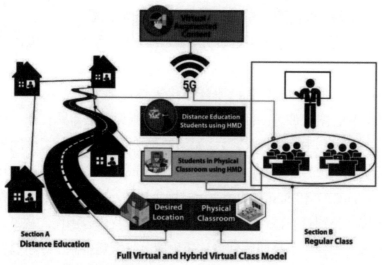

圖 1-5　全虛擬和混合課程模型
資料來源：Dake & Ofosu (2019, p.203).

行政辦公室內提供通訊和自動化。教育應用「A」（Section A, Distance Education）代表擁有雲端感測設備和計算系統的行政辦公室。教育應用「B」（Section B, Regular Class）是一個配備教育物聯網無線設備的教室，例如，帶有影像檢測感測器的 Smartboard 7000 系列 IQ、帶有驅動器的感測門、感測椅子、帶有嵌入式觸摸屏電腦的智能桌子、室溫感測器以及運動和面部表情攝影鏡頭（Dake & Ofosu, 2019）。根據上述 Dake 和 Ofosu 所提出的智慧教育概念，學校應該積極採用最新的科技，如 5G 生態系統模型中所涵蓋的各種科技，包括 3D 影片、雲端學習、擴增實境和虛擬實境，以及產業／教育自動化等。這些科技可以為教育帶來前所未有的便利和效益，例如，更生動的教學方式、更深入的學習體驗以及更高效的管理方式。學校應該積極尋求整合這些科技，構建智慧教育環境，以提升教學品質、滿足學生的多元需求，並為未來社會培養更具創新能力和競爭力的人才。

參、人與 AI 協同合作的智慧教育

人工智慧（AI）協作是研究人類和人工智慧代理一起合作達成共同目標的領域，AI 系統可以幫助人們完成從決策任務到藝術創作等各種工作，協作的例子包括醫療決策輔助、仇恨言論檢測（hate speech）和音樂生成等。隨著 AI 系統能夠應對更複雜的任務，相關研究正在探索不同模型和解釋科技如何改進人工智慧與人類之間的協作（Wikipedia, 2023a）。以智能虛擬助手（intelligent virtual assistants）為例，ChatGPT 和 Stable Diffusion[1] 等生成式 AI 科技，對教育領域的深遠影響，特別是在個性化學習和寫作能力以及內容創作的領域，具有潛力在教育課程中引發典範轉變。學生與人工智慧對話，了解特定選擇背後的基礎，透過將人工智慧作為家教和編輯人員，可以發展元認知思維和提高寫作水準，同時為學生提供修正的反饋和支持（Hutson & Plate, 2023）。學校可以利用這些科技為學生提供更豐富的學習體驗，例如，透過與人工智慧對話來理解特定概念的基礎，並透過人工智慧作為教學和編輯助手來發展元認知思維和提高寫作水準。這不僅可以提供個性化的學習支持，還可以為學生提供及時的反饋和支持，從而促進他們的學習和成長。因此，學校可採用這些 AI 協作科技將其融入教學實踐中，以促進學生的全面發展和學習成效。

第二節　智慧教育架構

壹、聯合國的國家智慧教育架構報告

聯合國教科文組織教育資訊科技研究所（UNESCO IITE）、國際教育科技學會（ISTE）和北京師範大學（BNU），在杭州師範大學

i-LEADER⁺智慧學校：理念、指標與案例

010

---

[1] Stable Diffusion 是 2022 年發布的深度學習文字到圖像生成模型。它主要用於根據文字的描述產生詳細圖像，儘管它也可以應用於其他任務，如內插繪製、外插繪製，以及在提示詞引導下產生圖生圖的轉變。它是一種潛在擴散模型，由慕尼黑大學的 CompVis 研究團隊開發的各種生成性類神經網路之一（Wikipedia, 2024a）。

（HZNU）的支持下，發布了《國家智慧教育架構報告》（*Report on National Smart Education Framework*）。該報告是在「反思和重新設計國家智慧教育策略」（Rethinking and Redesigning National Smart Education Strategy）聯合計劃內製作的，旨在構建一個能夠認識智慧教育特徵的智慧學習科技架構。該報告提供來自中國、美國、烏拉圭和俄羅斯的多個案例研究，以幫助闡明智慧教育的當前狀況。報告得出六個結論：制定國家計劃（creating a national plan）、建立基本的基礎建設（establishing a foundational infrastructure）、建立學習社群（building a learning community）、擴展教育人員能力（expanding educator capacity）、專注於轉化學習環境（focusing on transformational learning environments），以及參與多部門合作夥伴關係（engaging in multi-sector partnerships）（UNESCO IITE, 2024）。

聯合國的永續發展目標 4（Sustainable Development Goal 4）指出，所有國家應確保包容、公平且高品質的教育，並促進全民終身學習的機會。國家政府領導人在構想現代化的數位學習生態系統（digital learning ecosystems）時，必須採取多方面的方法，具體包括以下三個槓桿點：重新聚焦於透過科技實現轉型教學和學習、建立有利於智慧教育的數位學習基礎設施、確保具有前瞻性的治理和政策倡議。以下架構（見圖 1-6）描述了每一個槓桿點的核心元素（UNESCO IITE, 2022a）。

1. 槓桿點 1：透過科技實現轉化教學與學習（Leverage point 1: Transformative Teaching and Learning Enabled through Technology）。一個現代化的數位學習生態系統需要在領導者和利害關係人之間建立更新且共同的理解，明確了解經由科技轉化的有效教育體驗應該是什麼樣子。例如，科技如何增能教育人員和學生共同開發從傳統的演練和技能教學轉化為學習者不再是被動接受資訊的模式的經驗？這種基本轉變需要深入研究改進教學、評量和學習者社群的方向，包括學生中心的教學法（student-centered pedagogy）、重新想像的評

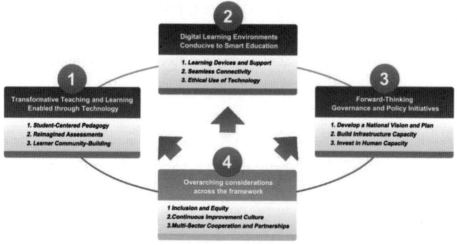

圖 1-6　國家智慧教育架構

資料來源：UNESCO IITE (2022a).

量（reimagined assessments）、學習者社群建構（learner community building）。在「學生中心的教學法」方面，透過積極地運用與發展階段適切的科技，教育人員應該設計並提供教育經驗，使學生能夠成為自主學習者（empowered learners）和數位創作者（digital creators）。從幼兒階段到高等教育及更遠的未來，學生能夠構建知識並發展元認知技能。這可以透過實施以學生為中心、提供多種途徑進行真實學習（authentic learning）的學習模型來實現，以超越實體教室的範疇。在「重新想像的評量」方面，學生與教育人員共同設定學習目標，並在適當的指導下選擇如何展示他們的掌握程度。教育人員擔任指導角色提供支持，並使用適應性措施和學習分析（coach, support and use adaptive measures and learning analytics），提供及時且個別化的反饋（timely and individualized feedback）。評量嵌入（assessments are embedded）於學習過程中，包括其全部目的和功能。在「學習者社群建構」方面，科技被運用作為一個

至關重要的工具，以促進具有文化回應教學[2]（culturally responsive instruction），進而逐漸培養學生歸屬感，幫助學生成爲具有公民意識（civic minded）的社區和全球公民。

2. 槓桿點 2：促進智慧教育的數位學習環境（Leverage point 2: Digital Learning Environments Conducive to Smart Education）。現代化的數位學習生態系統（modernized digital learning ecosystem）需要一個環境，使得正式和非正式的教育機會都能透過取得必要的科技而被啓用和加速。這些數位學習環境必須允許學習隨時隨地發生，不論學習者是否在校園內或其他地方。此外，領導者、教育人員和學生使用各種科技的行爲應受到一套共同的標準、規則和指導方針的指引，以保證數位資訊的倫理使用（ethical use of digital information）。亦即數位學習生態系統包括「學習載具與支援」（learning devices and support）、「無縫連接」（seamless connectivity）、「科技的倫理使用」（ethical use of technology）等三個層面，在「學習載具與支援」方面，所有學生和教育人員都應該提供一個適合智慧教育、能夠連接到先進電信和資訊服務（telecommunications and information services）的數位學習設備。該支援應該隨時可用，以協助學生和教育人員排解與該設備相關的技術問題。在「無縫連接」方面，所有學生和教育人員都應該在學校、家裡或社區中透過無縫的網際網路連接得到支持，以成爲全球合作夥伴（global collaborators）。如此一來，學習者就能擺脫人工設定時間（artificial time-based）限制或地理限制。在「科技的倫理使用」方面，爲了實現智慧教育的願景，個人和表現數據必須在可信任的個人和實體之間共享。系統必須保護這些數據免受濫用，同時確保學生、教育人員和依賴它的領導人可以方便地使用這些數據。

---

[2] 文化回應教學（culturally responsive instruction or culturally responsive teaching），係指教師在教學過程中，能夠採取多元和適切的教學行動、行爲、語言、方式和內容，有效回應不同文化背景下學生的需求，以促進學生學習效果，達成教學目標（吳清山，2018）。

3. 槓桿點 3：前瞻性思維治理和政策倡議（Leverage point 3: Forward Thinking Governance and Policy Initiatives）。現代化的數位學習生態系統需要政府領導者的策略性、長期承諾，以制定國家願景和計劃，確保教育科技的有效使用，並進行足夠的投資，以確保計劃的有效且可持續的實施，並持續改進。此部分包括「制定國家願景和計劃」（develop a national vision and plan）、「建立基礎設施能力」（build infrastructure capacity）、「投資人力資本」（invest in human capacity）。在「制定國家願景和計劃」方面，政府領導人必須致力於一個共同願景，建立科技在確保學生未來成功中扮演重要的角色，以及其對改善國家社會和經濟條件的影響。而代表不同部門的利害關係人必須支持政府領導人，制定一個可用於測量進度指標和里程碑（metrics and milestones）的國家教育科技計劃，以及相應的初始、定期和隱藏成本（hidden costs）。在「建立基礎設施能力」方面，政府領導人必須部署、維護和更新先進的電信和資訊服務，包括有線（例如，光纖）和無線（例如，移動寬頻）網路，以確保所有社區，包括那些位於農村或其他偏遠地區的社區，都能夠連接到高速網際網路。在「投資人力資本」方面，現代化數位學習生態系統必須包括現代化教育工作者的力量（workforce），因為大規模投資購置教育科技，若未考慮到人力資本（human capacity），很可能無法真正改變這些數位工具和資源在學習中的應用方式。此人力資本包括政府領導者資助教育人員的培訓、專業發展、指導和輔導機會，以建立更全面的數位教學人力資本（human capacity）。

4. 在所有槓桿點上的全面考慮因素（Overarching Considerations across all Leverage Points）：在實施這個架構中的三個關鍵槓桿點時，政府領導者必須將一些全面性的考慮因素置於最重要的地位，以確保現代化的數位學習生態系統具有靈活性、永續性，並滿足所有利益關係人的需求。為了做到這一點，必須處理一些特定的問題，涵蓋「包容和公平」（inclusion and equity）、「持續改進文化」

（continuous improvement culture）、「多個部門合作與夥伴關係」（multi sector cooperation and partnerships）等問題。在「包容和公平」方面，實施智慧教育學習方法時，是否聽取並解決了不同學生和教育人員群體的需求？政策和方法是否確保了人們無論其種族、起源、文化和宗教身分、性別、年齡、經濟地位、身體能力或其他可能導致某些人群被邊緣化（marginalization）的標準，都能夠充分參與和被包容？此外，這些群體是否在關鍵決策權（key decision-making authority）的職位上得到了代表權？在「持續改進文化」方面，教育人員和領導者是否與利害關係人合作，持續蒐集和評鑑教育實踐（educational experiences），包括科技基礎設施、學習內容和專業發展的效能，以支持科技賦予學習（technology empowered learning）的更廣泛願景？在「多個部門合作與夥伴關係」方面，政府領導者是否充分發揮私營和社會部門、高等教育機構以及其他國內外非政府組織的廣泛影響力，以提供促進科技在學習中轉化使用（transformative use softech nology for learning）的公共服務？這樣的合作模式可以用於各種目的。綜上所述，根據《國家智慧教育架構報告》所提出的智慧教育策略，學校應重新思考教學與學習模式，積極借助科技實現轉型。首先，教育人員應致力於建立學生中心的教學法，激發學生的自主學習和創造能力，從而打破傳統的教學模式。其次，學校應建立支持智慧教育的數位學習環境，確保學習可以隨時隨地進行，並促進學生和教育人員之間的無縫連接。最後，學校領導者應注重前瞻性治理和政策倡議，制定可持續發展的數位教育計劃，並投資於教育工作者的專業發展。總之，學校應將智慧教育理念融入到教學和管理中，以提升教育品質，促進學生成為具有創造力和批判性思維能力的未來公民。

貳、智慧教育架構相關研究

Zhu、Sun 和 Riezebos（2016）指出智慧教育架構的目的是描述在一個科技輔助環境中的基本要素，一方面幫助學習者達到更高的

思考品質，並促進創新和創造力；另一方面使學生能夠個性化學習（personalize learning）。在科技輔助的智慧教育環境中，三個基本要素是「教學存在」（teaching presence）、「學習者存在」（learner presence）和「科技存在」（technological presence）。「教學存在」由三個組成部分組成，既由教師又由學生共享，它描述了智慧教育系統中教學角色的三個方面：「教學設計」（instructional design）、「促進和直接教學」（facilitation and direct instruction），以及「科技支持」（technological supports）。「**學習者存在**」是由學習者的自主性（autonomous）和協作（collaborative）能力以及對科技的有效使用能力所定義。「科技存在」是關於科技是否能夠創造連接性（connectivity），提供無所不在的存取學習資源（ubiquitous access to learning resources）以及適應個人需求（adapt to personal needs）的程度。雖然科技存在與學習沒有直接關係，但科技為「學習發生」（learning to occur）提供了基礎。

Zhu 等人（2016）進一步指出，教師存在、學習者存在和科技存在的結合，形成了智慧教育典範（paradigm）。當此三個核心要素以一種互補的方式相互作用時，智慧教育過程將會出現（見圖 1-7）。在更詳

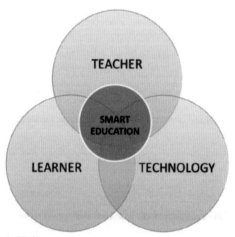

圖 1-7　智慧教育核心要素
資料來源：Zhu, Sun 和 Riezebos (2016, p.61) (2016).

細地檢視這些核心（要素）價值觀時，可以建立一個智慧教育架構。在表 1-1 顯示了教師存在、學習者存在和科技存在的三個要素以及它們的具體功能，此可作為在教育環境中實施智慧教育的指南。

表 1-1　智慧教育架構

	類別	指標
教學存在	教學設計	使用以學生為中心、個人化和合作的教學模式來設計學習。
	促進和直接教學	促進學習過程，藉由提升互動和提供反饋／直接教學。
	科技支持	支援學習者使用科技。
學習者存在	自主學習者	自我引導學習者（self-directed learners）。
	協作學習者	具有協作學習者的能力。
	高效科技使用者	學習使用新科技的能力。
科技存在	連接性	支持社會互動和協作。
	無所不在的存取	無所不在的存取學習資源。
	個人化（personalized）	適應個人需求（adapts to personal needs）。

資料來源：Zhu, Sun 和 Riezebos (2016).

　　Bajaj 和 Sharma（2018）提出智慧教育工具的架構（見圖 1-8），並指出智慧教育的目標是提供個人化的學習，無論何時何地都可以進行。為了使這成為現實並普遍可用，Bajaj 和 Sharma 提出了開發一個基於人工智慧的軟體系統，用於決定學習風格的建議。決定學習風格可用於製作適應性學習內容，根據各自的學習風格將不同的內容推送給不同的學生。在圖 1-8 中，智慧教育架構顯示學生在雲環境中與虛擬教師互動，它描述了使用最適合的學習理論模型和人工智慧技術來確定學習風格，其過程包括五個步驟，用於提供個人化的智慧教育：

1. 辨識在需要提供適應性學習的特定學習環境中的學生屬性。
2. 基於可用的學生屬性，選擇可能應用的一個或多個學習理論模型，

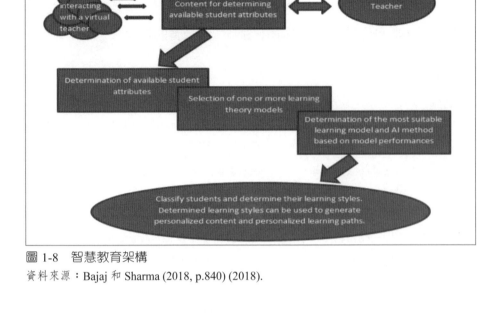

圖 1-8　智慧教育架構

資料來源：Bajaj 和 Sharma (2018, p.840) (2018).

缺乏足夠可用屬性的學習模型將被排除。

3. 如果對於一個教育環境適用多個學習理論模型，該工具將協助確定基於不同模型性能的最適模型。

4. 一旦一個或多個模型已經入選並為特定學生環境進行了訓練，它們可用於對學生進行分類和確定他們的學習風格。

　　學習風格可以映射到學習內容和學習路徑，以實現個人化的教育。Bajaj 等人也說明了智慧教育是將學習帶出傳統的教室，是一種隨時隨地都可以進行的活動。智慧教育可以使用啓用網際網路的平板電腦來瀏覽個人化的學習內容，這些內容可以是文字、圖像或多媒體，也可以使用啓用網際網路的手錶來聆聽錄製的講座。為了實現這一目標，可以使用雲端科技（cloud technologies）。

　　Demir（2021）根據對支持智慧教育的各種資訊科技調查，制定了智慧教育架構（見圖 1-9）。該架構建立在分層的結構中，新的或改進的教學方法（new or improved teaching methods）位於智慧教育的核心，外層支持核心層實現智慧教育。在圖 1-9 的核心層（core layer）

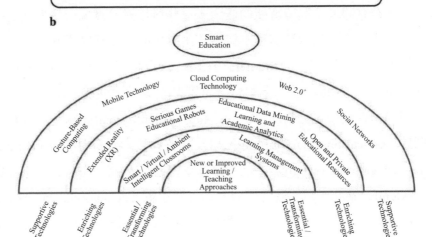

圖 1-9　a. 智慧教育架構的層次結構 b. 智慧教育的科技架構
資料來源：Demir (2021, p.9).

部分，Demir 認為新的或改進的學習／教學方法（new or improved learning/teaching approaches）是智慧教育的核心，這些新的或改進的教學方法包括個人化學習（personalized learning）、翻轉教學（flipped learning）、混合教學（blended teaching）、遊戲導向學習（game-based learning）、案例導向學習（case-based learning）等。傳統的教學和學習方法，即使在資訊科技的支持下，對於智慧教育來說也不足夠，需考慮在教育和培訓中使用電腦，電腦是本世紀最具影響力的創新之一。然

而，它們尚未徹底改變教學的本質或顯著改進教育。因此，在教育中僅擁有特定的資訊科技並不能為教育帶來典範移轉（paradigm shift）。因此，新的或改進的教學方法是智慧教育的核心。

在圖 1-9 的第二層（second layer）——「必要／轉化科技」（essential/transforming technologies）方面，這些科技對智慧教育至關重要，它們將傳統教育與新的或改進的教學方法相結合，轉換為智慧教育。這些科技包括學習管理系統（learning management systems）、智慧／環境智能教室（smart/ambient intelligent classrooms）和虛擬教室（virtual classrooms）。智慧教室與環境智能相結合是因為它們密切相關，智慧教室體現了環境智能的概念。這些科技對於實現智慧教室是必須的，它們形成了包括豐富和支持性資訊科技的必要基礎設施。

在圖 1-9 的第三層（third layer）——「豐富科技」（enriching technologies）方面，這一層的科技是豐富智慧教育體驗的科技，其中在右側的學習與學業分析（learning and academic analytics）、教育數據探勘（educational data mining）以及開放和私人教育資源（open and private educational resources）均豐富了學習管理系統。在左側的擴增實境（extended reality）、教育機器人和專業遊戲（educational robots and serious games），主要豐富了智慧教室。將這些科技中的一些或全部納入智慧教育中，可以提升教學和學習的體驗。在實施特定主題或類型的教育時，並非所有科技都是必須的，可根據教育和培訓目標選擇合適的科技。

在圖 1-9 的第四層（fourth layer）——「支援科技」（supporting technologies）方面，這些資訊科技除了在教育中使用外，還被用於許多其他目的，簡單地稱這些為通用科技（general-purpose technologies）。因此，這些科技支援下面層次中的科技。智慧教育中的層次是基於它們在實施智慧教育中的支援角色而形成的概念層次，智慧教育架構不一定顯示科技相依性的層次結構（hierarchy of technology dependence）。這個智慧教育架構是通用的，使用這個架構可以為特定的教育目標或主題

開發客製化的架構（customized frameworks）。例如，可以爲歷史教學開發一個架構，這個客製化的架構可能包括智慧教育架構中的一些科技。

　　張奕華、吳權威、曾秀珠、張奕財與陳家祥（2020）指出，智慧教育的推動有其程序與推進步驟，從智慧教室的建置、到智慧校園的實踐與智慧學區的延伸；從智慧課堂的實作、到智慧教師的培訓以及智慧模式的擴散與複製，都需要許多人的共同努力與規劃。智慧教育的最高境界是「以學生爲中心實踐一對一教學理想」（見圖 1-10），其發展架構包括教學科技力與科技領導力兩個層面。在教學科技力方面，包括採用現代教育理念的「智慧教師」，每一學科都是採用創新流程的「智慧模式」，每一堂課都是實踐三動三精三適的「智慧課堂」；而在科技領導力方面，包括建構智慧教育的基礎建設——「智慧教室」、班班都是智慧教室——「智慧學校」、校校都是智慧學校——「智慧學區」（張奕華、吳權威，2014）。綜上所述，智慧教育架構提供了一個全面的視角，引導學校向更具創新性和個性化的教學模式轉變。首先，教師

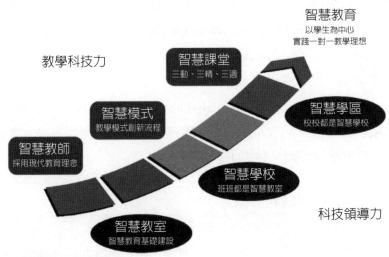

圖 1-10 智慧教育新架構
資料來源：張奕華、吳權威、曾秀珠、張奕財與陳家祥（2020, p.3）。

應該重視教學存在、學習者存在和科技存在的互動，以建立一個有效的智慧教育系統。這需要教師透過個性化和合作的教學模式設計課程，並提供互動和反饋，以支援學習者的自主學習、協作和科技使用能力。其次，學校應該將資訊科技融入教育核心，透過學習管理系統、智慧教室等科技支持新的教學方法，例如，個人化學習、翻轉教學和遊戲導向學習。這些科技不僅提供了無所不在的學習資源，還可以豐富教學體驗，例如，擴增實境和教育機器人。最後，學校需要發展教學科技力和科技領導力建立智慧教室、智慧學校和智慧學區的基礎設施，這將有助於實現以學生為中心的一對一教學理想，促進更有效的學習和教學。整體而言，學校需要整合創新技術和教學模式，以提供更具靈活性和個性化的教育體驗，從而滿足不同學生的需求，促進其全面發展。

第三節　智慧教育倡議與政策

壹、智慧教育倡議／計劃

　　Demir（2021）將智慧教育定義為「以合適的教學方法，有效而協調地利用資訊與通信科技，以達到學習目標」（effective and coherent use of information and communication technologies to reach a learning outcome using a suitable pedagogicalapproach）（p.3）。亦即「智慧教育不僅僅涉及科技，還涉及新的教學和學習方法」（smart education is not just about technology. It is also about new teaching and learning approaches）（p.3）。為了實踐智慧教育目標，馬來西亞等國家啟動了智慧教育的倡議或計劃（見表 1-2）。

表 1-2　智慧教育倡議和計劃

國家	倡議／計劃名稱
馬來西亞	馬來西亞智慧學校實施計劃（Malaysian smart school implementation plan）
新加坡	智慧國家（iN2015）總體計劃【Intelligent nation (iN2015) master plan】

國家	倡議／計劃名稱
南韓	智慧教育計劃（SMART education project）
芬蘭	系統學習解決方案（SysTech）【Systemic learning solutions (SysTech)】
阿拉伯國家	阿拉伯教育、文化和科學組織（ALECSO）和國際電信聯盟（ITU）智慧學習架構（ALECSO & ITU smart learning framework）
澳大利亞	智慧學生中心教育系統（Smart student-centric education system）
阿拉伯聯合大公國	穆罕默德‧本‧拉希德智慧學習計劃（Mohammed Bin Rashid smart learning program, MBRSLP）

資料來源：引自 Demir (2021).

貳、智慧教育政策

依據聯合國教科文組織教育資訊科技研究所出版之《教學和學習的智慧教育策略：重要分析架構和案例研究》（*Smart Education Strategies for Teaching and Learning: Critical analytical framework and case studies*）報告，指出世界各國智慧教育政策如下（見表 1-3）（UNESCO IITE, 2022a）：

表 1-3　世界各國智慧教育政策

國家	人口數（2022）	智慧教育政策（最新）	人均國民所得（2021）	人類發展指數（2022）	平均就學年數（2019）
中國	1,448,471,400	邁向 2035 年教育現代化計劃 下一代人工智慧發展計劃	$11,890	0.758	8.1
埃及	106,156,692	埃及國家 AI 策略（2021）	$12,910	0.7	7.4
印度	1,406,631,776	2020 國家教育政策 國家 AI 策略（2019）	$7,220	0.645	6.5

國家	人口數（2022）	智慧教育政策（最新）	人均國民所得（2021）	人類發展指數（2022）	平均就學年數（2019）
模里西斯	1,274,727	2030 數位模里西斯策略性計劃 政府數位轉型策略（2018-2022） 2018 模里西斯的人工智慧策略	$25,530	0.796	9.5
俄羅斯	145,805,947	國家數位轉型目標（2018）	$11,600	0.824	12.2
新加坡	5,943,546	智慧國家計劃（2018） AI 新加坡計劃	$64,010	0.935	11.6
南非	60,756,135	關於第四次工業革命和高等教育的部長級專案小組（2022）	$6,440	0.705	10.2
南韓	51,329,899	主要計劃 IV（2010）：智慧教育 主要計劃 V：學生中心教學	$34,980	0.906	12.2
英國	68,497,407	國家 AI 策略（2021） 可靠的、道德的且廣泛的蘇格蘭人工智慧策略	$45,380	0.92	13.2
美國	334,805,269	更新國家教育科技計劃 2021	$70,430	0.92	13.4

資料來源：UNESCO IITE (2022a).

　　智慧教育在全球範圍內迅速發展，各國紛紛制定智慧教育倡議和政策以推動教育現代化和科技創新。對學校的啟示在於智慧教育不僅僅是運用科技，更是關乎教學方法的創新和改進。學校應當積極參與智慧教育倡議和政策的實施，以提升教學品質和學生學習成效。首先，學校需要重視教師的專業發展，培養具備智慧教育理念和技能的教師團隊。其

次，學校應當加強與政府、產業和社會的合作，共同建設智慧教育基礎設施，包括智慧教室、數位化學習資源等。此外，學校還應積極引入先進的教育科技和智慧化系統，如人工智慧、虛擬實境等，以支持個人化學習和教學創新。最重要的是，學校要不斷探索適合自身發展的智慧教育模式，根據學生的需求和特色，靈活調整教學策略，實現教育目標的全面提升。透過積極融入智慧教育倡議和政策，學校將邁向更加智慧、靈活和高效的教育模式，推動學生全面成長和社會發展。

第二章
AI 在學校教育[1]上的應用

在《經濟合作暨發展組織數位教育展望 2023：邁向有效的數位教育生態系統》（*OECD Digital Education Outlook 2023: Towards an Effective Digital Education Ecosystem*）報告中，提出 OECD 成員國的數位生態系統和治理進行主題和比較分析，並強調實現不同政策目標的各種機會和挑戰。根據前揭數位教育展望的分析，該報告最終包括了由經濟合作暨發展組織祕書處（OECD Secretariat）和國際教育協會（Education International）共同制定的一組「AI 和數位科技在教育中有效而公平使用的『機會、指南和保障措施』」（*Opportunities, Guidelines and Guardrails for an Effective and Equitable Use of AI and Digital Technology in Education*）。在教育中使用數位科技擁有顯著的潛力，當應用於教育時，諸如人工智慧（artificial intelligence）、機器學習和機器人（machine learning and robots）等科技有望提升學習的品質和公平性，解放（free）教師的時間以便更專注於教學，並為學生提供新的學習途徑。這些教育目標有望在科技支持下實現，前提是教師和學習者在使用這些科技時得到適當的條件支持（OECD, 2023）。

隨著人工智慧在人們日常生活中扮演越來越重要的角色，教育領域也開始體會到人工智慧的威力，OpenAI 的 ChatGPT、微軟的 Copilot、Google 的 Gemini 等大型語言模型正以迅雷不及掩耳速度重塑整個產業，對教育產業而言，人工智慧至少帶來數個變化，例如，學生學習方式由傳統的「人—人」互動轉為「人—機器—人」互動，同時，人工智慧也能為教師提供及時個人反饋（創新未來學校，2023）。在 AI 時

---

[1] 學校教育的主要特點包括有組織的課程、專業的教師團隊、評量和考試系統以及明確的教育目標和標準。它為學生提供一個學習和成長的環境，幫助他們準備未來的學術追求或職業生涯，同時促進其個人和社會身分的發展。

代，我們的孩子到底該學什麼？與其討論讓孩子學什麼，不如先討論孩子應該如何學習。學習方法遠比學什麼內容更為重要，尤其是在人機協作、各自發揮特長的時代裡，填鴨式和機械式的學習只能把人教成機器，讓孩子喪失人類獨有的價值（李開復、王詠剛，2017）。對應到學校現場，在學校教育中，AI 如何應用在教師教學與學生學習中呢？如前一章所述，AI 可以分析學生的學習風格、弱點和優勢，有利於每一位學生按照自己的節奏和風格進行學習。AI 也可以分析大量的教育數據，從中提取有價值的資訊，用於制定教學策略、評估學生表現和改進教育體系。誠如黃國禎（2021）所述智慧教育要「透過科技的運用來發揮教學的智慧，幫助學生改善學習的一種創新教育方式」。教師扮演如何善用這些 AI 技術，融入教學活動中，幫助學生改善學習方式及成效的角色。這樣的創新教育模式，讓教師發揮教學智慧，善用 AI 科技；教師也要引導學生，活用 AI 來解決問題，重點不是要學 AI 技術，而是學習應用現有的 AI 系統或工具來解決問題。以下各節依序說明學校導入 AI 的領導策略、AI 工具在教學上的相關研究、AI 工具在教學上的應用實例。

第一節　學校導入 AI 的領導策略

壹、學校領導者面對 AI 的問題指引

　　學校領導者積極參與人工智慧採用和實施相關的對話，並建立組織性的結構，有助於確保人工智慧的成功採用和實施（Tyson & Sauers, 2021）。人工智慧對教育產生了深遠的影響，作為學校領導者，無論是對人工智慧感到興奮還是擔憂，應有責任確保以審慎和適當的方式應對人工智慧，並在學校中發揮作用（AASA, 2023）。學校領導者在教育環境中探索、理解和利用 AI 時所面臨到的問題可能涵蓋各個方面，例如，AI 如何有效用於提升學生學習、它如何與教育願景相互一致，以及如何將其整合到整體教育策略中。Huang、Rust 和 Maksimovic

（2019）則指出，人工智慧對我們經濟的轉變，改變了許多職業所需的任務，並淘汰了一些職業。目前尚不清楚這種轉變最終將引向何方，以及是否會創造新的工作來取代被人工智慧消耗的舊工作，或者這些工作是否永遠消失。這種改變也影響到教育領域，組織需要不同類型的管理，以應對由人工智慧引起的轉變。綜上所述強調學校領導者在人工智慧時代的重要性，他們積極參與對話、建構組織性結構，確保人工智慧成功融入學校。學校領導者需審慎應對教育中的人工智慧影響，並探索如何整合 AI 以提升學習、協調教育願景、並納入整體策略。這反映領導者的角色關鍵，因應經濟轉變及教育挑戰。AASA（2023）進一步指出，儘管在教育領域對人工智慧的探索仍然需要大量的努力，但在確定使用人工智慧時，每位學校領導者都應該將三個總體性問題（overarching questions）置於核心位置：第一個問題是學校如何運用人工智慧來支持學生學習？第二個問題是學校如何培養學生在充滿人工智慧的世界中茁壯發展所需的技能？第三個問題是人工智慧如何支持教育人員，在教學方面和透過節省時間讓他們能夠專注於學生？學校領導者首先應該與學校的教育人員合作開始這一過渡時期（transition），一旦教育人員熟悉了科技，他們可以適當地引導學生進行人工智慧的探索。

　　綜合上述所言，隨著 AI 技術的快速發展其對教育的影響也日益深遠。學校領導者應積極參與有關 AI 採用和實施的對話，了解 AI 的潛在效益和挑戰，並制定有效的 AI 導入策略。學校應建立組織性的結構，以支持 AI 的成功導入，包括建立 AI 團隊、制定 AI 政策和程序，以及提供必要的培訓和支持。學校領導者應審慎應對 AI 對教育的影響，確保 AI 以符合教育願景和整體策略的方式使用。同時，學校應探索 AI 如何有效用於提升學生學習，例如，個性化學習、適應性學習和自動評量。同時，學校也應培養學生在充滿 AI 的世界中茁壯發展所需的技能，例如，批判性思考、問題解決和創造力。學校還應利用 AI 支持教育人員，例如，減輕工作負擔、提供專業發展機會，並促進教師

之間的協作。學校應循序漸進導入 AI，從小規模試辦計劃開始，並逐步擴大規模。此外，學校還應確保 AI 以合乎倫理的方式使用，保護學生的隱私和安全。學校應持續評估 AI 導入的效果，並根據需要進行改進。總而言之，學校領導者應積極應對 AI 時代的挑戰，利用 AI 創建新的教育模式，以培育未來人才。學校應因應經濟轉變及教育挑戰，探索 AI 如何有效用於提升學生學習、支持教育人員，並納入整體策略，這反映領導者的角色關鍵，因應經濟轉變及教育挑戰。

貳、國外導入人工智慧的領導策略

　　AASA（2023）指出成功地將人工智慧有目的地導入學校，學校通常採用一些共同的策略，以下五種策略對於學校在建立成功的人工智慧文化至關重要，包括鼓勵探索（encourage exploration）、提供培訓（provide training）、聚焦成功（spotlight success）、舉辦對話（host conversations）以及營造正確條件（set the right conditions），說明如下：

1. 鼓勵探索：學校領導者在討論人工智慧的好處和挑戰之前，讓教育人員有機會體驗人工智慧工具的能力和局限是至關重要的。作為學校領導者須鼓勵教育團隊探索人工智慧，這使教育人員有機會親身體驗使用這項科技，並思考如何將其整合到他們的工作中，而不是依賴傳聞或表面層次的理解。以下可作為教師探索的範例：

   ⑴ 聊天機器人（Chatbots）：例如，ChatGPT、HeyPi 和 Bard，這些工具根據接收到的輸入生成類似人類的文本，能夠提供有用的資訊，甚至參與對話（AASA, 2023）。聊天機器人是一種自動對話系統，通常使用人工智慧技術模擬自然語言對話。這些機器人被設計用來與使用者對話，回答問題、提供資訊、執行指令或完成特定任務。Chatbots 可應用於多個領域，它們的運作方式通常基於預定義的規則，也可以利用機器學習和自然語言處理等技術來不斷學習和提高對話的準確性。

⑵ 媒體創作（media creation）：例如，MusicLM, StableDiffusion, Firefly，這些工具能夠根據描述性的提示生成圖像、音訊或影片。音樂和藝術可以生成以匹配現有藝術風格為目標的作品（AASA, 2023）。媒體創作是指使用不同形式的媒體，如文字、圖像、音訊、視訊等來創造新的內容。這可能包括製作文章、插畫、音樂、影片或是其他形式的媒體作品。媒體創作通常涉及創意過程，旨在表達想法、傳達資訊或者提供娛樂。隨著科技的進步，媒體創作的形式也不斷演變，從印刷媒體到數位媒體，為創作者提供了更多的工具和平臺。

⑶ 學習內容（learning content）：例如，課程製作工具、課程計劃人工智慧、Khanmigo，這些是專門設計來支持學習需求的工具，它們可以包括製作課程計劃、整個課程或者充當學生或教師的教練（AASA, 2023）。學習內容是為了滿足教育需求而設計的工具，其目的在於支援教學和學習過程、提供教育者和學習者更多的便利性和效率，同時促進個別化學習體驗。透過這些工具教育人員可以更有效地設計教學內容，學習者則能夠以更自主、客製化的方式進行學習。

⑷ 虛擬人類表現（virtual human representations）：是指利用科技和系統（例如，Syntheia 和 PlayHT）設計出模擬真實人類的數字或虛擬實體。這些系統可以將書面文本轉換為口語語言，有效地生成新的音訊內容，或者轉換為視訊形式。這樣的科技使得能夠製作具有人類外觀和語言表達的虛擬對話伙伴或導師，進而提供更生動和互動的使用者體驗。這些系統可應用於多個領域，包括教育、培訓、娛樂和其他需要人機互動的場景。

2. 提供培訓：與任何新工具或策略一樣，教育人員需要接受培訓，以便更加熟悉使用它。提供有關人工智慧的研討會或專業發展課程（以及後續的活動、討論或與同事合作的機會）可以幫助教師了解其能力和局限，並且有很多專為初學者和教育人員設計的線上資源

和課程可供使用。

3. 聚焦成功：突顯學校已經使用人工智慧的有趣例子，鼓勵教育人員分享他們正在嘗試的內容以及它是否有效。鼓勵教師共同探索人工智慧，透過合作使他們能夠從彼此的經驗中學習，並建立一個支持這個新旅程的社群。

4. 舉辦對話：為教育人員舉辦有關學校如何培養學生在充滿人工智慧的世界中茁壯發展所需技能的對話。以下是一些可以考慮使用的對話開場白以及它們與 ISTE 標準的對應：培養道德的人工智慧使用和數位公民（digital citizenship）、推廣計算思維（computational thinking）、合作和跨學科學習（interdisciplinary learning）、將人工智慧融入課程。

5. 營造正確條件：在學校使用人工智慧或其他科技時，建立有效使用的條件是很重要的。明確概述學校在使用人工智慧時的數據隱私政策和道德考慮，包括與抄襲以及正確使用次要資源相關的政策。教師應該知道對他們有什麼期望，以及他們應該在其中操作的界限。這些條件可能包括使用科技來支持學習，並協助成為學校和當地社區的有貢獻的成員。

為了了解校長對於 AI 採用和實施的領導觀點，Tyson 和 Sauers（2021）以立意和滾雪球式抽樣訪談位於美國東南部一個大型學區、學校使用一個 AI 程式（ALEKS）的七位中小學校長。ALEKS 是一個基於網路的學習和評估系統，已在美國和國際上成功地被數百萬名學生使用，從三年級到高等教育，涵蓋了 50 多個學科。它由紐約大學和加利福尼亞大學爾灣分校（UCI）的研究人員在數十年內開發，並源於「知識空間理論」（KST）。ALEKS 中的所有內容均由擁有高級學位、對其研究領域有深入認識並在教育和教學方面擁有豐富經驗的專家所設計。ALEKS 基於主動學習，ALEKS 最重要的特點是它使用人工智慧（AI）來對應每一個學生知識的細節。在每一個瞬間，ALEKS「知道」每個學生是否掌握了每一個主題。如果沒有，ALEKS 知道學生是否準

備好在那一刻學習該主題。ALEKS利用這些知識，透過持續提供學生當前準備學習的主題的選擇，使學習更加有效，這有助於建立學生的信心和學習動力（ALEKS, 2024）。

　　Tyson等人（2021）提出兩個重要發現，學校校長強調了他們在描述ALEKS以及AI的採納和實施時，在他們學校和學區（組織結構）內突顯出來的自身行為（領導行為）以及其他考慮因素（例如，利害關係人、目標等）。第一發現集中於學校領導者與AI相關的自身行為，以及他們如何參與AI的對話。這個發現了解到領導者在整個採納和實施過程中是如何積極參與的，校長是以學習為中心的領導者（learning centered leaders），注重自身學習。第二發現集中於幫助建立成功結構（structures for success）的人際技能（interpersonal skills），這包括與學區目標的一致性以及專注於滿足所有利害關係人的需求和關切。對於成功實施AI，上述發現尤為重要，說明如下：

1. 領導行為──參與對話（Leadership behaviors──engaging in the conversation）：領導行為是影響人工智慧採用和實施的關鍵，並專注參與科技對話的方式。校長需對於採用科技的方法具有策略性，並致力於成為以學習為中心（learning centered）的領導者。

　(1)科技採用（technology adoption）：擴散網路（diffusion networks）發揮了重要作用，學校領導者所屬社交網路影響他們的決策方式。「反覆接觸」（repeated exposure）是重要關鍵，亦即反覆聽到有關創新計劃的消息使校長們更有可能考慮在他們的學校進行採用。學校校長們普遍表示，他們透過現有的社交網路（包括面對面和線上網路）接觸到人工智慧；而個人關係（例如，校長做出科技採用決策時與其他同事建立連繫和關係的重要性、校長信賴領導的團隊）對人工智慧的採用產生了更大的影響。換言之，領導者的科技採用決策主要是由與同行和信任的同事進行對話推動的。儘管溝通的方式有所不同（例如，線上和面對面），校長們都表示他們的專業網路（professional networks）

對他們的創新決策有最大的影響。對校長們來說，與信任的同事進行這種類型的對話，會比學校和供應商在採用和實施「新」科技時使用的許多其他方法更有價值。

(2) 學習中心的領導者（learning centered leaders）：校長們在學校採用和實施人工智慧的方法時，出現好奇心的終身學習（lifelong learning）的行為；校長們持續熱愛學習的方式讓他們花時間了解更多有關人工智慧的知識，此舉不僅影響了科技採用，還影響了人工智慧計劃的實際實施。例如，科技對領導者工作量的積極影響、人工智慧使校長們能夠更快速有效地分析和使用數據、科技具有效率和效果相關好處、科技總體和人工智慧如何更具體地幫助他們作為領導者。

2. 人際技巧——為成功建立結構（Interpersonal skills——creating structures for success）：每位領導者（校長）都強調專注於人際技巧與溝通的重要性，以確保人工智慧的成功。校長們著重於將人工智慧與學區目標相一致，並關注所有利害關係人。

(1) 與學區目標的一致性（alignment with district goals）：校長們強調組織（學校）特點之一是將人工智慧計劃與學區目標保持一致，亦即要掌握依據學區目標選擇科技計劃的重要性；且領導者能夠與利害關係人溝通，透過考慮利害關係人的需求和期望來實現這一點（學校與學區目標一致）。

(2) 關注所有利害關係人（focus on all stakeholders）：領導者強調了專注於學校人員以及社區利害關係人的重要性，在採用人工智慧計劃之前，領導者與利害關係人進行對話以強調其預期效益的重要性。在人工智慧的採用和實施過程中，必須採取一種組織性的方式來支持教師和工作人員，例如，對科技倡議提出反對意見的教師，將其納入領導團隊來解決這個問題，這將讓那些對使用人工智慧持猶豫態度的教師轉變為盟友。解決抵制的另一種重要方式是領導者清晰地展示人工智慧計劃的積極成果，這些積極結果

包括適應性、個性化和預測性（adaptability, individualization and prediction）。總而言之，了解組織的利害關係人是支持成功採用和實施人工智慧倡議（例如，ALEKS）的一種方式，領導者宜了解教育人員的優勢和劣勢，還要能夠獲得那些抵制的教育人員的支持和認同。這樣做的方式是將抵制的教育人員納入領導團隊，更重要的是強調人工智慧的好處，易用性（easy of use）是可以傳達給利害關係人的主要優勢。

綜上所述，學校在導入人工智慧（AI）時應採取策略性和全面的方法，根據 AASA（2023）的研究，成功引入 AI 需要採取五種策略：鼓勵探索、提供培訓、聚焦成功、舉辦對話和營造正確條件。首先，學校領導者應鼓勵教師探索 AI 工具，如聊天機器人、媒體創作工具和學習內容生成器，讓教師親身體驗 AI 的能力和局限，從而更有效地將其融入教學中。這樣的探索有助於教師不僅依賴傳聞，而是基於實際經驗來了解 AI 的應用。其次，提供針對 AI 技術的培訓和專業發展課程，讓教師熟悉 AI 工具的使用方法和潛在應用，從而提升其教學效能和學生的學習體驗。第三，學校應突顯成功案例，鼓勵教師分享他們在使用 AI 工具過程中的經驗和成果。這樣可以促進教師之間的合作和經驗交流，建立支持性的社群。第四，學校領導者應與教師展開對話，討論如何在課程中融入 AI，以培養學生在 AI 驅動的世界中所需的技能。這些對話應涉及倫理使用、計算思維、跨學科學習等方面，確保學生在科技與倫理兩方面都能得到全面發展。最後，學校應建立使用 AI 的正確條件，明確資料隱私政策和倫理考慮，並確保教師了解使用 AI 的期望和界限。領導者應展示 AI 計劃的積極成果，特別是其適應性、個人化和預測性，從而獲得教師和社區的支持和認同。總結來說，學校應採取全面的策略來導入 AI，從探索和培訓開始，透過分享成功經驗和展開對話，最終在明確的條件下成功應用 AI 技術，提升教學品質和學生的學習體驗。

第二節　AI 工具在教學上的相關研究

壹、國內相關研究

　　盧玟燕、羅希哲與范斯淳（2023）鑑於在教育現場落實人工智慧課程的重要性，探討了高中生的人工智慧學習態度對學習成就的影響及其關係。人工智慧課程設計涵蓋了人工智慧的基本概念、機器學習概念原理及機器學習演算法。首先，人工智慧的基本概念單元主要介紹人工智慧的應用、發展及其限制，並透過微軟小冰寫詩和 Gogoro 線上客服輔助體驗進行實作。其次，機器學習概念原理單元說明了大數據與機器學習的原理，並使用文字雲網站體驗自然語言的處理方式。最後，機器學習演算法單元以理論基礎為主軸，透過數據繪製可視化圖形，說明並解釋演算法的概念。研究結果顯示，透過人工智慧課程，高中生對人工智慧內容的理解力達到一般程度以上，且學習興趣與學習成呈現正相關。此外，在人工智慧學習成就方面，自然組學生的成績優於社會組；在學習態度量表中，男生的學習態度高於女生。高中生對人工智慧的學習興趣對學習成就具有一定程度的預測力。因此，教師若能有效引發學生對人工智慧的學習興趣，則能提升學生的學習成就。

　　余欣潔（2023）在其研究《AI 繪圖應用於國小高年級美術課程對學童創作表現之影響》中，深入探討了國小教師運用資訊科技結合教學的現況，以及美術教師是否願意運用 AI 科技結合教學。此外，她還研究了 AI 繪圖軟體（Midjourney）應用於國小美術課程是否能夠提升學童的創作表現。該研究採用了混合研究法，包括深度訪談、問卷調查和教學實驗等多種方法。研究流程分為兩大部分：前測部分包括對四位國小教師進行半結構式訪談，以及 16 名國小美術教師填寫科技接受模式應用於創新教學問卷；後測部分則包括傳統教學和創新教學的實施，共有 81 名五年級學生參與後測，評量了共 60 張學生作品，並進行了 16 位專家訪談。研究結果顯示，國小教師普遍支持資訊科技融入教學，而美術教師對使用 AI 繪圖軟體結合教學的意願受到「認知易用性」的影

響。此外，將 AI 繪圖軟體（Midjourney）生成的圖片用於藝術課程的輔助教學能夠激發學童的想像力，提升美術作品的創作表現，尤其在創造力和色彩方面有顯著的提升。

謝宛芹（2023）在其研究《國民中學英語科教師應用 AI 文句分析模組與教學效能之研究》中，透過訪談六位英語教師，探討了資訊科技融入教學的教學設計中，尤其針對國中英語科教師應用智慧教學系統（HiTeach）中的「AI 文句分析模組」的應用與成效。研究結果顯示，英語科教師在應用 AI 文句分析模組的教學歷程中，主要集中在「引起動機」和「總結活動」上，而教學策略歸納出六種主要的「提問」方式。研究也指出，當英語科教師將 AI 文句分析模組融入教學設計中，不同類型的提問都能有效地激發學生參與課堂的意願和學習動機。此外，學生因教學端提供的即時回饋，如文字雲等，意識到自己與同儕之間的異同，提升了包容差異和接受差異的能力，並更加重視自己在課堂上的回應。學生的質性回饋資料顯示了正面回應和支持，期待教師能更多地使用這項技術。特別是「開放式」的提問類型可以促進高分組學生的自我省思，使低分組的學生更願意參與課堂。

盧玟燕（2020）在其研究《導入 AI 機器學習之天氣預測系統專題課程對高中學生 AI 學習成效影響之研究》中開發了以「機器學習」為主題的人工智慧專題實作課程。課程內容以天氣預測為目標，根據 Burke 的 6E 教學模式進行設計，以機器學習中「監督式學習」為主軸，規劃了兩大實作單元。核心內容主要是透過 Arduino、感測器等硬體設備實現資料蒐集與狀態顯示，並導入機器學習演算法的實作，使用 Python 程式語言實現。研究對象為臺灣南部某公立高中二年級自然組（36 人）及社會組（32 人）學生，共 68 名，主要研究變項包括「人工智慧」知識概念的理解、運算思維和學習態度。研究結果顯示，「機器學習」實作課程有助於學生理解「人工智慧」的基礎概念；在參與「機器學習」實作課程前後，社會組和自然組學生的運算思維能力均有顯著提升；在參與「機器學習」實作課程前後，學生對人工智慧的學習態度

沒有顯著改變，但整體持有正向看法。不同學習成就的學生在「學習態度」的表現上僅在高分組和中分組之間，在貢獻階層的態度上有顯著差異。未來建議能依據不同程式學習者的程度，開發適合且有效的 AI 教學工具、教材和方式，提供更合適的教學內容和模式，以提升學生的運算思維和學習態度。

王傑瑋（2019）在其研究《人工智慧科技融入食物網概念教學對國中生環境素養之影響》中，探討了人工智慧科技融入教學後對國中學生的珊瑚礁海域生態系食物網環境素養的影響，包括認知、情意及行為意圖三個向度以及個人行為意圖和說服行為意圖兩個子向度有何影響。本研究採用準實驗研究法及共變數分析，研究對象為苗栗縣及高雄市的國中生共 103 人，以自行設計之「國中學生珊瑚礁海域環境素養量表」和珊瑚礁海域生態系食物網虛擬實驗軟體進行前、後測及教學活動。研究結果顯示，人工智慧科技刺激較貧乏的地區，使用珊瑚礁海域生態系食物網虛擬實驗軟體進行教學後，較能提升環境素養，對苗栗縣食物網相關概念學習不佳的學生，使用珊瑚礁海域生態系食物網虛擬實驗軟體進行教學後，較能幫助學習。

邱祐蓁（2018）在其研究《以人工智慧教學系統進行國小特殊需求學生社會技巧教學》中，探討了實施對話式智慧教學系統（AutoTutor 句型教學系統）後，對國小特殊需求學生社會技巧教學的成效。研究對象為國小三至六年級 33 位有社會技巧學習需求的身心障礙學生，其中男生 28 人、女生 5 人，包括情緒障礙者 4 人、學習障礙 12 人、自閉症 8 人、智能障礙 8 人和腦性麻痺 1 人。研究採用「單組前後測設計」的實驗方法，進行四堂課的實驗計劃。第一堂和最後一堂為測驗時期，中間兩堂為實驗教學，課程內容以「對話式智慧教學系統社會技巧教學」為主。教學活動結束後，以研究者自編的社會技巧問題進行前後測，並對結果進行分析，以了解學生接受對話式智慧教學系統實驗教學後的成效。

研究結果如下：「對話式智慧教學系統」運用於社會技巧課程能

顯著提升學生的社會技巧學習。學生在「能適當使用非口語方式與人溝通」（指標 2-1-1-1）和「能以身體動作適度表現出對他人談話的傾聽態度」（指標 2-1-1-3）的學習成效最好，其次為「能傾聽他人對壓力事件的抱怨」（指標 2-1-1-7）和「能分享自己有效的壓力處理經驗」（指標 2-2-1-5），皆達顯著差異。低分組學生在接受「對話式智慧教學系統」介入的社會技巧教學後，在社會技巧認知上有顯著成效，而高分組學生則無顯著改變。低分組學生在「能適當使用非口語方式與人溝通」（指標 2-1-1-1）、「能以身體動作適度表現出對他人談話的傾聽態度」（指標 2-1-1-3）、「能傾聽他人對壓力事件的抱怨」（指標 2-1-1-7）、「能主動引起話題開始與人進行談話」（指標 2-1-1-8）、「能禮貌地結束話題」（指標 2-2-1-4）和「能分享自己有效的壓力處理經驗」（指標 2-2-1-5）等方面的學習成效最為顯著，高分組學生則無明顯差異。「社會技巧基本溝通能力回饋問卷」調查結果顯示，實驗組學生對教學活動持有正向態度。

梁志強（2011）在其研究《人工智慧方法於線上診斷測驗之應用～以國小五年級「表面積」為例》中，研發了電腦線上診斷測驗教材並應用於實際教學實驗。研究範圍為國小五年級數學科「表面積」單元，參考教育部頒訂的九年一貫課程能力指標「5-n-18」、「5-s-06」、「5-s-07」及「5-a-05」。研究者與指導教授及專家分析討論後，整理出本單元的子技能及學生可能會產生的錯誤類型，並編製知識結構圖和貝氏網路圖，以設計適性測驗的數位教材，測驗題型以選擇題及建構反應題為主。實驗對象為南投縣 6 所小學 11 個班級及臺中市 1 所小學 1 個班級，共計 12 個班級 303 名學生。教學完畢一週後，對實驗對象進行電腦線上診斷測驗，以評估教學及測驗效果。研究結果如下：使用電腦線上診斷系統測驗，相較於傳統紙筆測驗，更能提高教師的閱卷效率。教師可以透過電腦系統的數據了解學生的學習成效，在有效的時間內掌握學生的迷思概念，提供最佳的補救教學，讓學生立即學習正確知識。測驗結果顯示，選擇題子技能的平均辨識率為 95.312%，錯誤類型的平均辨識

率爲 89.765%；建構反應題子技能的平均辨識率爲 96.138%，錯誤類型的平均辨識率爲 90.909%。此研究證實，電腦線上診斷測驗能有效提升教學與測驗的便利性和準確性，對於掌握學生學習狀況和改進教學方法具有顯著幫助。

上述研究探討了人工智慧（AI）工具在不同教育環境中的應用及其效果，提供了重要的啓示。AI 課程設計能提升高中生的學習興趣與成就，特別是男生和自然組學生，學校應強調 AI 課程設計，以增進學生的學習動機和成果；AI 繪圖軟體在國小美術課程中能激發學生的創造力和色彩運用，學校應鼓勵美術教師運用 AI 工具，以提升學生的創作表現；AI 文句分析模組能有效引發學生參與和提升學習動機，學校應培訓教師運用智慧教學系統，促進學生積極參與課堂活動；機器學習實作課程能提升學生的 AI 知識和運算思維，學校應發展更多實作課程，培養學生的實作能力和運算思維；AI 科技融入教學能提升學生的環境素養，學校應將 AI 技術應用於環境教育，增強學生的環境保護意識；對話式智慧教學系統能顯著提升特殊需求學生的社會技巧，學校應推廣此類系統，幫助特殊需求學生發展社會技能；電腦線上診斷測驗能提高教師閱卷效率和學生學習成效，學校應推動線上診斷測驗的應用，改善教學評量方式。綜合以上研究學校應積極引入和運用 AI 工具，以提升教學品質、促進學生多方面的學習與成長。同時，應提供教師相關培訓，確保 AI 技術能有效融入教學設計中，實現教育的創新和進步。

貳、國外相關研究

Galindo-Domínguez、Delgado、Losada 和 Etxabe（2024）在其研究《對西班牙教育中人工智慧應用的分析：在職教師的觀點》（*An analysis of the use of artificial intelligence in education in Spain: The in-service teacher's perspective*）中，調查了西班牙 445 名小學、中學和大專院校教師，其中包括 249 名女性和 196 名男性。參與者中，有 120 名教師在小學任教，185 名在中學任教，140 名在大專院校任教。大學

教師主要來自教育和心理學領域，而小學和中學教師則來自各種知識領域。研究顯示，儘管教師普遍對教育中的人工智慧持積極態度，但只有25%的教師實際上將人工智慧工具納入教學中。調查發現，教師使用的人工智慧工具超過20種，但最常提到的三種工具依次為ChatGPT（f = 94）、Dall-E（f = 16）和MidJourney（f = 9）。在不同教育階段中，主要人工智慧工具的使用頻率並無顯著差異。教師使用人工智慧工具的功能有20多種，最常見的功能包括從教師的角色出發，用於獲取資訊／獲得想法／解答疑問（f = 22），編制練習題目、任務或家庭作業（f = 19），以及生成文本、筆記、故事等（f = 16）。小學和中學教師主要將人工智慧用於內容編制，如製作簡報、文字或影片，而不強調學生與人工智慧工具的互動。相比之下，大專院校教師則運用人工智慧進行學術技術（academic-technical）用途，解釋人工智慧的運作、獲取資訊，使學生能夠嘗試使用人工智慧工具，以及進行與研究相關的任務（research-related tasks），例如，文本翻譯（text translation）或數據分析。就人工智慧功能而言，不同教育階段的教師在使用功能上存在顯著差異。這些數據顯示，使用人工智慧工具執行的某些功能與特定教育階段的教師之間有較強的連繫。根據這些結果，教育人員的人工智慧培訓計劃應根據不同階段進行調整（tailored），並納入更多樣化的人工智慧工具，而不僅限於常用工具，如ChatGPT。

Schiel、Bobek和Schnieders（2023）在其研究《高中學生對人工智慧工具的使用和印象》（*High School Students' Use and Impressions of AI Tools*）中指出，人工智慧（AI）工具，尤其是像ChatGPT這樣高知名度的工具，正引起越來越多的關注，並且似乎已經成為許多高中生教育經驗的一部分。為了調查美國學生在學業中使用AI工具的情況，他們對這些工具在認知和學業上的潛在影響的印象，以及他們對使用AI工具撰寫大學入學申請書的看法，ACT於2023年6月對全國範圍內的10至12年級學生進行了大規模調查。在這項研究中，幾乎有一半的參與學生報告稱曾使用過AI工具，而他們使用的最常見工具是

ChatGPT。對於那些未使用 AI 工具的學生（佔 54%）來說，不感興趣（佔 83%）是不使用的主要原因。大約三分之二的學生（佔 64%）表示他們不信任 AI 工具提供的資訊，略多於一半的學生（佔 55%）表示他們對 AI 工具的了解不足以使用它們。學業表現較好的學生更有可能使用 AI 工具，而學業表現較差的學生則較不可能使用這些工具。將近四分之三（74%）的學生相信，由於使用 AI 工具進行學校作業，他們在學業上的整體表現至少會有輕微的提升。研究結果顯示，這些工具似乎有很大的潛力來增強學生學習，但對於適當使用和可能產生的負面結果仍存在一些擔憂。

Utami、Andayani、Winarni 和 Sumarwati（2023）在其研究《在學術寫作課中應用人工智慧技術：印尼學生如何看待？》（*Utilization of Artificial Intelligence Technology in an Academic Writing Class: How do Indonesian Students Perceive?*）中指出，人工智慧（AI）科技對學生的寫作技能具有正面影響，但這一領域尚未被印尼的研究者廣泛探討。本研究旨在描繪印尼學術寫作教學中使用 AI 的感知、障礙以及優化建議。本文聚焦於印尼中爪哇省三寶瓏（Semarang）三所高中的案例研究，採用了量化和質化數據進行分析。研究者透過李克特量表（Likert scale）問卷收集數據，隨後進行了行動即時通訊（mobile instant messaging）深入訪談。研究發現：

1. 基於 AI 的學習工具幫助學生進行學術研究，尤其是在規劃階段確定和發展主題以及在起草階段發展論文草稿。
2. 儘管 AI 的學習工具無法滿足學生寫作過程中的所有需求，但它們在可取得性方面具有彈性（flexible in accessibility）。
3. 學生對在學術寫作課程中使用 AI 科技感興趣，以使學習過程更有趣而不至於乏味。

雖然 AI 已被用於學術寫作課程，但這些工具尚未在所有指標上對學生學術論文的質量產生積極影響。使用 AI 存在幾個障礙包括：
1. 需要更多的功能，特別是編輯印尼文本的功能。

2. 這些功能還需要進一步優化（need to be optimized）。

對於 AI 的學習工具的優化建議包括：

1. 增加編輯印尼文本的功能，包括拼字、用詞和句子結構。

2. 提高 AI 素養，以便能夠最佳化地探索和利用現有功能。

Greene Nolan 和 Vang（2023）在其研究《國中寫作的自動化作文評分：了解學生成長的關鍵預測因素並比較人工智慧和教師生成的分數和回饋》（*Automated Essay Scoring in Middle School Writing: Understanding Key Predictors of Students' Growth and Comparing Artificial Intelligence- and Teacher-Generated Scores and Feedback*）中指出，以可持續的方式向學生提供回饋，對國中寫作教師而言是一項長期的挑戰。利用人工智慧（AI）工具爲學生提供個人化且即時的回饋，具有很大的潛力。Topeka[2]計劃（The Project Topeka program）爲國中教師提供預先策劃的教材、基礎文本和影片、作文提示以及一個讓學生提交並修改帶有 AI 生成分數和回饋的作文草稿平臺。Greene Nolan 等人分析了美國 2021-22 學年 7 年級和 8 年級共 3,233 名學生的 AI 生成寫作分數，發現學生隨著時間推移的成長，通常不能用教師（n = 35）的經驗或自我陳述的教學方法來解釋。他們還發現，學生的成長隨著基線分數（baseline score）的降低而顯著增加（即基線分數最低的學生成長比基線分數中等的學生成長更多）。最後，對 16 位 Topeka 教師進行面對面訪談，Greene Nolan 比較了他們對相同作文的評分和回饋與 AI 生成的評分和回饋，發現通常 AI 工具更爲慷慨，這一差異可能是由於

---

[2] Topeka 計劃的目標是測試工具和方法，以支援教師和學生透過增加練習和反饋來提高寫作能力。該計劃將爲教師提供一個免費的線上自動化作文評分服務，能夠提供整個班級或個別化的見解，了解學生在辯證寫作方面的挑戰，同時在學生以促使增加修訂和練習的方式書寫時提供即時反饋。密西根大學 Marsal Family School of Education 的研究團隊將作爲 Topeka 計劃的核心研究和分析合作夥伴，維護研究數據集，進行分析，使 Topeka 團隊能夠了解有關工具和支援的使用以及隨著計劃進展而產生的學生和教師的重要見解。這將帶來一個更長期的研究計劃，以嚴謹地回答計劃試圖建立證據的關鍵研究問題（University of Michigan Marsal Family School of Education, 2024）。

教師在理解整篇文章成功的能力方面優於 AI 工具。

Park 和 Kwon（2023）在其《在韓國中學科技教育中實施人工智慧教育》（*Implementing Artificial Intelligence Education for Middle School Technology Education in Republic of Korea*）研究中設計一個在韓國中學自由學期體制（free semester system）中使用人工智慧（AI）的教育課程，本研究採取了三個步驟：準備、發展和改進。在準備階段，本研究確定了 AI 課程的主題和目的，並選擇了自由學期活動類型中的「主題選擇活動」。在發展階段，透過分析科技課程並提取與 AI 相關的元素，本研究設計了為期 16 小時的課程。在改進階段，為增加課程的效度（validity），Park 等人透過專家諮詢（expert consultation）對其進行了整體修訂和補充。這項研究將課程與其他科目的 AI 教育課程區分開來，並專注於科技教育的具體性。本研究使用了 PATT（The Pupils' Attitude toward Technology）和 AI 能力測試工具對學生進行了前測和後測，PATT 的結果顯示「對科技的興趣」（interest in technology）和「對科技的職業志向」（career aspirations in technology）的兩個構念（constructs）的平均值均顯著增加。在 AI 能力方面，「AI 的社會影響」（social impact of AI）和「AI 的表現」（AI performance）的兩個構念的平均值均顯著增加，特別是「AI 的表現」顯示出最大的成長。在「與 AI 的互動」（interaction with AI）方面，沒有統計上顯著的變化。研究結果證實了 AI 課程在科技教育和職業探索方面是有效的，這是自由學期的主要目的；此外，可以確認以科技問題解決為中心的 AI 教育課程的科技教育價值。

綜合以上五個研究顯示了全球各地在教育中應用人工智慧的現況和趨勢，從西班牙到美國再到印尼和韓國，教師和研究人員都在探索如何將 AI 工具融入教學實踐中。研究顯示教師和學生對於 AI 的態度普遍積極，但實際應用仍存在一定的挑戰，例如，信任度、使用障礙等。研究也發現 AI 工具在提高學生學業表現、寫作技能和科技教育方面的潛力，但也需要針對不同教育階段進行調整和優化。對學校的啟示是在探

用 AI 技術之餘，也要同時加強教師和學生的 AI 素養培訓，提高對 AI 工具的信任度和使用能力。除此之外，教師應該根據學生的需求和特點，量身訂做 AI 教育課程並注重實踐應用，以促進學生全面發展。

第三節　AI 工具在教學上的應用實例

壹、AI 工具在教學的應用類型

　　學校教育的主要特點包括有組織的課程、專業的教師團隊、評量和考試系統以及明確的教育目標和標準，它為學生提供一個學習和成長的環境，幫助他們準備未來的學術追求或職業生涯，同時促進其個人和社會身分的發展。AI 在學校教育上的應用包括個別化學習（AI 可以根據學生的學習風格、進度和需求，提供量身定做的學習材料和活動，以提高每位學生的學習效果）、教學輔助工具（AI 可以開發智能教學輔助工具，協助教師更有效地進行教學，自動評量學生作業、提供及時回饋、檢測學生的理解程度等）、虛擬班級和遠距學習（AI 技術可以支持虛擬班級和遠距學習，提供虛擬教室、自動錄製課程、及時互動和線上評量等功能，增強學生線上學習的體驗）、學習分析（AI 可以分析大量的學生數據，從中提取有價值的資訊，協助學校提出更有效的教學策略，識別學生的學習困難並提供及時支援）、語音和語言技術（語音識別和自然語言處理技術可用於開發語言學習應用，提供口語練習、發音評量等功能，促進學生的語言技能發展）、實境教學（利用擴增實境〔AR〕和虛擬實境〔VR〕科技，學生可以透過模擬環境進行實際的學習體驗，例如，虛擬實驗室、歷史場景的重現等）、自主學習平臺（AI 可以建立自主學習平臺，鼓勵學生透過自主學習來發展技能，提供適應性的學習資源和挑戰，讓每位學生都能在其興趣和能力的範疇中發揮潛力）、教師專業發展（AI 可以提供教師專業發展的支援，透過分析教學效果、提供教學建議和最新的教育研究，幫助教師不斷提升自身的教學能力）。整體而言，AI 在學校教育上的應用有助於提升教學效果、

促進個別化學習、豐富學習體驗，並為學生和教師提供更多有價值的支援。

貳、生成式 AI 聊天機器人的應用

　　Gemini（前稱：Bard）是由 Google 開發的生成式人工智慧聊天機器人，它基於同名的 Gemini 系列大型語言模型，旨在應對 OpenAI 公司開發的 ChatGPT 聊天機器人的崛起。該聊天機器人在 2023 年 3 月以有限的規模推出，並於 2023 年 5 月擴展到更多國家，2024 年 2 月 8 日更名為 Gemini（Wikipedia, 2024b）。筆者因教學需要，向 Gemini 詢問：「在國小、國中和高中以及高等教育中，哪些是最受歡迎的人工智慧教學工具？請製作一個 Excel 試算表。」（In elementary, secondary, and high schools, as well as in higher education, what are the most popular AI tools for teaching and learning? Please create an Excel spreadsheet.）（Google DeepMind, 2024），結果如表 2-1 所示：

表 2-1　小學、中學和高中以及高等教育中最受歡迎的人工智慧教學工具

年級	類別	工具	簡介
小學	一般學習	Khan Academy	這是一個免費的線上學習平臺，提供各種學科的課程和練習題，並利用人工智慧技術來提供個性化的學習體驗。
	語言學習	Duolingo	這是一款免費的遊戲化應用程式，透過遊戲化的方法來幫助使用者學習語言。
	數學	DreamBox Learning	這是一個個性化的學習平臺，使用遊戲化的方法來幫助學生學習數學。
中學	班級管理	Google Classroom	這是一個線上平臺，幫助教師和學生進行溝通與協作。
	參與度	Flipgrid	這是一個影片討論平臺，學生可以錄製、分享和評論影片，以提高參與度。
	互動學習	Edpuzzle	這是一個互動影片平臺，教師可以在影片中加入問題和測驗，促進學生更深入的理解。

年級	類別	工具	簡介
高中	一般學習	Khan Academy	這是一個提供各種學科的個性化學習體驗和練習題的平臺，旨在為學生做好進入高等教育的準備。
	大學準備	The College Board	這是一個提供各種大學入學考試和課程的平臺，並使用人工智慧技術來幫助學生準備大學。
	學習資源	Chegg	提供教科書租賃、線上輔導和學習工具等學習資源，以補充課堂學習。
高等教育	線上學習	Coursera	這是一個線上平臺，提供大學課程和透過人工智慧進行個性化的學習體驗。
	線上學習	edX	這是一個線上平臺，提供大學課程並利用人工智慧進行個性化的學習體驗。
	技術技能	Udacity	這是一個專注於技術課程的平臺，利用人工智慧來幫助學生發展所需的技術技能。

資料來源：Google DeepMind (2024).

　　在小學，Khan Academy 可以用來協助學生學習數學、閱讀和科學等學科，Duolingo 可用來協助學生學習新的語言，DreamBox Learning 則可以協助學生學習數學；在中學，Google Classroom 用於協助教師和學生進行溝通和協作，Flipgrid 用於協助學生進行課堂討論，Edpuzzle 則用於協助學生更好地理解影片內容；在高中，Khan Academy 可用來協助學生為大學做好準備，The College Board 用來協助學生準備大學入學考試，Chegg 則用來協助學生補充課堂學習；在高等教育，Coursera 和 edX 用於協助學生獲得大學學位，Udacity 用來協助學生發展所需的技術技能（Google DeepMind, 2024）。

　　筆者以相同的問題「在小學、中學和高中以及高等教育中，哪些是最受歡迎的人工智慧教學工具？請製作一個 Excel 試算表。」（In elementary, secondary, and high schools, as well as in higher education, what are the most popular AI tools for teaching and learning? Please create an Excel spreadsheet.）詢問 ChatGPT[3]，回答結果如下：「截至我最後一次更新（2023 年 4 月），在從小學教育到高等教育機構的教育環境中，幾款人工智慧工具變得非常流行。這些工具旨在增強學習體驗、提供個性化教育以及支援學生和教育者。以下是按教育級別分類的一些最受歡迎的人工智慧工具，值得注意的是，AI 工具在小學教育中的受歡迎程度可能會隨時間變化，並可能出現新的工具。此外，這些工具的有效性取決於學生的具體需求、教學方法以及學校的資源等因素。在選擇教學和學習工具時，請始終查閱最新資訊，並考慮您教育環境的獨特需求。」（OpenAI, 2024）結果如表 2-2 所示：

表 2-2　小學、中學和高中以及高等教育中最受歡迎的人工智慧教學工具

教育階段	AI 教學工具名稱	功能描述
小學	Knewton	根據學生個別的優勢和弱點提供個性化課程（personalizes lessons），支持自主學習（self-paced）進度。
	Smart Sparrow	利用人工智慧科技，根據學生的表現和需求，提供個性化的學習體驗。透過互動性、個性化和創新的教學方法，旨在提高學生參與度和理解力。
	Prodigy	透過遊戲導向活動將學習轉變為一場冒險，根據每一位學生的能力程度調整內容的數學平臺。
中學	Grammarly	儘管不僅限於教育領域，Grammarly 利用人工智慧技術提供即時語法和寫作建議，以協助學生提高寫作技能。
	Cognii	專注於教育領域的對話式人工智慧，提供用於建立聊天機器人的工具，以協助學生進行學習和評量。

---

[3] ChatGPT 全稱聊天生成預訓練轉換器（英語：Cghat Generative Pre-trained Transformer），是 OpenAI 開發的人工智慧聊天機器人程式，於 2022 年 11 月推出。該程式使用基於 GPT-3.5、GPT-4 架構的大型語言模型並以強化學習訓練（Wikipedia, 2024c）。

教育階段	AI 教學 工具名稱	功能描述
	IBM Watson Education	為教師提供了工具和人工智慧功能，以建立個性化的學習體驗，分析數據並改善學生的學習成果。
	Quillionz	一個透過自然語言處理生成教育內容問題和測驗的內容生成工具。
高中	Duolingo	語言學習應用，利用人工智慧來量身訂做學習經驗並提供即時反饋。
	DreamBox	一個運用適性學習科技，為高中生提供個人化數學課程的數學學習平臺。
	Squirrel AI	是一個運用人工智慧演算法的適性學習平臺，根據學生的優點和弱點，個性化製定學習路徑（personalize learning paths）的學習系統。
高等教育	Turnitin	一款以人工智慧為核心的工具，用於高等教育領域檢測抄襲行為，並維護學術誠信。
	Knewton Alta	一個適應性學習平臺，運用人工智慧提供在數學和科學等科目中的個性化和適性化和學習體驗（personalized and adaptive learning experiences）。
	SAS Intelligent Tutoring System	利用人工智慧科技，在統計學和分析等科目中提供個性化的反饋和支持。

資料來源：OpenAI (2024).

　　筆者又以相同的問題「在小學、中學和高中以及高等教育中，哪些是最受歡迎的人工智慧教學工具？請製作一個 Excel 試算表。」（In elementary, secondary, and high schools, as well as in higher education, what are the most popular AI tools for teaching and learning? Please create an Excel spreadsheet.）詢問 Copilot[4]，回答結果如下：這些人工智慧工具提高了教學和學習過程的效率，使學生和教育工作者受益匪淺

---

[4] Microsoft 365 Copilot 是一種基於大型語言模型（LLM）和微軟圖形（Microsoft Graph）的數據和人工智慧（AI）輔助工具，它可以將用戶的自然語言輸入轉化為高效的生產力工具。它於 2023 年 9 月 26 日由微軟公司正式發布，並集成在微軟 365（Microsoft 365）的多個應用程式中，包括 Word、Excel、PowerPoint、Outlook、Teams 等（Wikipedia, 2024d）。

（Microsoft Copilot, 2024），結果如表 2-3 所示：

表 2-3 小學、中學和高中以及高等教育中最受歡迎的人工智慧教學工具

教育階段	AI 教學工具	功能描述
小學	Gradescop	這個工具使用 AI 技術，使教師能夠更有效地評分紙本考試和線上作業，它提供即時的答案和解釋以回答學生的問題。
	Fetchy	專為教師設計的生成式人工智慧平臺，幫助設計課程和專業電子郵件。
中學	Nuance Dragon Speech Recognition	幫助學生和教師透過語音指令和準確的轉錄提高效率。
	Cognii	虛擬學習助手，幫助學生形成開放式回答並提供一對一輔導。
高中	Century Tech	基於認知神經科學和數據分析的個性化學習計劃，根據每個學生的需求進行調整。
	Carnegie Learning	提供一對一的個性化學習體驗，模仿人類導師。
大學	Ivy Chatbot	專為高等教育機構設計，提供即時（real-time）資訊並協助招聘活動。
	Knowji	視聽詞彙應用程序，幫助語言學習者更快地學習。
	Plaito	提供即時 AI 輔導，幫助學生寫作、辯論和協作。
	Querium	幫助學生掌握 STEM 技能，為大學和職業做好準備。

資料來源：Microsoft Copilot (2024).

參、教師使用 AI 工具現況

一、西班牙現況

Galindo-Domínguez、Delgado、Losada 和 Etxabe（2024）調查了西班牙 445 名小學、中學和高等教育教師，以了解他們在課堂上使用 AI 工具的情況。研究結果顯示教師普遍持積極態度，但只有 25% 的

教師實際上將人工智慧工具納入教學中。此外，儘管教師使用了超過
20 種工具（見表 2-4），教師在頻率上最常提到的三種工具，依次為

表 2-4　根據受訪教師教育階段使用 AI 工具種類

Al tool	Brief aim	Primary education	Secondary education	Higher education	Total
ChatGPT	Information: various functions	21	48	25	94
Dall-e	Pics gen.	3	8	5	16
Midjourney	Pics gen.	2	3	4	9
Cariva-IA	Pics gen.	1	2	0	3
DeepL	Translate text	0	0	3	3
StubbleDifussion	Pics gen.	1	1	0	2
Bing	Information: various functions	0	1	1	2
Synthesia	Video gen.	0	2	0	2
Fliki	Video gen.	0	2	0	2
NighCafe	Pics gen.	0	1	1	2
Starray	Pics gen.	0	1	1	2
You.com	Information: various functions	1	0	0	1
Aleks	Gendral learming	1	0	0	1
Tome.app	Storytelling	1	0	0	1
Moises	Music gen.	1	0	0	1
Gamma	Presentations gen.	1	0	0	1
Perplexity.Al	Information: various functions	0	1	0	1
Leonardo.Al	Pics gen.	0	1	0	1
Muse	Usage of videos	0	1	0	1
Knewton	General learning	0	0	1	1
Dream	Pics gen.	0	0	1	1

AI tool	Brief aim	Primary education	Secondary education	Higher education	Total
Shutterstock AI	Pics gen.	0	0	1	1
SheetPlus	Usage of excel docs.	0	0	1	1
Grammariy	Correct grammar	0	1	0	1
Itzuli	Transiate text	0	0	1	1
Eduten	General learning	0	1	0	1
Bard	Information: various functions	0	1	0	1

資料來源：Galindo-Dominguez 等 (2024)。

ChatGPT、Dall-E 和 MidJourney；教師使用人工智慧工具的功能有 20 多種（見表 2-5），其中最常見的功能包括：獲取資訊／獲得想法／知道對某個疑問的答案（從教師的角色出發）（obtain information/take ideas/the answer to teacher）；設計練習題／任務／家庭作業（creation of exercises/tasks/homework）；文字／筆記／故事／傳說／摘要／文章的創作（creation of texts/notes/stories/tales/summaries/articles）；製作簡報（creation of presentations）；課程／課程大綱的準備（lessons/syllabus preparation）；製作評量工具（評分標準，考試）〔creation of assessment tools (rubrics, exams)〕；解釋人工智慧的運作（它是什麼，提示，限制）〔explain the functioning of AI (what is it, prompts, limitations)〕；圖像創作（creation of images）；獲取資訊／提出問題（學生）〔obtain information/ask questions (students)〕；個別化內容製作（personalized content creation）；影片創作（creation of videos）；僅用於測試／證明（教師）〔just to test/prove (teacher)〕；批改／評量考試／練習／文本（correction/assessment of exams/exercises/texts）；激勵學生／遊戲化學習（motivate students/ludic learning）；製作專題（結構）〔creation of projects (structure)〕；個別化教學（personalized teaching）；音樂、音訊，歌曲創作（creation of music, audios,

表 2-5　根據受訪教師教育階段使用 AI 工具功能

Category		Primary education	Secondary education	Higher education	Total
Obtain information/take ideas/ know the answer to (teacher)	OIT	3	12	7	22
Creation of exercises/tasks/ homework	CET	2	13	4	19
Creation of texts, notes, stories, tales, summaries, articles...	CTE	7	6	3	16
Creation of presentations	CPR	6	6	0	12
Lessons/syllabus preparation	LSP	8	1	2	11
Creation of assessment tools (rubrics, exams...)	CAT	2	5	4	11
Explain the functioning of AI (what is it, prompts, limitations...)	EFU	1	3	6	10
Creation of images	CIM	2	3	4	9
Obtain information/ask questions (students)	OIS	3	3	3	9
Personalized content creation	PCC	2	4	1	7
Creation of videos	CVI	1	4	1	6
Just to test/prove (teacher)	TPT	0	5	1	6
Correction/assessment of exams/ exercises/tests...	CEX	1	2	2	5
Motivate students/ludic learning	MOS	3	1	0	4
Creation of projects (structure...)	CRP	1	2	1	4
Personalized teaching	PET	2	1	0	3
Creation of music, audios, songs...	CMU	1	2	0	3
Translate text/words	TTW	0	1	2	3
Usage and analysis of data	UAD	0	0	2	2
Creation of games	CGA	2	0	0	2
Just to test/prove (students)	TPS	0	0	1	1

Category		Primary education	Secondary education	Higher education	Total
Create pics (students)	CPS	0	0	1	1
Detect plagiarism	DEP	0	1	0	1
Others	OTH	1	1	2	4

資料來源：Galindo-Dominguez 等 (2024).

songs）；文本／詞彙翻譯（translate text/words）；數據使用和分析（usage and analysis of data）；遊戲創作（creation of games）；僅用於測試／證明（學生）〔just to test/prove (students)〕；圖片創作（學生）〔create pics (students)〕；檢測抄襲（detect plagiarism）；其他（others）。

二、美國現況

為了培育學生成為未來茁壯的學習者與領導者，教育人員必須熟悉採用人工智慧（AI）教學以及教授相關知識。例如，生成式人工智慧工具，像是 ChatGPT、Claude 和 Midjourney，能夠進一步提供重新思考與設計學習歷程的契機。教育人員可以利用這些工具，在探討使用人工智慧的倫理考量因素的同時，強化學習體驗，以增進學習成效（International Society for Technology in Education, 2024）。眾所周知，生成式 AI 近年快速發展，尤其 Chat PT 在 2022 年底橫空出世，不只影響科技趨勢，教育創新也隨之加速，人們對未來教育有了更多想像。但回到教學第一線，多數美國教師仍對 AI 工具的發展相對無感（游昊耘，2024）。雖然美國教育部教育科技辦公室的最新政策報告《人工智慧與教學學習的未來：洞見與建議》（*Artificial Intelligence and the Future of Teaching and Learning: Insights and Recommendations*）突顯了分享知識、引入教育人員參與，以及改進在教育中應用人工智慧（AI）的科技計劃和政策的迫切需求。該報告形容 AI 為一套快速發展的科技，用於識別數據中的模式並自動執行操作，並引導教育人員了解

這些新興科技如何推進教育目標，同時評估和限制主要風險（The U.S. Department of Education Office of Educational Technology, 2023）。然而，根據美國教育週刊研究中心（Education Week Research Center）在 2023 年 11 月 30 日至 12 月 6 日針對 498 名教師進行調查，三分之一的 K-12 教師表示他們在課堂中使用過人工智慧驅動的工具。在那些表示使用過人工智慧工具的人中，有 21% 說他們使用得較少，10% 說他們使用一些，而有 2% 說他們使用得很多。教師們已經使用 ChatGPT 和其他生成式人工智慧工具來撰寫課程計劃，為學生提供作業反饋，建立評分標準，給家長寫電子郵件，以及撰寫推薦信。另一方面，教師面對 AI 也存在一些挑戰：許多教師仍然對這項科技不太熟悉，他們擔心學生使用人工智慧工具作弊，並且不知道這些工具可能產生不準確或有偏見的回答。有關調查中問到「以下哪一項最好地描述了您目前在課堂上使用人工智能驅動工具的情況？」（Which of the following best describes your current use of artificial intelligence-driven tools in your classroom?），所佔的百分比如下（見圖 2-1）：我從未使用過它們，也不打算開始使用（佔 37%）；我尚未在本學年使用過它們，而且也不打算開始使用——但計劃在未來開始使用（佔 22%）；我稍微使用過它們（佔 21%）；我有一些使用它們（佔 10%）；我尚未使用過它們，但計劃在本學年開始使用（佔 7%）；我大量使用它們（佔 2%）（Langreo, 2024a）。

在上述約六成（37% 加上 22%）教師「目前沒有在課堂上使用 AI 工具」（why they're not currently using AI tools in the classroom）的最主要原因是教師們肩負著許多責任，沒有時間去了解和嘗試人工智慧，近半數的教師們（佔 46%）沒有探索這些 AI 工具，因為他們有其他更重要的優先事項。調查發現次要原因是教師不知道如何使用 AI 工具（佔 36%），而排在前五名的其他原因也與教師缺乏知識和支持有關，這些知識和支持是關於如何有效和適當地使用 AI 工具（佔 30%）（Langreo, 2024b）。

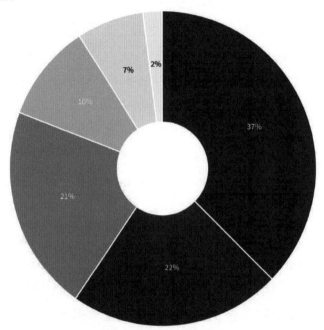

■ I have never used them and don't plan to start
■ I have not used them and do not plan to start this school year—but do plan to start in the future
■ I use them a little
■ I use them some
▨ I have not used them but plan to start this school year
▨ I use them a lot

圖 2-1　課堂上使用的人工智慧驅動工具百分比
資料來源：Langreo (2024a).

三、英國現況

　　根據英國教育組織 Teacher Tapp[5]在 2023 年 8 月、2023 年 11 月針對 9,000 名左右教師調查同一個問題：「您是否曾經使用過任何 AI 工具？」（Have you everused any AI tools?），調查結果顯示兩項發現格外突出。第一項是 AI 的使用率上升：上次（2023 年 8 月）有一半（約

───────────

5　Teacher Tapp 是一個英國的組織，成立於 2017 年，旨在讓教育工作者的聲音被聽見。他們開發了一個名為「Teacher Tapp」的應用程式，每天向超過 8,000 名教師提問問題，以幫助建立學校內發生的情況的全面圖像。這個應用程式不僅讓教師分享自己的觀點，還提供每日的專業發展閱讀文章，以持續學習教學知識（Teacher Tapp, 2023a）。

50%）的教師從未使用過 AI（I have not used AI），現在（2023 年 11月）這個比例降到了 44%。第二項是使用 AI 協助學校工作的比例上升：2023 年 8 月，有 35% 的教師使用 AI 來協助學校的工作（to help with school work），現在（2023 年 11 月）這個比例達到了 42%（見圖2-2）。圖 2 顯示出在過去幾個月中，教師使用 AI 的頻率發生變化，人工智慧不可抗拒地崛起（Teacher Tapp, 2023b）。

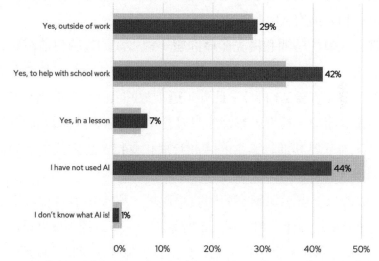

Have you ever used any AI tools (such as ChatGPT, Bard, DALL-E or Midjourney)?

Teacher responses vary from 9,138 to 9,275, depending on date asked (results weighted to reflect national teacher and school demographics)

■ August 2023　■ November 2023

圖 2-2　教師使用 AI 工具的變化比率
資料來源：Teacher Tapp (2023b).

四、美、英兩國的啟示與建議

　　從上述兩項調查中可以得到以下重要啟示：

1. **教育領域對 AI 的接受度逐漸提升**：根據調查一定比例的 K-12 級別教師已經在課堂上使用人工智慧驅動的工具，且使用這些工具的頻率有增加的趨勢，這表示教育領域對於 AI 科技的接受度和應用程度正在逐步提高。

2. **AI 應用於教育的多樣性**：教師們正在使用 AI 工具來完成多樣的教育任務，如設計課程計劃、提供學生作業反饋、建立評分標準、給家長寫電子郵件以及撰寫推薦信。這表示 AI 在教育領域的應用非常廣泛，且有潛力進一步拓展。

3. **存在的挑戰和擔憂**：儘管 AI 在教育領域的使用越來越廣泛，但許多教師對於這項科技仍然感到陌生，並且擔心學生使用 AI 作弊以及 AI 工具可能產生不準確或有偏見的回答。這表示在推廣 AI 教育應用的同時，需要對教師進行更多的培訓和指導，並且需要開發更加可靠和公正的 AI 工具。

4. **教育人員的時間和優先順序問題**：約六成的教師目前沒有在課堂上使用 AI 工具，主要原因是教師們肩負著重重責任，缺乏足夠的時間去了解和實驗 AI 科技。此外，近半數的教師認為他們有其他更重要的優先事項。這表示教育部門需要尋找方法來降低教師使用 AI 的門檻，並且對其進行適當的時間管理和支持，以鼓勵更多教師探索和利用 AI 科技。

　　依據以上啓示對應到我國教學現場，學校領導者和政策制定者應該積極鼓勵教師探索和使用人工智慧工具，可以透過提供培訓、支持和資源來幫助教師克服使用人工智慧工具的障礙。同時，教師應該積極參與有關人工智慧在教育中的討論和決策，教師們的聲音對於確保人工智慧以負責任和有效的方式使用至關重要。此部分可以成立類似於英國 Teacher Tapp 組織，讓決策制定時不能忽略教師的意見，宜考慮政策對教師影響。更重要的是，需要教師進一步研究人工智慧在教育中的作用和影響，這將有助於更好地了解人工智慧的潛在益處和挑戰，並為其有效整合做好準備。

第三章
i-LEADER⁺ 的意義與內涵

　　科技已經改變了教育領域的格局，並且未來將持續扮演重要角色。塑造未來智慧教育的八大科技趨勢包括人工智慧（AI）和機器學習（artificial intelligence and machine learning）、虛擬和擴增現實（virtual and augmented reality）、混合學習模式（hybrid learning models）、物聯網（internet of things）、更加注重數據安全（increased focus on data security）、機器人實驗室（robotics labs）、個別化學習（personalized learning）以及區塊鏈科技（block-chain technology）（Extramarks, 2023）。根據美國學校行政人員協會（2023）的說法，人工智慧（AI）可能會影響學校領導者的角色和職責，包括提供數據分析與決策（data analysis and decision making）、自動化行政作業（automation of administrative tasks）、資源優化（resource optimization）、協助學生支持和介入（student support and intervention），以及簡化與教師、學生和社區的例行溝通與參與（streamlined communication and engagement）、強化學校安全與保障（enhanced security and safety），以及道德考量（ethical considerations）。學校領導者在人工智慧方面的選擇既複雜又可能令人困惑，因此學校領導者需要以謹慎且基於原則的方式制定將此科技融入學校的長期願景（long-term vision）。儘管這個新人 AI／生成 AI 世界充滿魅力和前景，但學校領導者始終必須將兒童和青年的學習需求放在首位（American Federation of School Administrators, 2023）。

　　綜上所述，對於中小學校長來說，理解和整合 AI 科技不僅是一項挑戰，更是追求效率和創新的過程，同時需要謹慎規劃，確保以學生爲中心，並重視安全和道德考量。正如 Fullan、Azorín、Harris 和 Jones（2023）所言：「AI 人工智慧爲學校領導提供了新的機會，但也帶來

了廣泛的道德、倫理和實際挑戰。學校領導者面臨許多新問題，這些問題目前還沒有明確的答案。例如，AI 是否會改變學校領導？為什麼現在 AI 對學校領導者如此重要？在學校中使用 AI 的好處和風險是什麼？學校領導者未來需要哪些技能和能力來應對 AI？」（p.5）換言之，學校領導者需要深入思考這些問題，包括 AI 的出現是否會影響學校領導的角色和職責？為什麼學校領導者需要關注和掌握 AI 科技？AI 在學校中的應用可能帶來哪些好處？同時又存在哪些風險？學校領導者應該具備哪些技能，以適應未來 AI 時代的挑戰？並制定長期策略，以確保 AI 的整合能夠為學生和教育帶來最大的益處。

儘管人工智慧在過去四十年中已被應用於教育領域，但根據最近一分聚焦於「教育中的科技」的《全球教育監測報告》（*Global Education Monitorin Report*），生成式人工智慧（GenAI）是最新具有轉型教育潛力的科技（UNESCO, 2023），AI 既可以幫助又可能阻礙教育，這就是為什麼教育領導者必須了解它是什麼、如何應用它，以及在學校或學區的 AI 之旅中前進時需要考慮什麼。學校領導者宜鼓勵教職員探索 AI 工具、專注於制定 AI 指南而不是政策、以好奇心和積極性前進，討論人工智慧將向學生、教師和學校社區傳遞重要訊息（New Leaders, 2024）。上述對於學校領導者之啟示是應該深入了解 AI 是什麼，它如何運作，以及它在教育領域中的應用；學校領導者應該提高教育人員的數位素養，並促進教學和學習的創新；學校領導者應該制定 AI 使用指南，以保持靈活性適應不斷變化的科技和需求；學校領導者應該保持好奇心，主動追求新知識，並將其應用於學校環境中；學校領導者應該與教師、學生和學區社區一起討論 AI 的影響。這有助於確保 AI 技術能夠為每個人帶來實際的價值，並傳遞重要的訊息。總而言之，學校領導者在建立 AI 智慧學校的過程中，應當扮演積極主動的角色，引領學校朝著更加美好的未來發展。由此對應到智慧學校的發展，誠如 eSchool News（2024）指出，致力於人工智慧可以幫助創造更智慧、更適應性（smarter, more adaptive）的學校，人工智慧在教育中扮

演的角色，特別是在「智慧學校」（smart schools）中至關重要，開創了高效能、適應性強、個別化（efficient, adaptive, and personalized）的新時代。

　　智慧學習（i-Learning）、智慧教學（i-tEaching）、智慧健康（i-heAlth）、智慧行政（i-aDminstartion）、智慧環境（i-Environment）和智慧綠能（i-gReen）（張奕華，2020；張奕華、吳權威、曾秀珠、張奕財、陳家祥，2020）等六個向度融合而形成智慧校園，而這六個向度中的英文大寫字母可組成「LEADER」一詞，象徵著「智慧領導者」的概念，是智慧學校中不可或缺的重要角色。相較於其他觀點，「i-LEADER⁺」理論更強調「智慧領導」的重要性，更加關注校園內部「教與學」活動的進行，包括智慧教室系統的建置以及智慧教師的教學能力。除了上述六個向度，「i-LEADER⁺」包括優質的教學方法（Pedagogy）、良好的學習素養（Literacy）、無所不在（Ubiquitous）的學習環境和支持系統（System），形成了 i-LEADER⁺ 智慧學校（見圖 3-1）。這不僅彰顯了其重要性，也展示了其必要性。在包容性

圖 3-1　i-LEADER⁺ 智慧學校的內涵
資料來源：作者自繪 (2024)。

（inclusive）方面，正如聯合國國家智慧教育架構所強調，在實施智慧教育學習方法時，應確實聽取並解決不同學生和教育人員群體的需求。政策和方法應確保無論其種族、出身、文化和宗教身分、性別、年齡、經濟地位、身體能力或其他可能導致某些人群被邊緣化的標準，所有人都能夠充分參與和被包容。此外，這些群體在關鍵決策職位上也應得到代表權。總而言之，智慧領導者的角色在智慧學校中至關重要，他們必須具備敏銳的洞察力和創新精神，並能夠有效整合和應用 AI 等新興科技，以推動教育的進步和創新。同時，智慧領導者還需注重學生和教職員的多樣性需求，確保所有人都能在公平和包容的環境中受益於智慧教育的發展。質言之，建立一個包容性的教育意味著努力為每一位學生消除障礙，智慧領導者和人工智慧在這方面發揮著關鍵作用。智慧領導者運用數據驅動的決策和前瞻性的教學策略，確保每個學生都能獲得適當的支持和資源。他們不僅關注學業成就，還關注學生的社會和情感需求，創造一個支持性和包容性的學習環境。人工智慧則提供了個人化學習的工具和機會，透過分析學生的學習模式和需求，提供量身打造的教學內容和回饋。無論學生的思維方式和學習方式如何，人工智慧都能幫助教師識別和克服學習障礙，提升教學效果。智慧領導者和人工智慧的結合，使得包容性教育變得更加可行和有效，讓所有學生都有機會達到他們的潛力。這些科技的應用不僅促進了教育的公平性，還提升了整體教學品質。誠如同聯合國教科文組織（UNESCO）所重視的「永續教育」在社會中扮演著重要角色，它賦予學習者負責任的社會和經濟思維。2018 年聯合國教科文組織報告強調了永續發展教育的重要性，並呼籲各國對教育體系進行改革，以轉變教育體制，重點放在創新教學法上，這些教學法以科技驅動、高效率和智慧學習環境為特徵，並確保所有人都能「公平、公正和平等」地接受教育。UNESCO 主張，實現永續教育以促進永續發展（環境、社會和經濟）是 2030 年前需要達成的主要目標之一（Zeeshan, Hämäläinen & Neittaanmäki, 2022）。

第一節　i-LEADER$^+$ 的意義

壹、「i-LEADER」的意義

　　「i」是「intelligence」的縮寫，意思是「智慧」；「LEADER」中文翻譯為「領導者」，因此「i-LEADER」的中文翻譯為「智慧領導者」。其中，「i」代表的不僅僅是智慧，它還象徵了在領導中融入人工智慧技術的重要性，這種智慧結合了人類的創意與 AI 的分析能力，旨在培養能夠運用智慧科技推動創新的領導者。這些「智慧領導者」將在未來的各個領域中發揮關鍵作用，帶領團隊適應並利用不斷變化的科技環境。面對未來社會各種內外環境的挑戰，充滿著各種不確定性，領導者都要隨機應變，迅速做出專業和正確的判斷及決定。因此，培養「智慧領導人」具有其迫切的需求（吳清山，2019）。上述六個大寫英文字母分別對應到以下六個向度：智慧學習（i-Learning）、智慧教學（i-tEaching）、智慧健康（i-heAlth）、智慧行政（i-aDministration）、智慧環境（i-Environment）以及智慧綠能（i-gReen）。這些向度共同構成了智慧學校的六個核心元素，即「i-LEADER」。以下是對「L-E-A-D-E-R」六個向度的核心定義：智慧學習是指運用人工智慧技術提升學習體驗，提供個性化學習路徑，滿足不同學生的需求；智慧教學是指融合智慧科技於教學中，支援教師設計互動性課程，提高教學效果；智慧健康是指利用智慧系統支持並促進學生及教職員的健康，提供預防性健康管理和即時健康支援；智慧行政是指應用智慧科技進行校務管理，提升行政效率、優化資源配置；智慧環境是指創造智慧化的學校環境，透過數據分析與管理，維持安全、節能和舒適的校園；智慧綠能是指推動綠色能源的應用和永續發展，促進學校在環保和能源管理上的智慧化。這六個向度緊密結合，共同支撐著智慧學校的建設，推動教育現代化與智慧化的進步。

一、「智慧學習」（i-Learning）

「智慧學習」是指利用資訊科技和智慧系統，以及人工智慧等先進科技，來提供個別化、自主性、互動性和多元化的學習體驗。這種學習方式將學習者置於中心位置，根據其個人的學習風格、興趣、能力和進度，提供量身訂做的學習內容和支持，最大程度地滿足學生的學習需求，提高學習效果和滿意度。智慧學習還透過大數據分析和人工智慧科技，對學習過程進行監測和分析，提供即時的回饋和指導，幫助學生更好地理解和掌握知識。智慧學習的核心在於智慧教室系統的建設和運用，透過科技打造智慧教室系統，提供創新教學模式，智慧學習不僅僅是單一的技術應用，更是將智慧教師、智慧教室和創新教學模式三者緊密結合，形成一個自行運作的小宇宙。智慧教室就像一個運轉的行星，在這個小宇宙中，智慧教師利用先進的科技工具和教學策略，創造出超級智慧課堂，使學習過程更加有效、有趣且具互動性（張奕華、劉林榮，2016）。這種全面而深度的智慧學習環境，能夠真正實現因材施教，提升整體教育品質。

二、「智慧教學」（i-tEaching）

智慧教學是指利用資訊科技、智慧系統和人工智慧等先進科技來改進教學過程和提升教學效果的方法和策略。這種教學方式將教師置於教學的核心，透過科技工具和智慧系統提供支持和指導，幫助教師更有效地設計、執行和評估教學活動。智慧教學包括運用數位教材、教學平臺、智慧評量系統、虛擬實境等科技工具，以及個別化、自主性和互動性的教學方法，以提升學生的學習成效和滿意度。在這樣的智慧教學環境下，教師的角色不再只是知識的傳遞者，更是學習的引導者和促進者。智慧教師應用智慧模式，創造智慧課堂的三項教學能力：生動、互動、主動的教學展現力，精確、精緻、精進的學習洞察力；以及適性、適量、適時的課堂調和力；DIA 模式（教學展現力、學習洞察力、課

堂調和力）是智慧教師的實戰能力，是教師與學生共同成長的理想情境。這種教學模式不僅能激發學生的學習動機，還能建立師生之間相互連結和回饋的學習生態，進而促使學生主動探索、積極投入學習。所謂的「生動」是指「創造生動的學習情境，引發學生的學習動機」；「互動」是指「建立師生之間相互連結、回饋的學習生態」；「主動」是指「激發學生主動探索、積極投入學習的心態」。此外，「精確」是指「隨時精確掌握學生的學習狀態」；「精緻」是指「根據學習狀態細緻地安排教學活動」；「精進」是指「根據學習歷程資訊改進教與學」。同時，「適性」是指「設計符合學生性向的學習方式」；「適量」是指「給予適合學生能力的學習分量」；「適時」是指「安排的學習時機符合學生的發展階段」（張奕華、吳權威，2014）。

三、「智慧健康」（i-heAlth）

學生的全方位成長不僅依賴於學習成效，還需要關注其身心健康。因此，智慧健康也成為智慧校園不可或缺的一部分。智慧健康是指利用資訊科技、智慧系統和人工智慧等先進科技，提升學校健康管理和學生健康服務的效率和品質。這種健康管理方式將學生的健康放在學校管理的中心，透過科技工具和智慧系統，提供個別化、預防性和便捷的健康管理和醫療服務。建立資料庫所累積的數據資料（例如，成長紀錄、健康檢查、傷病紀錄、輔導紀錄、健康活動、社交測量等），教師以及家長都可以了解孩子們的成長曲線圖、成長落點分析。換言之，透過這樣的數據資料，可以觀察歷年歷次健康檢查資料，以及傷病紀錄統計與查詢、生理與心理的全方位健康履歷、活動紀錄、減重管理、體能訓練、人際關係、人緣指數、人格特質，建立健康成長履歷資料。進而由智慧教師團隊做出專業的評估以及輔導，建立雲端資料庫，累積從小到大的健康成長履歷資料（張奕華、劉林榮，2016）。

四、「智慧行政」（i-aDministration）

利用資訊科技、智慧系統和人工智慧等先進科技，能提升學校行政管理效率和品質的方法和策略。這種行政管理方式將學校的各項行政業務放在管理的中心，透過科技工具和智慧系統，提供便捷、高效、精準的行政服務。智慧學校除了要有智慧內容、智慧教師之外，更需要整體的行政系統作為提升。科技不只深入孩子們的教學與互動，還必須應用於學校的行政管理中。為了減輕與緩和校園管理的負擔，目標是將校務行政、企業合作、監督政策等與校園治理相關的所有活動智慧化。這包括校務管理平臺、資源管理平臺、工作管理流程系統等（張奕華、劉林榮，2016）。透過這些智慧行政系統的應用，學校能夠更有效地管理各項事務，進一步提升整體運作的效率與品質，最終實現智慧校園的全面發展。

五、「智慧環境」（i-Environment）

利用資訊科技、智慧系統和人工智慧等先進科技，能打造學校內外的智慧化、舒適化、安全化和可持續發展的學習環境。這種環境建設方式旨在提供學生和教師一個安全、健康、節能和綠色的學習和工作空間。智慧環境（Ambient Intelligence, AmI）的概念由歐洲研究團體ISTAG（Information Society Technology Advisory Group）於1999年提出，其基本目標是在智慧設備與環境之間建立一種共生關係。透過對環境的知覺建構一個統一平臺，提供各種設備之間的無縫連接，從而形成人、機器和環境協調統一的相互合作關係（百度百科，2019）。智慧環境的最終目標是創造並滿足安全、健康、舒適、便利、節能、永續環保等條件。這些目標不僅針對居家生活，還包括工業製造、商業活動等各種情境下所需的軟硬體設施。在學校環境中，智慧環境的概念尤其重要，利用資訊與通信科技進行智慧化環境系統整合，可以達到更優質的生活及工作品質。例如，利用QR Code、無線網路等智慧設備進行環

境和資源的管理，實現智慧化節約能源。更具體地，QR Code 可以融入防災演習，開創行動化的防災生活，此外，節能監控系統、綠能智慧宿舍系統、零碳教室等，透過智慧化節能設備，有效控管校園用水、用電量（張奕華、吳權威，2014）。這些智慧化措施不僅提升了校園的科技程度，還為學生和教師創造了一個更加安全、健康、舒適和環保的學習與工作環境。智慧化設計的理念反映在每一個細節中，從節能設備的使用到環境管理的智慧化，無不展示著科技與生活的完美結合，進一步促進了教育環境的可持續發展（尤嘉禾，2012）。此外，智慧環境還能促進教學模式的革新，透過智慧課堂和虛擬實境科技，學生能夠在更加互動和沉浸式的學習環境中獲取知識，提升學習效果。同時，智慧化的校園管理系統可以幫助教師更有效地管理課程和學生，減少行政負擔，從而將更多精力投入到教學和研究中。這些變革不僅提升了教學品質，也為培養未來的創新人才提供了堅實的基礎。

六、「智慧綠能」（i-gReen）

利用先進的科技和智慧系統，可將綠色能源和環境保護納入學校的發展和管理中。這包括採用節能、環保的技術和系統，以減少學校對傳統能源的依賴，同時最大程度地減少對環境的影響。在建設智慧學校的過程中，節能減碳是一個不可忽視的重要環節。為了實現這一目標，學校需要採取更為全面的措施，例如，建置智慧能源網路架構、智慧能源管理服務，以及綠能管理和綠能 ICT 等系統。這些措施不僅能降低能源的使用，還能透過智慧系統進行精確的偵測與維護。例如，根據校園內學生及教職員的人數及使用狀況，規劃適合的能源運用方案。在上課時段，若教室或圖書館內無人使用，感應系統會自動調低燈光亮度；在夜間，則啟動夜間保護系統，確保無人時暫停飲水機的使用。這些智慧化系統監控措施，不僅有效降低了校園的無效支出，還顯著提升了能源利用效率（張奕華、劉林榮，2016）。智慧綠能的應用不僅限於科技層面的提升，更在於培養學生和教職員的環保意識。透過日常的節能措施

和環保教育，學校可以營造一個更加永續的學習環境，讓每個人都能為減少碳足跡和保護地球貢獻一分力量。這種綜合性的智慧綠能策略，不僅促進了學校自身的永續發展，還為未來社會培養了更多具備環保意識和科技素養的優秀人才。

貳、i-LEADER⁺ 的意義

在 i-LEADER⁺ 的右上方的「+」，英文讀作「PLUS」，代表加號的意思，更代表為 i-LEADER 加值。PLUS 由 Pedagogy（優質的教學方法）、Literacy（良好的學習素養）、Ubiquitous（無所不在的學習環境）和 System（智慧支持系統）所組成。i-LEADER⁺ 是一種綜合性的教育理念，旨在透過優質的教學方法、良好的學習素養、無所不在的學習環境和支持系統來促進學生的全面發展。「優質的教學方法」（P）是指教師運用創新、科學和有效的教學策略，以激發學生的學習興趣和潛能。這包括差異化教學、合作學習、探究式學習等，目的是根據不同學生的需求進行因材施教，促進學生的深度學習和批判性思維。「良好的學習素養」（L）不僅限於讀寫能力，更涵蓋了數位素養、資訊素養、媒體素養等多方面的能力。這些素養使學生能夠在多變的現代社會中有效地獲取、評估和運用資訊，培養自主學習的能力和終身學習的態度。「無所不在的學習環境」（U）指的是利用現代科技，提供隨時隨地的學習機會和資源。這包括線上學習平臺、移動學習應用、虛擬實境和增強現實等科技，旨在突破傳統教室的限制，讓學生在任何時間、任何地點都能進行學習。「智慧支持系統」（S）是指利用人工智慧、大數據分析等科技，為學生提供個性化的學習支持和反饋。這些系統能夠根據學生的學習表現和需求，動態調整學習內容和進度，提供針對性的輔導和幫助，從而提升學習效果和效率。透過這些要素的綜合運用，i-LEADER⁺ 為學生創造了一個全面而豐富的學習生態，促進其在知識、技能和態度方面的全面發展。

一、Pedagogy（優質的教學方法）

指教師在教學過程中所遵循的理念和方法，優質的教育方法應能促進學生的全面發展，激發學生的學習興趣和潛力，例如，注重學生的主動學習、鼓勵批判性思維、提供具有挑戰性的學習機會等。Badshah、Ghani、Daud、Jalal、Bilal 和 Crowcroft（2023）指出，教學法是用於課堂中有效教學的一系列技能，這些技能不僅限於教學本身，還涵蓋了讀懂和理解學習者心理的能力。智慧教學法（smart pedagogy）包括智慧參與（smart engagement）、翻轉教室（flipped classroom）、智慧活動（smart activities）、個性化學習（personalized learning）以及智慧課程計劃（smart lesson plan）（見圖 3-2）。

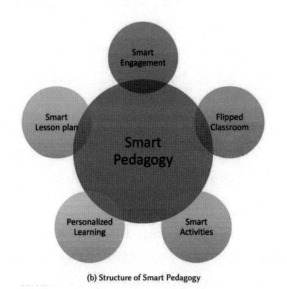

圖 3-2 智慧教學法結構
資料來源：Badshah, Ghani, Daud, Jalal, Bilal 和 Crowcroft (2023, p.21)

學習者的動機和參與是教學過程中的關鍵元素，積極參與能提高他們的批判性思維和全面發展。然而，在傳統課堂中只有少數學習者積極參與，爲了提升教育品質，教育專家和教師開始運用物聯網（IoT）

技術來保持學習者在特定科目上的動機和參與度。霧層技術[1]在翻轉課堂中發揮了重要作用。翻轉課堂是一種新興的教學方法，教師錄製教學影片供學習者在家觀看，並在課堂上進行相關活動，這些活動在教師的監督下進行。霧伺服器儲存講課影片和作業，並將其傳送到家長的智慧型手機，方便家長隨時查看。翻轉課堂還可以透過「自攜設備」（BYOD）議程來實施，使學習更加靈活和高效。傳統教育的一個挑戰是所有學習者都必須學習相同的課程內容，這對於不同學習速度的學生來說並不公平。資訊和通信科技（ICT）為每個學習者提供了個別化課程的便利，使他們可以按照自己的進度學習，這大大增加了學習者的興趣和參與度。許多公立學校中，教師可能會有「你可以強迫我進入課堂，但你不能強迫我在那裡教書」的想法。為了克服這一問題並確保教師遵守課程計劃的標準作業程序（SOP），課程計劃必須精心制定。校長、學習者和家長可以審查每位教師的課程計劃，系統會自動標示效率低下或違規情況。智慧和透明的課程計劃不僅使教師的工作對校長、家長和學習者透明，還可以使用以前或借用其他教師的優秀課程計劃，節省時間。實作學習能顯著提高學習者的保留和理解，透過活動教學，學習者的保留率可以提高到90%。智慧活動例如，智慧應用程式、遊戲和智慧物品，能夠讓學習者持續參與學習。例如，中國在小學安裝了40萬臺3D列印機，以高效地傳授教學概念，這正是智慧活動的最佳示範（Badshah, Ghani, Daud, Jalal, Bilal, & Crowcroft, 2023）。智慧教學法對學校有多方面的啓示，首先學校應積極採用智慧參與和翻轉教室等方法，以提升學生的學習動機和參與度。雲端技術和自攜設備議題能使教學更靈活，家長也能參與其中，形成更緊密的家校合作。其次，

---

[1] 霧運算（英語：Fog Computing）或霧聯網（Fog Networking，或 Fogging）是一種利用終端使用者裝置或邊緣裝置來進行分散式資料儲存和網路封包傳輸的技術。相較於將資料集中存儲在雲端資料中心，霧運算透過分散式協作架構，將資料儲存在靠近最終使用者的位置，並在本地進行分散式網路封包傳輸和相關控制管理。此概念由思科（Cisco）於2014年提出，作為雲端運算的延伸，旨在透過分層次和區域化的運算處理來緩解潛在的網路擁堵問題（維基百科，2023）。

個別化學習能滿足不同學習速度的學生需求，學校應推動資訊與通信科技（ICT）的應用，提供個別化課程，提高學習效果。此外，精心制定且透明化的課程計劃能促進教師遵守標準作業程序，提高教學品質。最後，透過智慧活動，如智慧應用程式和 3D 列印機，能提升學生的學習興趣和理解能力。這些方法和科技，將有助於創造更具互動性和效率的學習環境。

二、Literacy（良好的學習素養）

素養是知識、技能與態度的整合，例如，孩子必須先理解控制蛋的加熱溫度和時間，會影響它呈現的口感（知識），並且懂得判斷自己喜歡的是「太陽蛋」，也練會實際執行的技巧（技能），從此變成懂得品嚐又很會煎太陽蛋的人（態度）（林欣靜，2019）。素養也是指學生在獲取、理解、運用和創造資訊方面的能力，良好的學習素養是學生終身學習的基礎，如科學素養、數位素養、人文素養等。這些素養不僅是知識的學習，還包括解決問題、溝通能力、創新思維等方面。良好的學習素養涵蓋了多個重要層面：科學素養能夠理解和運用科學知識來解釋現象，解決問題，以及做出明智的決策，這包括基本的科學概念、實驗技能、數據分析能力，以及對環境和健康問題的關注。數位素養在現代社會中尤為重要，不僅僅指能夠使用電腦和網路科技，還包括對數據的理解和分析、程式設計能力，以及在數位環境中的批判性思維和道德判斷。人文素養則包括對文學、歷史、哲學和藝術等人文學科的理解和欣賞，培養學生的審美能力、文化理解和倫理判斷，幫助他們更好地理解自己和世界。此外，隨著教育科技和人工智慧（AI）的快速發展，學生需要具備相應的科技素養。這包括對教育科技工具的熟悉和應用，如線上學習平臺、虛擬實境（VR）和擴增實境（AR）科技等，這些工具能夠提升學習效果，提供沉浸式學習體驗。人工智慧素養則涵蓋對 AI 基本原理的理解、如何利用 AI 科技來解決實際問題，以及對 AI 倫理和社會影響的認識。學生應該了解如何在教育中運用 AI 科技，從適性

學習系統到智慧教學輔助，這些科技能夠根據個人需求提供客製化的學習體驗。除此之外，解決問題的能力是一種綜合能力，涉及邏輯思維、創造力和實踐能力，學生需要能夠在不同情境下靈活運用所學知識，提出創新的解決方案，並能夠有效地執行。溝通能力指能夠清晰、有效地表達自己的想法，並能夠積極傾聽和理解他人的觀點，這包括口頭和書面表達能力，以及跨文化交流的技能。創新思維則鼓勵學生不拘泥於傳統思維方式，勇於挑戰現狀，探索新方法和新科技作爲現代社會發展和個人成功的重要驅動力。良好的學習素養是一個複合的概念，它不僅僅局限於書本知識的獲取，而是強調全面能力的培養，爲學生在瞬息萬變的未來社會中茁壯成長打下堅實的基礎。根據上述良好學習素養的論述，對學校有以下啓示：學校應強調整合知識、技能和態度，培養學生的綜合素養，並設計多元化課程涵蓋科學、數位和人文素養，鼓勵學生均衡發展。學校應積極採用現代科技工具，如線上學習平臺和 VR、AR 科技，提升教學效果和學習體驗，同時培養學生的人工智慧素養，理解 AI 的應用和倫理。強化問題解決和創新思維的培養，透過專題學習發展學生的邏輯思維和創造力。重視溝通能力的培養，透過討論和合作計劃，提升表達和理解他人的能力。這些措施將幫助學校培養具全面素養的學生，爲他們的未來成功奠定基礎。

三、Ubiquitous（無所不在的學習環境）

Ogata、Matsuka、El-Bishouty 和 Yano（2009）指出，無所不在學習可以被定義爲一種日常學習環境，這種環境由我們日常生活中的行動、嵌入式電腦和無線網路支援（embedded computers and wireless networks）。無所不在的學習環境是指學生能夠隨時隨地進行學習的場域，充分利用時間和空間，從而顯著提高學習效率。要建構這樣的環境需要結合物理和虛擬環境的優勢，例如，教室、圖書館和線上學習平臺等。這樣的學習環境不僅支援學生在傳統課堂中的學習，也使他們能在任何地點、任何時間自主學習並利用各種資源。El-Sofany 和 El-

Seoud（2022）指出，無所不在的學習（U-learning）可由以下公式表示：U-learning = $\sum$ (E + M) learning，這表示無所不在的學習是由電子學習（E-learning）和行動學習（M-learning）活動組成的。無所不在的學習被定義為「隨時隨地進行的學習」（the learning applied anywhere and anytime），這一定義強調透過任何無線網路連接的行動裝置來提供學習資源和活動。此外，行動學習指的是「透過無線工具進行的學習」（the implemented learning via wireless tools）（如手機、PDA 或筆記型電腦）。一般來說 U-learning 被定義為「使用無所不在運算科技進行的學習」，這一定義也適用於 M-learning。為了區分無所不在的學習和行動學習，使用了「情境感知無所不在的學習」（context-aware ubiquitous learning）這一術語。最後，無所不在的學習是電子學習和行動學習與多種輔助科技和工具的整合，如網際網路連接（internet connections）、行動通信系統（mobile communication systems）、GPS 和 GIS 系統、感測器網路和自然使用者介面（sensor network and natural user interfaces）、虛擬實境（virtual reality）、雲端運算、行動運算（cloud computing）、人工智慧（artificial intelligence）和基於情境的運算。這些科技和工具提供了互動式和情境導向運算（context-based computing）的應用，如圖 3-3 之無所不在學習的元素（U-learning components）所示（Badshah, Ghani, Daud, Jalal, Bilal, & Crowcroft, 2023）。綜上所述，學校應該重視並積極推動無所不在學習（U-learning）的建構，以讓學生充分利用學習時間和空間，提升學習效率。無所不在的學習環境結合了物理和虛擬環境的優勢，透過行動裝置和無線網路，讓學生能隨時隨地學習。這不僅支援傳統課堂學習，也促進學生在任何時間、地點自主學習和資源利用。為達成此目標，學校應整合電子學習（E-learning）和行動學習（M-learning）活動，並運用多種科技工具如感測器網路、人工智慧、虛擬實境和雲端運算，提供情境感知無所不在的學習。這些措施將有助於創造更互動且個性化的學習體驗，提升教育品質和學生學習成效。

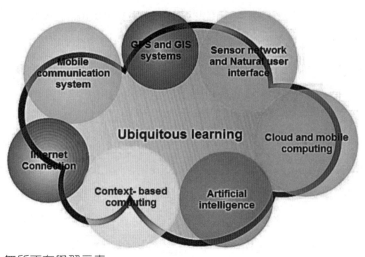

圖 3-3　無所不在學習元素

資料來源：El-Sofany 和 El-Seoud (2022, p.391).

四、System（智慧支持系統）

　　智慧支持系統指的是為學習提供支持的各種資源和服務，這些資源和服務不僅來自於學校，還包括家庭和社區。透過人工智慧科技，可以有效整合這些系統，建立更加緊密和有效的合作機制，以支持學生的學習和成長。在學校中，人工智慧可以幫助教師更好地了解學生的學習需求和困難。AI 驅動的學習分析工具能夠追蹤學生的學習進度，並即時提供個別化的回饋和建議。此外，智慧教室設備如 AI 輔助教學工具和互動學習平臺，能提升教學效果，創造更具吸引力的學習環境。人工智慧也可以幫助家長更好地參與孩子的學習過程，提供個別化的家庭學習建議，幫助家長了解孩子在學校的表現，並提供相應的支持。AI 驅動的應用程式可以提醒家長孩子的學習進度和重要的學校活動，確保家長能夠即時提供支持。人工智慧還可以促進學校與社區之間的合作，分析社區資源並推薦適合學生的課外活動和學習機會，從而擴展學生的學習領域。社區中的圖書館、博物館和企業可以與學校合作，利用 AI 科技共同設計和推廣教育計劃，為學生提供更豐富的學

習資源。透過人工智慧科技的應用，學校、家庭和社區之間可以建立更加緊密的連結，形成一個全面的智慧支持系統，從而促進學生的全面發展和成長。以圖 3-4 為例，人工智慧在教育中的應用（AIED）旨在將新科技引入教學與學習，從而創新教育模式。AIED 的主要目標是提供彈性、個別化且具有高度吸引力的學習體驗，同時自動化處理許多基本任務，減輕教師的負擔，提升教學效率。目前 AIED 的熱門趨勢包括智慧輔導系統（intelligent tutor systems）、智慧教室科技（smart classroom technologies）、適性學習（adaptive learning）、教學代理人（pedagogical agents）和學習分析（learning analytics）（Tpoint Tech, 2021）。智慧輔導系統能根據學生的學習進度和需求提供即時回饋和指導，模擬一對一的輔導效果；智慧教室科技則運用物聯網（IoT）和先進感測科技，即時監測並調整教學環境，如光線、溫度和聲音，以提升學習效果。適性學習平臺透過分析學生的學習行為和表現，能動態調整學習內容和難度，使每位學生都能在最佳狀態下學習；教學代理人這

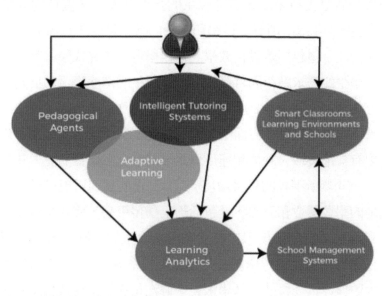

圖 3-4　人工智慧在教育中的應用和角色
資料來源：Tpoint Tech (2021).

些虛擬代理人能模擬教師或同學，與學生進行互動，解答疑問，提供情感支持，增強學習動機。學習分析則透過大數據技術，深入挖掘學生的學習數據，幫助教育工作者做出更精確的教學決策，個別化教學策略。藉由這些智慧系統的整合，校務管理系統（school management systems）得以全面支持智慧學校的運作，包括課程管理、學生評量、教師發展等各個方面。這些科技不僅提升了教育品質，還促進了教育公平，使更多學生能夠享受個別化和卓越的學習體驗。

第二節　i-LEADER⁺ 的內涵

在 i-LEADER⁺ 的右上方的「+」，英文讀作「PLUS」，代表加號的意思，更代表為 i-LEADER 加值。PLUS 由 Pedagogy（優質的教學方法）、Literacy（良好的學習素養）、Ubiquitous（無所不在的學習環境）和 System（智慧支持系統）所組成。i-LEADER⁺ 是一種綜合性的教育理念，旨在透過優質的教學方法、良好的學習素養、無所不在的學習環境和智慧支持系統來促進學生的全面發展。「優質的教學方法」（P）是指教師運用創新、科學和有效的教學策略，以激發學生的學習興趣和潛能。這包括差異化教學、合作學習、探究式學習等，目的是根據不同學生的需求進行因材施教，促進學生的深度學習和批判性思維。「良好的學習素養」（L）不僅限於讀寫能力，更涵蓋了數位素養、資訊素養、媒體素養等多方面的能力。這些素養使學生能夠在多變的現代社會中有效地獲取、評估和運用資訊，培養自主學習的能力和終身學習的態度。「無所不在的學習環境」（U）指的是利用現代科技，提供隨時隨地的學習機會和資源。這包括線上學習平臺、移動學習應用、虛擬實境和增強現實等科技，旨在突破傳統教室的限制，讓學生在任何時間、任何地點都能進行學習。「智慧支持系統」（S）是指利用人工智慧、大數據分析等科技，為學生提供個性化的學習支持和反饋。這些系統能夠根據學生的學習表現和需求，動態調整學習內容和進度，提供針對性的輔導和幫助，從而提升學習效果和效率。透過這些要素的綜合運

用，i-LEADER+ 爲學生創造了一個全面而豐富的學習生態，促進其在知識、技能和態度方面的全面發展。本節將以國外的平臺與系統實例進行說明，這些實例涵蓋不同教育階段和領域，展示如何在實際操作中落實 i-LEADER+ 的理念。這些範例將提供寶貴的參考，更好地理解和應用 i-LEADER+ 的核心理念。

壹、i-LEADER 的內涵

一、智慧學習（i-Learning）

利用人工智慧科技來提升學生的學習體驗和成果，包括個別化學習、自主學習、虛擬實境學習等。例如，在「個別化學習」平臺方面，如 Khan Academy（可汗學院）、Duolingo、DreamBox Learning、Assessment and Learning in Knowledge Spaces（知識空間中的評量與學習）和 Coursera 等，這些平臺利用學生的學習歷史和數據，爲每一位學生提供客製化的學習計劃和資源；這些平臺利用人工智慧科技和適性化學習演算法（adaptive learning algorithms），根據學生的學習需求和表現，提供個別化的學習體驗，從而幫助學生更有效地學習和成長。在「Khan Academy」方面，學生可以根據自己的進度和理解能力進行學習，系統會根據他們的表現提供及時回饋和額外的學習材料。Duolingo 則利用遊戲化學習方法，使語言學習變得有趣且具有挑戰性，並透過 AI 演算法調整學習內容，以適應學生的進度。DreamBox Learning 專注於數學教育，透過分析學生的回答模式和學習歷程，動態調整學習路徑，以確保每一位學生都能在適合自己的速度和方式下學習數學。Coursera 則提供了廣泛的線上課程，利用 AI 科技爲學習者推薦相關課程和學習資源，並根據他們的學習歷程提供個別化的建議。在「虛擬實境學習」平臺方面，例如，EngageVR、Nearpod VR、Google Expeditions 和 AltspaceVR，這些平臺使用虛擬實境科技營造身歷其境的學習場景，讓學生能夠在虛擬環境中進行探索和實驗。例如，EngageVR 提供了豐富的互動式虛擬教室，學生可以在其中進行協作

學習和互動討論；Nearpod VR 則結合虛擬實境和互動課程，讓教師能夠帶領學生進行虛擬旅行，探索世界各地的歷史場景和文化；Google Expeditions 利用虛擬實境科技帶領學生進行虛擬實地考察，使他們能夠身歷其境地學習科學、歷史和地理等知識；AltspaceVR 則提供了一個虛擬的社交平臺，學生可以在其中參加各種學術活動和研討會，與來自世界各地的學習者互動和交流。總而言之，人工智慧科技和虛擬實境科技的結合，不僅為學生提供了更多元化的學習資源和方式，還能夠根據學生的個別需求進行調整，從而提升學習效果和學習體驗。這些科技的應用不僅能夠激發學生的學習興趣，還能幫助他們更深入地理解和掌握所學知識，從而為他們的未來發展奠定堅實的基礎。

二、智慧教學（i-tEaching）

　　智慧教學是運用人工智慧科技來支援教師的教學活動，這包括自動評量、教學輔助、個別化指導等方面。智慧教學不僅提升了教育的效率和效果，還為師生雙方創造了一個更加互動和高效的學習環境。在自動評量系統平臺方面，例如，Turnitin、Gradescope、Canvas 和 Blackboard，這些平臺利用機器學習演算法來自動評量學生的作業和測驗答案，極大地節省了教師的評分時間。透過這些自動評量系統，教師可以提高評分效率和準確性，自動化的評分系統可以快速、準確地處理大量學生的作業，減少人為錯誤，提高評量的客觀性。學生能夠在短時間內收到回饋，有助於他們即時了解自己的學習狀況和不足之處，從而進行針對性的改進。教師可以將更多的時間和精力投入到課堂教學和與學生的互動中，而不是花費大量時間在繁瑣的評分工作上。在智慧教學助手方面，像 Squirrel AI、IBM Watson Education、Carnegie Learning、DreamBox Learning 和 Smart Sparrow 這些平臺，為教師和學生提供了個別化的教學建議和資源。這些智慧教學助手透過應用人工智慧科技和適性化學習演算法（adaptive learning algorithms）來提供個別化的學習計劃，根據每個學生的學習風格、興趣和能力，制定量身訂

做的學習計劃，幫助學生更有效地掌握知識。輔助教學設計幫助教師設計更符合學生需求的課程內容，並提供相關的教學資源，提升課程的品質和吸引力。即時監控和回饋提供即時的學習數據和分析，幫助教師了解學生的學習進度和困難，及時調整教學策略。智慧教學透過整合人工智慧智慧，不僅改進了傳統教學方式，還為教育領域帶來了創新性的變化。它不僅僅是一種科技的應用，更是一種教學理念的昇華，旨在創造一個更加高效、有趣和富有成效的學習環境。

三、智慧健康（i-heAlth）

　　利用人工智慧科技來改善教育人員和學生的身心健康，包括身體健康監測、心理健康支援、健康風險預測等，已經成為智慧健康領域的重要應用之一。這些技術不僅提高了健康管理的效率，還能提供更加個人化的健康服務。例如，在「心理健康監測系統」方面，Kognito、Lantern、TAO Connect 和 MindWise Innovations 等應用程式利用大數據和情緒分析科技（sentiment analysis technology），能夠即時監測學生的心理健康狀況，及時發現並介入可能的心理健康問題。這些系統透過分析學生的語言、行為和社群媒體活動，幫助學校和組織有效地監測和管理心理健康風險，並提供相應的介入和支援服務。例如，Kognito 透過模擬互動環境，幫助學生學習應對壓力和焦慮的方法；Lantern 提供基於認知行為療法的個人化支援；TAO Connect 提供線上治療和心理健康資源；MindWise Innovations 則強調預防和早期介入。在「健康風險預測模型」方面，Epic Healthy Planet、Apixio Risk Adjustment Suite、IBM Watson Healthcare 和 Optum Risk Adjustment 等應用程式利用機器學習演算法，對學生的健康數據進行分析，預測可能的健康風險。這些系統透過整合電子健康紀錄（EHR）、基因數據、生活習慣數據等多種數據源，建立全面的健康風險模型，能夠精確預測疾病的發生機率，並提供相應的健康管理建議。例如，Epic Healthy Planet 幫助醫療提供者制定預防性健康計劃；Apixio Risk Adjustment Suite 深入挖掘數據，精

確調整風險評估；IBM Watson Healthcare 利用人工智慧提供個人化的健康建議；Optum Risk Adjustment 強調全面的健康風險管理策略。整體而言，智慧健康技術透過結合人工智慧、大數據和機器學習，為教育人員和學生提供全方位的健康管理和支援，這些技術不僅提升了健康服務的效率和精準度，還能更好地滿足個體化需求，促進身心健康的全面發展。

四、智慧行政（i-aDministration）

運用人工智慧科技來提升學校管理的效率和效能，包括教務管理、人力資源管理、財務管理等，是現代教育機構實現「智慧行政」的重要手段。在教務管理方面，智慧教務平臺的建立尤為關鍵。例如，在「學生資訊管理系統」方面，使用如 PowerSchool、Infinite Campus、Skyward Student Management Suite 和 Illuminate Student Information System 等平臺，可以實現學生選課、出席、成績等資訊的自動化管理。這些系統通常包括學生數據的收集、儲存、管理和共享等功能，有助於學校管理人員和教育人員有效地管理學生數據和資訊。具體來說，這些系統不僅能簡化教務工作的複雜流程，還能透過數據分析提供意見，幫助教師和行政人員更好地理解學生的學習進度和需求，進而制定更具針對性的教育計劃。在智慧招生系統方面，如 TargetX、Slate、Ellucian Recruit 和 Enrollment Rx 等平臺，則利用數據分析和預測模型來改善學生招生流程，提高招生效率和品質。這些系統通常包括招生過程的自動化、申請管理、持續追蹤、回應和與相關方進行交流等功能，有助於教育機構提高招生效率和學生管理能力。透過智慧招生系統，學校可以更精準地定位潛在學生，並根據歷史數據和行為模式進行預測，確保招生策略更加科學和有效。此外，在人力資源管理方面，人工智慧可以用來自動化處理教職員工的招聘、培訓、績效評估等過程。例如，利用 AI 驅動的招聘系統，可以快速篩選和評估應徵者，提高招聘效率並確保選拔過程的公平性。在財務管理方面，智慧系統可以自動追蹤和

分析學校的財務數據，提供即時報告和預測，幫助管理層做出更明智的財務決策。具體言之，智慧行政不僅是提高學校管理效率的手段，更是推動教育現代化的重要途徑。透過引入人工智慧和大數據技術，學校可以實現教務管理、人力資源管理、財務管理等多方面的智慧化，從而提升整體營運效能，爲師生創造更好的教學和學習環境。

五、智慧環境（i-Environment）

　　利用人工智慧科技來打造智慧校園環境，可以包括校園安全監控、智慧能源管理、環境監測等多方面的應用。在「智慧校園監控系統」方面，例如，Axis Communications、Hikvision、Verkada 和 Avigilon Control Center 使用物聯網科技來監控校園的安全、交通流量和環境品質等情況。這些監控系統通常包括攝影機、錄影設備、監控軟體和雲端存儲等功能，能夠即時監視校園內的各種活動和安全狀況，確保校園環境的安全與穩定。這些系統還可以利用人工智慧分析影像資料，迅速偵測和識別異常行爲，從而及時採取措施。在「綠色能源管理系統」方面，例如，Schneider Electric 的 EcoStruxure、Siemens 的 Smart Infrastructure、Honeywell 的 Energy Management Solutions 和 ABB 的 Ability Energy and Asset Management 運用智慧控制科技來優化校園能源使用，降低能源浪費，提升能源利用效率。這些綠色能源管理系統通常包括能源監控、節能優化和可再生能源整合等功能，能夠幫助學校實現對能源的有效管理和節能減碳。透過即時監控和資料分析，這些系統可以提供能源使用情況的詳細報告，識別能源浪費的來源，並建議相應的節能措施。此外，環境監測系統也是智慧校園的重要組成部分，這些系統利用各種感測器和物聯網技術，即時監測校園內外的空氣品質、溫度、濕度和噪音等環境指標。這些資料不僅有助於提升校園環境的舒適度，還可以作爲環境教育的素材，讓學生了解環境保護的重要性。透過整合這些智慧環境科技，智慧校園不僅能夠提升管理效率，還能創造一個更安全、舒適和永續發展的學習和生活環境。

六、智慧綠能（i-gReen）

　　智慧綠能是指利用人工智慧科技來推動綠色和永續發展的教育實踐，包括節能減碳、綠色建築設計、環保教育等方面。在節能減碳教育計劃方面，透過各種先進的軟體和平臺來舉辦教育活動，提高師生對能源節約和環境保護的意識。常用的工具和平臺包括 EnergyCAP、Lucid BuildingOS、Schneider Electric EcoStruxure Resource Advisor 和 Siemens Navigator，這些工具能夠幫助學校追蹤和分析能源使用，識別節能機會並衡量節能成效，提供即時的能源和環境數據，視覺化展示建築物的能源使用情況，並制定有效的節能策略。在綠色建築設計課程方面，利用先進的設計軟體如 Autodesk Revit、SketchUp、EnergyPlus 和 Green Building Studio 來指導學生綠色建築理念和實踐技能，這些軟體能夠幫助學生設計和分析綠色建築，進行詳細的建築能源使用分析，理解建築物的全生命週期，並支持綠色設計決策。環保教育是「智慧綠能」的一個重要組成部分，旨在提高學生對環境問題的認識和行動力。透過舉辦講座、工作坊和實地考察等活動，利用數位科技和線上資源，提供豐富的學習材料和互動平臺，促進學生參與和實踐環保行動，例如，利用虛擬實境（VR）科技進行環境模擬，讓學生身臨其境地感受環境變化對生態系統的影響。綜上所述，「智慧綠能」透過綜合運用人工智慧和數位科技，推動綠色和永續發展的教育實踐，為未來培養具備環保意識和技能的綠色人才。

貳、PLUS 的內涵

一、優質的教學方法（Pedagogy）

　　「優質的教學方法」結合了最新的教學理論、科技以及人工智慧，旨在提供更有效的學習體驗。透過教學科技和人工智慧的支持，教師可以根據學生的需求和學習風格，提供客製化的學習內容和教學方法，最大限度地滿足每位學生的學習需求。例如，使用學習管理系統（LMS）、智慧教學平臺或智慧教學系統，根據學生的學習進度和興

趣，提供個別化的學習路徑和教材。教學科技和人工智慧還能幫助教師設計問題解決的教學活動，激發學生的探究精神和批判性思維，培養解決問題的能力。例如，使用虛擬實境（VR）科技讓學生在模擬的真實情境中解決問題，或者使用智慧教學系統提供即時的提問與解答。此外，教學科技可以促進學生之間的合作和互動。透過線上平臺和工具，學生可以在虛擬環境中共同合作，共享資源和想法，加深對學習主題的理解。例如，使用協作平臺如 Google 文件或 Microsoft Teams，讓學生在線上共同編輯文件、討論問題。差異化教學是一種根據學生的能力、學習風格和興趣，量身訂做的教學方法，透過不同的教學策略、資源和評估方式，教師可以提供多種學習選擇和支持，以滿足學生的個別需求。例如，利用數位學習平臺提供不同難度的練習題目，或使用適性學習系統根據學生的學習進度調整教學內容。

二、良好的學習素養（Literacy）

「良好的學習素養」不僅限於學生掌握基本的學科知識和技能，還包括他們在資訊時代所需的多種能力。這些能力涵蓋了資訊素養、媒體素養和數位素養等現代技能，對於他們在資訊時代的學習和生活至關重要，學生應能有效地尋找、評估、組織和運用各種資訊來解決問題並做出判斷。教學科技和人工智慧提供豐富的資源和工具，協助培養學生的資訊素養，包括數位文獻檢索、媒體評估和網路安全技能。例如，學生在使用網路搜尋引擎（例如，Google、Microsoft Bing）或生成式 AI 尋找資料時，應能夠有效地評估搜尋結果的可信度，並採取適當的資訊評估策略。此外，學生需要理解和分析各種媒體形式，並能批判性地思考媒體訊息的可信度和影響力。教學科技和人工智慧提供多媒體學習環境，幫助學生培養媒體素養，辨別媒體訊息的真實性和意圖。例如，學生在觀看 YouTube 影片時，應能夠辨識影片中的主要訊息、分辨真偽，並理解影片製作者的意圖。學生應能熟練運用數位科技和工具，包括電腦軟體、網路應用和多媒體平臺，以支援學習、創造和溝通；例如，當

學生使用網路平臺進行合作時，應能有效地與他人合作，包括使用協作工具、遵守網路禮儀和保護個人資訊。教學科技和人工智慧提供互動式學習環境和個別化學習體驗，幫助學生發展數位素養，提升他們在數位時代中的競爭力。這些現代技能不僅強化了學生的學習能力，也為他們在未來的職業生涯和個人發展奠定了堅實的基礎。

三、無所不在的學習環境（Ubiquitous）

「無所不在的學習環境」指的是學生隨時隨地都能夠進行學習的環境，這強調了學習的便利性和多元性。例如，學生可以透過智慧型手機、平板電腦、電腦等裝置，隨時存取數位學習平臺或線上資源，如 Khan Academy、Coursera 等。這些平臺提供了各種主題的教學影片、互動練習和學習任務，學生可以根據自己的需求和興趣，在家中或校園外隨時進行學習。此外，無所不在的學習環境還涵蓋了利用學習管理系統（LMS）和虛擬教室平臺的範疇。例如，學校可以使用 iLearn、Moodle 等學習管理系統來組織和管理課程內容、作業任務和評量活動。這些系統通常具有互動功能，允許學生和教師之間進行即時溝通和回饋，提高學習的互動性和參與感。虛擬教室平臺如 Google Classroom、Microsoft Teams 和 Zoom Meetings，則進一步擴展了學習的可能性，提供了線上課程、討論區和協作工具，使學生無論身在何處都能夠參與學習活動。透過這些教育科技工具和平臺，學生不再受制於時間和空間的限制，可以自主地安排學習時間和地點，並且享受到個人化的學習體驗。例如，學生可以根據自己的學習進度和需求，重複觀看教學影片、參加線上測驗和完成互動練習，從而鞏固學習內容。此外，教師也可以利用數據分析工具，追蹤學生的學習進度，提供有針對性的輔導和支持，進一步提升學習的效率和成效。無所不在的學習環境不僅改變了傳統的學習模式，還促進了終身學習的理念。隨著科技的不斷進步，學習資源變得更加豐富和多樣化，學生可以隨時隨地獲取最新的知識和技能，保持學習的動力和興趣。在這樣的環境中，學習不再是一個

階段性的任務，而是一種持續的過程，學生可以根據自己的職業需求和興趣，不斷更新和提升自己的能力，適應快速變化的社會和職場挑戰。

四、智慧支持系統（System）

在智慧學校的概念中，「智慧支持系統」扮演著至關重要的角色。根據最新的教學理論，智慧支持系統應該是一個整合性的、多元化的系統，旨在為學生提供全方位的支援，促進其學習和成長。這種支持系統不僅限於傳統的教學資源，而是涵蓋了先進的科技手段和智慧化工具，全面提升學生的學習體驗和效果。在教學科技方面，智慧支持系統可以包括各種數位教學資源和工具，例如，虛擬教室、線上學習平臺、電子圖書館等。虛擬教室能夠模擬真實的課堂環境，使學生可以在任何地點參與互動式學習；線上學習平臺提供了豐富的學習資源和課程，讓學生可以按照自己的學習進度進行自主學習；電子圖書館則提供了大量的數位化學術資源，方便學生進行資料查詢和研究。這些工具不僅拓展了學生的學習途徑，也增強了教學的靈活性和多樣性。在人工智慧方面，智慧支持系統可以利用智能演算法和資料分析來提供個別化的學習指導和支援。透過分析學生的學習表現和需求，系統可以為每一位學生量身打造學習計劃，提供相應的教學資源和建議。例如，基於學生的測驗結果和學習行為，系統可以推薦最適合的學習材料，並提供即時回饋和進步報告，幫助學生在學習過程中不斷改進。這種個別化的學習支援不僅提高了學習效果，也激發了學生的學習興趣和動力。在智慧校園方面，智慧支持系統可以整合學校、家庭和社區等多個資源，建立起緊密的合作機制。學校可以與家長和社區組織合作，共同關注學生的學習和成長，提供相應的支援和協助。例如，家長可以透過系統了解孩子的學習進度和表現，及時與教師交流，形成家校共育的良性互動。同時，智慧校園還可以透過智慧設施和管理系統，提供更加便捷和高效的服務，如智慧課表管理、校園安全監控等，為學生創造良好的學習環境。綜上所述，智慧支持系統在智慧學校中發揮著不可或缺的作用，透過整合先進的教

學科技和人工智慧並與學校、家庭和社區緊密合作，智慧支持系統可以為學生提供全面而個別化的學習支援，促進其全面發展和進步。

第三節　i-LEADER⁺的理論基礎

　　美國德州三一大學（Trinity University）教育領導中心（The Center for Educational Leadership, 1992）所進行的《聖安東尼奧未來的智慧學校》（*Smart Schools for San Antonio's Future*）研究報告中指出，智慧學校領導是基於共同想法和承諾（smart schools leadership is based on shared ideas and commitments）。智慧學校從他們的目的、價值觀和信念中，設計他們做什麼及為什麼而做。智慧學校知道運用科技（電腦、雷射光碟、電信設備）和其他工具不僅是提供教學的更有效方式，而且是學生一起學習和解決問題的工具。在智慧學校中，科技成為每一間教室中的智慧生活的一部分。除此之外，電腦和其他科技工具成為老師和校長用來儲存學習成果、與同事分享想法以及製作創新教學和學習材料的工具。隨著網際網路與資訊設備的發展，智慧化的風潮也延續至校園，逐漸將資訊設備與網路資源應用於教學活動及行政作業。在今日校園中，舉凡校務行政、教師教學研究、學生學習平臺、校園生活等，無不建置在資訊的基礎上，間接實現多功能的智慧化校園環境。因此，智慧校園是未來建置學校學習環境的新*趨勢*（張奕華、林光媚，2017）。在此新*趨勢*之下，透過科技領導、學習領導及整合領導等而成的「智慧領導」，能建立優質的智慧校園（臺北市教師研習中心，2018）。

　　智慧領導（SMART leadership）強調了領導者在教育領域中需要具備的智慧和技能，以應對不斷變化的學習環境和挑戰。i-LEADER⁺強調智慧學校需要具備優質的教育理念、良好的學習素養、無所不在的學習環境和支持系統，而智慧領導則提供了實現這些目標所需的策略和方法。智慧領導強調領導者需要具備反思能力、創新思維和有效溝通等能力，以推動學校的發展和提升學生的學習成果。智慧領導是一種綜合了科技應用、教育創新與人本關懷的領導模式。首先，科技應用不僅包括

教室內的硬體設備，更涵蓋了數位學習平臺、數據分析工具及遠端教學系統等，這些科技手段有助於教師精準掌握學生的學習情況，並提供個性化的教學支持。其次，教育創新是智慧領導的核心，透過持續的專業發展與教學方法的改進，教師能夠不斷提升教學效果，並培養學生的批判性思維與創新能力。最後，人本關懷體現於智慧領導對師生福祉的重視，領導者需要營造一個支持性的學習環境，促進師生間的良好互動與合作。智慧領導的實施需要學校管理層與教職員工的共同努力。領導者應當具備以下幾項核心能力：科技素養、數據驅動決策能力、變革管理能力、協作與溝通能力以及創新與批判性思維，這些能力有助於推動學校適應並擁抱新科技、新方法。智慧領導作為現代教育領導的一種新型態，不僅強調科技與教育的融合，更重視以人為本的教育理念，透過多方協作，共同推動智慧校園的發展，實現教育的現代化和高品質發展。因此，智慧領導能促使領導者在學校管理和教育領域中發揮更加積極的作用。作為 i-LEADER 理論基礎的 **S-M-A-R-T**（智慧）領導，其五個向度的定義分述如下（張奕華等，2020）：

壹、人際關係溝通技巧（Skills of interpersonal communication）

　　領導者在智慧學校中扮演著「引導者」和「激勵者」的雙重角色，在智慧學校的發展過程中，領導者需要持續與學校成員（包括家長、教師和學生）進行溝通，藉此凝聚全校共識，並達成一致的觀念。這種溝通不僅僅是訊息的傳遞，更是心靈的交流與信任的建立。智慧學校的發展需要各行政單位與教師之間的緊密合作。領導者應該促進這種合作，使每一位成員都能在自己的職位上發揮最大效能。然而，在合作過程中，摩擦和衝突在所難免，計劃的執行也可能會遭遇阻礙或挫敗。此時，領導者應該適時地扮演激勵者的角色，鼓舞士氣，幫助團隊克服困難，保持組織的順暢運作，確保計劃的順利推進。此外，領導者應該具備良好的情緒管理能力，能夠在面對挑戰時保持冷靜和理智，並以積極

的態度帶領團隊。透過有效的溝通和激勵，領導者可以創造一個充滿信任和合作的校園氛圍，推動智慧學校的永續發展。這不僅有助於提升學校的整體效能，也有助於每一位成員的個人成長與發展。

貳、管理、願景與規劃（Management, vision and planning）

領導者必須成為「方向的掌舵者」、「趨勢的引領者」及「計劃的催生者」，在智慧學校的發展過程中承擔關鍵的任務。智慧教育涵蓋多個面向，包括智慧學習、智慧教學、智慧健康、智慧行政、智慧環境和智慧綠能等。領導者必須全面評估組織內外的各種因素，確立智慧學校的發展願景，推動相關計劃的形成，並領導這些計劃的實施。在這個過程中，領導者需要持續檢視各階段的成果，進行反思與調整，以確保計劃能夠適應不斷變化的需求和環境。在智慧學校的發展中，領導者的角色不僅是制定方向和目標，還需要具備敏銳的洞察力和靈活的應變能力。他們應該善於利用大數據和人工智慧科技來分析學校的需求和挑戰，並且能夠快速調整策略以應對不斷變化的教育趨勢和科技進步。此外，領導者還需促進跨處室的合作與溝通，確保所有相關單位都能夠參與並支持智慧教育的發展。領導者在智慧學校發展中的另一個重要任務是營造一個支持創新和變革的文化氛圍。他們應該鼓勵教師、學生和行政人員積極參與創新活動，並提供必要的資源和支持，讓每一個成員都能夠發揮其潛力。透過持續的專業發展和培訓，領導者可以確保整個學校社群都具備必要的技能和知識，來應對發展智慧學校帶來的新挑戰和契機。

參、評量、研究與評鑑（Assessment, research and evaluation）

在評量方面，重點在於評估學生使用科技後的學習成果。這包括平時測驗、期中與期末段考等，以量化學生在各學科領域的進步情況。此外，還可以透過學習平臺上的數據分析，了解學生的學習行為和表現，

例如，學習時間、作業完成情況、參與度等。這些數據有助於教師即時調整教學策略，以符合學生的個別需求。進一步的評量方法還可以包括學生的自我評量和互評，鼓勵學生反思和分享他們的學習經驗。綜合這些評量方式，能夠全面反映學生在智慧教學環境中的學習成果，為學校持續改進教學方法提供可靠的依據。評鑑與研究可以是校內自發進行的，或主動接受校外單位的評鑑或研究。智慧學校的評鑑可以分為幾個主要向度：首先，評鑑教職員「有效運用科技」的程度與成果，不僅包括他們對科技工具的掌握程度，還包括他們在教學中創新的應用方式。其次，從成本效益的角度評鑑導入科技的結果，分析科技投資是否達到預期的教育效果與經濟效益。再次，評鑑學校所實施的各項計劃內容，包括智慧教學計劃、科技應用策略等，確保其符合學校的教育目標並能有效提升教學品質。此後，參照學區內其他學校的資料與經驗，對比評估本校在教學上使用科技的情形，尋找改進空間並學習他校成功經驗。最後，對教室內所使用的智慧教學系統進行評鑑，確保其功能完善、操作便捷，並能有效促進學生的學習興趣和成績提升。這些評鑑和評量向度能夠幫助智慧學校全面了解其科技應用的現狀及效果，為未來的科技投資和教學改進提供科學依據。此外，持續的評鑑與研究也能夠推動智慧學校的創新發展，提升教育品質和學校競爭力。

肆、成員發展與訓練的要求（Requirements for Staff development and training）

智慧學校發展的核心在於課堂的變革，學校領導人除了要積極引進和使用科技設備，更重要的是要全力支持教師的專業成長。為了促進教師的專業發展，學校應該從多方面著手，提供充分的時間與資源，讓教師可以參加進修課程、工作坊和教學研討會，並確保有充足的經費支持這些活動，使教師能無後顧之憂地專注於學習和成長。學校還應根據教師的需求和興趣設計多樣化的專業發展課程，涵蓋最新的教學方法、科技應用以及教育理論等方面，這些課程應具有實用性和前瞻性，幫助教

師提升教學品質和效果。同時，學校需要建立一個能夠支持教師持續專業發展的制度和文化，並建立一個支持和鼓勵教師相互學習和交流的平臺。此外，學校應鼓勵教師在實踐中探索和應用新的教學方法和技術，並提供相應的支持和資源，這不僅能提高教師的教學能力，還能促進整個學校的教育創新和進步。最後，學校應建立有效的評估與回饋機制，定期檢視教師的專業發展成果，並根據評估結果不斷改進培訓計劃和措施，確保教師專業成長的持續性和有效性。透過以上措施，學校可以建構一個充滿活力和創新的教師專業成長環境，爲智慧學校的發展提供穩固基礎和有力支持。

伍、科技支持與基礎設施（Technology support and infrastructure）

智慧學校的領導者必須扮演「資源整合者」的角色，不僅需要有效整合校內資源，還應積極尋求外部資源支持，以建構先進的科技設備和完善的基礎設施。這種多層次的資源整合與運用能夠大幅提升學校的科技應用能力，加速智慧學校的發展速度。領導者應具備前瞻性思維，關注最新的科技發展趨勢，並將其有效融入教育系統中，例如，引入物聯網（IoT）科技，以實現校園內設備的智慧化管理，或是運用大數據分析來改善教學策略和學生管理。這些措施不僅能提高教育效率，還能爲學生提供更加個性化和多元化的學習體驗。同時，智慧學校的基礎設施應注重持續性和彈性，以適應快速變化的科技環境。領導者應制定長期規劃，確保科技設備的升級和維護能夠穩步推進，並且在規劃中預留足夠的彈性，以應對未來可能出現的新需求和新挑戰。綜合來看，智慧學校的領導者不僅是資源的整合者，更是科技應用的推動者與創新教育的引領者。透過內外部資源的協同運用，打造卓越的科技支持及基礎設施，爲智慧學校的持續發展奠定穩固基礎。

第四章
i-LEADER[＋] 智慧學校理念

《哈佛大學 Zero 計劃》[1]的 David Perkins 及其同事們所發展的智慧學校優質教育原則（Smart Schools principles for good education）係基於以下兩個引導理念：學習是思考的結果（learning is a consequence of thinking），而良好的思考能力是所有學生都能學習的（learnable by all students）；學習應該包括深度理解（deep understanding），這意味著能靈活、主動地運用知識（flexible, active use of knowledge）（Harvard Graduate School of Education, 2022b）。數位科技（digital technologies）在學習、公民參與（civic engagement）和跨文化交流（intercultural exchange）等生活中的重要領域提供了充滿潛力的機會。虛擬世界（virtual worlds）和行動裝置（mobile devices）為課堂外的學習和知識轉移提供了新途徑。此外，線上社群（online communities）可以連結來自不同背景的年輕人，讓他們交換觀點。在社群媒體、部落格和其他網路空間中，也有豐富的非正式學習和公民參與機會。然而，網路也可能帶來分心、錯誤訊息和負面互動。教育人員有必要充分利用數位媒體的積極功能，並支持年輕人以反思和積極的方式使用它們（Harvard Graduate School of Education, 2022c）。在科技導向的智慧學校中，為了實現「學習是思考的結果」這一理念，學生可以使用各種科技工具來進行學習。例如，虛擬實境（VR）和擴增實境（AR）可以

---

[1] 哈佛大學教育研究所哲學家 Nelson Goodman 於 1967 年創立了 Zero 計劃，最初著重於理解透過藝術以及藝術本身的學習過程。數十年來，這項計劃持續探究藝術與藝術教育，同時汲取多元學科的觀點，檢視人類表現與發展等根本問題。Zero 計劃的研究工作充滿以下五大熱忱：對重大概念問題的熱忱、與實踐者密切合作的熱忱、跨學科研究的熱忱、涵蓋人類發展全階段的熱忱、對藝術的熱忱。正如 Goodman 所說：關於藝術教育的一般可傳知知識狀態為零。從零開始，所以是 Zero 計劃。雖然這個奇特的名稱已經深入人心，但相信這個計劃已經遠遠超越了零系統知識（Harvard Graduate School of Education, 2022a）。

讓學生身歷其境地體驗不同的學習情境，從而促進他們的思考和理解。人工智慧（AI）可以爲學生提供個人化的學習指導和支持，幫助他們克服學習障礙，充分發揮自己的潛力。學習分析（learning analytics）可以爲教師提供有關學生學習進度的即時回饋，幫助他們更好地指導學生的學習。此外，爲了實現「學習應該包括深度理解」這一理念，在科技導向的智慧學校中，學生可以透過以下方式來獲得深度理解：透過合作學習和探究性學習，學生可以與他人交流和互動，從而深化對知識的理解；透過眞實世界的學習情境，學生可以將知識應用於實際問題的解決，從而加深對知識的理解；透過個人化的學習指導和支持，學生可以獲得針對自己需求的幫助，從而更有效地學習。總而言之，科技導向的智慧學校可以爲學生提供更加個別化、更有效率且更有深度的學習體驗，幫助他們提高思考能力並獲得深度理解。

根據聯合國教科文組織（UNESCO）發布的《全球教育 2020》（*Global Education 2020*）報告顯示，全球教育領域中的科技應用顯著增加。該報告指出，全球有 90% 的國家已經推出整合科技於教育的倡議，而在先進（advanced countries）國家中，有 80% 的學生在教育過程中使用科技。根據市場研究公司 Markets and Markets 的報告，智慧學校市場規模預計在 2025 年將達到 738 億美元，而 2018 年的市場規模僅爲 436 億美元。此外，市場研究公司 Technavio 的報告指出，由於越來越多教育機構在教學過程中依賴科技，智慧學校市場預計從 2019 年到 2023 年將以每年超過 22% 的速度增長。商業智能和數據分析平臺 Holistics 的報告也指出，智慧學校科技已經在許多亞洲國家得到採用，例如，新加坡、中國和韓國，並且已經證明可以有效提高教育品質和學習成果（EDU STEP UP, 2024）。這些數據顯示，科技在全球教育領域中扮演著越來越重要的角色，智慧學校作爲一種新型的教育模式，具有廣闊的發展前景。推動智慧學校的發展是一項複雜的系統工程，需要政府、教育機構、教師和企業等各方面的共同努力。

智慧學校是一個以科技爲導向（technology-based）的教學和學習

機構，旨在培養學生們能有效利用智慧學校的功能，而這需要仰賴科技熟練的教師、以及精心設計的教學、學習和支援流程。智慧學校鼓勵積極的思考過程，同時其環境激勵學生使用個人電腦（PC）、網際網路和內部網路作為研究和溝通工具。學生可以存取線上圖書館，使用電子郵件（e-mail）或結合視訊會議和聊天室進行線上教學。智慧學校的概念旨在透過發展全方位的方法（holistic approach）來創新教育體系（revolutionize the education system），這種方法關注於讓價值導向（value based education）的教育隨時隨地提供任何人都可得到。成功落實智慧學校將會是一項複雜的任務，需要改變教學和學習過程、管理功能、人員、技能和責任，以及科技（Omidinia, Masrom & Selamat, 2013）。綜合以上所述，智慧學校是一種以科技為核心的新型教育模式，強調積極學習和主動探索，並致力於推動教育的公平性和可獲得性，實現智慧學校需要進行系統化的變革。更進一步，i-LEADER[+] 智慧學校理念是一種以科技為基礎、以學生為中心的教育理念，它旨在透過科技的運用，打造一個能充分發揮學生潛能的學習環境。i-LEADER[+] 智慧學校理念融合了智慧學習、智慧教學、智慧健康、智慧行政、智慧環境和智慧綠能，這種理念強調利用最新的教育科技和創新方法，培養學生的全面能力。同時，學校也致力於建立一個健康、環保、高效能的行政管理體系，並推動可持續發展和綠色能源的應用。透過這種整合的理念，學校旨在為學生提供優質的教育，並培養他們成為具有領導力和創新精神的未來社會貢獻者。

第一節　智慧學校的定義

當下的智慧學校是指利用科技打造的實體或虛擬學習環境（technology-driven physical or virtual learning environment），這些環境配備了現代科技、設備、工具和應用程式，以促進互動式學習、參與（engagement）、協作（collaboration）、教學和管理。「智慧」

（smart）一詞強調的是智慧（intelligence）、效率和效能（efficiency and effectiveness）。因此，智慧學校旨在提供一個智慧學習環境（intelligent learning environment），這個環境以學生為中心、個性化和適應性的學習服務（student-centric, personalized, and adaptive learning services），並配有互動和協作的工具，確保無障礙的存取（unhindered access）。智慧學校的概念建立在多個要素之上，包括教師培訓、可靠的資訊和通信科技（ICT）基礎建設、現代課程設計、互動和協作科技（interactive and collaborative technologies）的應用、人性化設計（user-friendly）、個人化的學習環境（personalized learning environments）以及智慧學校管理系統（intelligent school management systems）（Zeeshan, Hämäläinen & Neittaanmäki, 2022）。

智慧學校是一個現代教育概念，依賴於運用現代科技來提升教學和學習的品質，旨在提供更有效的學習體驗（effective learning experience）。智慧學校廣泛應用各種現代科技，如人工智慧（artificial intelligence）、機器學習（machine learning）、虛擬實境（virtual reality）和擴增實境（augmented reality），讓學生能夠以高品質的方式學習，並提供適應不同學生需求的學習環境。智慧學校代表了科技與教育的深度融合，旨在提升教育品質，增進學習過程的效能（effectiveness of the learning process），並為學生提供多樣的教育服務，例如，虛擬教室（virtual classrooms）以及學生、教師、教育顧問與助理之間的電子溝通（electronic communication）。推動智慧學校的發展被認為是提升教育品質、改善學習成效與教學生產力的一套現代且有效的方法（Edu Step Up, 2024）。對於智慧學校的不同定義進行檢視，清楚顯示這個概念與智慧教育密切相關，這對於進一步實踐智慧教育以及在現實學校中的落實至關重要。雖然大多數定義著重於科技環境，但僅將智慧學校視為使用智慧數位資源的學校顯然過於狹隘。從智慧教育的角度來看，智慧學校中的教學與學習轉型（teaching and learning transformation）應以最新的教育成果（基於智慧學習環境和高

階思維）爲指導原則（UNESCO IITE, 2022b）。智慧學校強調的不僅是「智能化管理」和「智能化環境」，還重視「智慧教與學」。目前，各國所發展的智慧學校有些僅強調管理智慧化和環境智慧化，而忽略了教與學的智慧化。在智慧學校的發展中，智慧化的教與學才是關鍵，只有這樣才能眞正達成智慧教育的目標（張奕華、吳權威，2014）。爲了達到這些目標，智慧學校應該利用人工智慧和大數據分析，爲每一位學生提供個性化的學習計劃，根據學生的學習進度和需求進行調整；應用虛擬實境和擴增實境科技，讓學生在沉浸式的環境中進行互動式學習，增強學習興趣和理解力；建立全面的智慧管理系統，從校務管理到學生出缺勤，實現高效能且精準的管理；設置便捷的電子溝通平臺，促進學生、教師與家長之間的即時交流，及時解決學習中的問題。智慧學校不僅是科技的應用，更是一種教學理念的革新，它追求的是在智慧環境中培養學生的創新能力、批判性思維和解決問題的能力，使他們能夠適應未來社會的發展需求。

綜合以上所述，智慧學校是現代教育的發展趨勢，旨在提升教育品質、改善學習成效與教學效率。智慧學校運用現代科技，如人工智慧、機器學習、虛擬實境和擴增實境，讓學生能夠以高品質的方式學習，並提供適應不同需求的學習環境。例如，人工智慧可以用來爲學生提供個性化的學習指導，虛擬實境則能讓學生體驗身臨其境的學習場景。智慧學校應以學生爲中心，提供個性化和適應性的學習服務，重視學生的個別差異，創造適合不同需求的學習環境。例如，智慧學校可以根據學生的學習能力和興趣進行分組教學，並提供個性化的學習計劃。智慧學校應強調智慧化教與學，以達成智慧教育的目標。智慧學校的建設不僅僅是將科技應用於教育，更重要的是促進教學與學習的轉型。智慧學校應重視教師的培訓，幫助教師掌握現代科技的應用方法，並將科技融入教學中。同時，智慧學校也應重視學生的學習方式，鼓勵學生主動學習、合作學習和探究學習。

第二節　智慧學校 vs. 傳統學校

壹、智慧學校與傳統學校差異

　　智慧學校的主要目標特點充分展示了其相對於傳統學校的優勢，包括培養數位素養（digital literacy）和 ICT 熟練的未來勞動力（future workforce），實現互動、協作（interactive, collaborative）的學習體驗，提升教育品質。智慧學校透過向偏遠地區提供虛擬教育（virtual education），而不需設置實體學校（physical school）基礎設施，實現包容性教育（inclusive education）。此外，智慧學校爲教師提供現代教學工具和應用程式，使其在日常工作中更輕鬆地運用，提升教學品質。在提供優質教育方面，智慧學校實現資源的永續管理（sustainable management of resources），並透過支持和建立永續社區，實現永續發展目標（sustainable development goals）（Zeeshan, Hämäläinen, &Neittaanmäki, 2022）。

　　智慧學校與傳統學校在許多方面存在顯著差異，以下是一些最主要的區別。表 4-1 說明了智慧學校和傳統學校在科技使用、互動和參與、教育環境、支持與輔導、組織和時間管理、學習成果及評量等方面的差異（Edu Step Up, 2024）。智慧學校的教學和學習過程廣泛應用科技（use of technology），而傳統學校則主要使用課本、黑板和紙筆等傳統教學方法和工具。智慧學校鼓勵學生在教學和學習過程中積極互動和參與（interaction and participation），而傳統學校則傾向於採用預防性教學方法（pre-emptive teaching methods），較少鼓勵學生積極互動。智慧學校以先進多元的學習環境（learning environment）爲特色，該環境運用現代和創新的科技，而傳統學校的學習環境則較爲傳統，依賴傳統教學方法。智慧學校提供眾多工具和科技，幫助學生提升學業成績，並爲他們提供必要的支持與輔導（support and guidance），而傳統學校則可能缺乏這類支持；智慧學校允許學生利用行動裝置（mobile devices）隨時隨地學習（time and place），而傳統學校只允

表 4-1　智慧學校與傳統學校差異

差異層面	智慧學校	傳統學校
科技使用	高度利用和整合於課程中	有限的電腦使用或獨立的電腦課程
互動和參與	合作學習、小組專題、線上討論	以教師為中心的講課，個別作業
教育環境	彈性的學習空間、數位資源、個性化學習	固定的教室、教科書、統一的教學方法
支持與輔導	以學生為中心的支持系統、個別化的回饋	一般性的回饋，較少個別化的支援
組織與時間管理	使用科技安排課程和追蹤進度	傳統的課程安排，紙本追蹤系統
學習成果	強調二十一世紀技能，創新和批判性思維	重視基礎學術技能和知識
評量	使用科技進行形成性與總結性評量	傳統的評量方式，如測驗和小考

資料來源：Edu Step Up (2024).

許學生在教室內且在特定時間內學習。智慧學校和傳統學校在評量和教學方式上存在差異（evaluation and instructions）；智慧學校提供持續性評量（continuous assessment）和即時回饋（immediate feedback），幫助學生找出錯誤並提供必要的教學指導，而傳統學校則提供定期評量和一般性教學，未必能滿足每位學生的個別需求。智慧學校鼓勵學生、教師和更廣泛的教育社群進行合作與溝通（collaboration and communication），使資訊、想法和資源能夠輕易交換，而傳統學校可能缺乏這類合作與溝通機制。

貳、智慧學校的新理念

　　智慧學校需要具備完整的管理系統（management systems）和自動化解決方案（automated solutions），其核心理念是以人為中心（people centered），並且強調包容性和可持續性（inclusive and sustainable）。

這些學校旨在透過有效地採用新穎的學習方法和來自第四次工業革命的進步，來實現智慧教育（smart education）（見圖 4-1）（Mogas, Palau, Fuentes & Cebrián, 2022）。以圖 4-1 爲例，智慧學校的首要要素是科技（technology），爲了收集資料，智慧學校通常會利用物聯網（IoT）和雲端運算（cloud computing）等科技，在建築物內提供感測器網路（sensor networks），以無所不在的方式（ubiquitous way）進行教育。例如，馬來西亞開發的智慧學校管理系統（SSMS），爲學校行政人員提供支持教學和學習所需的所有方面的管理，包括資源和流程表、課程活動和電腦化學生學業紀錄等行政功能。智慧學校中科技的密集使用，使系統性變革（systemic change）更加整合（integrated）和自動化（automatable），以人爲本（people centered）且永續（sustainable）。智慧學校的第二個要素是包容性（inclusion），包容性教育（inclusive education）包括特定的支持措施以滿足個別需求、透過易於理解格式（accessible formats）的差異化教學方法（differentiated teaching methods）爲學生提供學習和參與的機會、提供輔助設備（assistive devices）和所需的支援服務，以及賦予所有學生權利（empowerment of all students），特別是來自弱勢群體的學生，包括有學習、發展或智力障礙的人。此外，通用設計學習（UDL）指南被認爲是改善和最佳化所有人教學和學習的參考架構，對所有學生提供相同的機會和支持。智慧學校的第三個要素是可持續性（sustainability），對智慧學

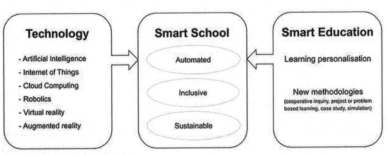

圖 4-1　智慧學校的關鍵要素

資料來源：Mogas 等 (2022).

校而言，可持續性包括能源效率（energy efficiency）、環境調節方法（environment regulation methods）和任何必要的方面，以實現可持續和環保的建築（environmentally friendly）。學校建築可以利用物聯網基礎設施進行即時監控和管理，以應對能源效率和教育問題。在環境因素方面，越來越多的倡議活動包括測量教室的照明參數、聲學程度、空氣品質、溫度和濕度（lighting parameters, acoustic levels, air quality, temperature and humidity in classrooms）。在智慧設置中，色溫（color temperature）必須是適應性的，因為冷色調的照明氛圍（cold lighting atmosphere）能使學生更加專注，而溫暖的照明（warm lighting）則有助於促進創造力。因此，智慧學校提倡使用動態照明系統（dynamic lighting systems），以適應不同學習情境的需求，冷色調照明能提升學生專注力，而暖色調照明則有助於激發創造力（引自 Mogas 等人，2022）。根據上述智慧學校的概念，學校應考慮以下幾點啓示：首先，學校需投資於物聯網和雲端運算等科技，建立感測器網路，以便全方位監控和管理校園環境，提高教學和行政效率。在科技應用的同時，始終堅持以人為中心的理念，確保科技能夠眞正服務於師生的需求，提升教學品質和學生的學習體驗。此外，學校應實施差異化教學和通用設計學習，提供輔助設備和支持服務，確保所有學生，尤其是弱勢群體，都能平等地參與和受益於教育。最後，學校應採用節能和環保的建築設計，透過即時監控和管理系統，調整校園內的環境條件，創造一個健康、舒適且可持續的學習環境。

學校可以透過採用先進的設備和科技來提升其智慧化特色（smart features），例如，感測器（sensors）、攝影機、智慧互動白板（smart and interactive white boards）、虛擬實境（virtual reality）、擴增實境（augmented reality）工具和應用程式、互動式學習遊戲（interactive learning games）和學習環境，以及科技化評量和回饋工具，並以永續的方式（sustainable ways）進行。因此，若一所學校擁有穩健可靠的資訊科技基礎設施、科技導向（technology-driven）的實體和虛擬教室、

永續的資源管理系統（sustainable resource management systems）、先進的教學法（advanced pedagogies），以及個人化的學習管理系統（learning management systems, LMS），則可稱為智慧學校。由資訊與通信科技和現代科技驅動的智慧學校概念，將有助於實現聯合國永續發展目標（the United Nation's goals for sustainable development）。因此，配備先進科技、利用資訊和通信科技的智慧學校，將培養出熟練的未來勞動力，並提供永續發展的優質教育（a quality education for sustainable development），而智慧永續學校（smart and sustainable school）的主要特點如圖 4-2 所示（Zeeshan, Hämäläinen, & Neittaanmäki, 2002）。

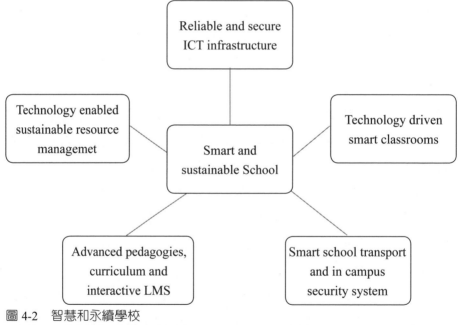

圖 4-2　智慧和永續學校

資料來源：Zeeshan, Hämäläinen 和 Neittaanmäki (2022, p.6).

　　智慧學校的內涵涵蓋管理、服務及教與學三個層面，即智能化管理、智能化環境以及智慧「教」與「學」（見圖 4-3）。所謂智能化管理是指將電腦網路的資訊服務融入學校的各個管理領域，包括文件管

圖 4-3　智慧學校內涵三層面
資料來源：張奕華（2022）。

理、物品管理及財產管理。學校行政人員可以利用數位化管理科技，整合相關資料與資源，從而提升工作效能。智能化環境是指綜合資訊服務平臺，提供個性化的服務，應用於辦公室、資源、行動和環境管理。例如，手機開門、手機借書、手機出缺勤、手機消費、未來教室、電子圍籬、車牌識別、無線校園、訪客系統及移動智慧卡等。智慧「教」與「學」是指透過雲端科技，實現智慧的教與學。例如，搭載雙 AI 引擎的智慧課堂教學軟體，整合電子白板功能、師生互動功能和學習評量功能等三大教學功能，充分支持互動學習、任務學習、多元評量及差異化學習的完整教學系統（張奕華，2022）。

101

　　智慧學校的發展應該聚焦於「操作環境」、「教師培訓」、「教材準備」、「課程教法」和「應用範圍」這五個核心向度，並在每個向度上深耕著力，以達到全覆蓋的效果。透過系統化的改造，學校的教與學型態將得以提升，營造出更理想的學習環境。智慧學校的這五個發展向度（見圖 4-4）（張奕華、吳權威，2014）分別如下：

1. 智慧教室全覆蓋：以電子白板為基礎升級成智慧教室，教師的教學

圖4-4　智慧學校發展「軸心」──發展智慧學校的五個向度
資料來源：張奕華、吳權威（2014）。

準備度較高，是達到智慧教室全覆蓋的有效辦法。理想的智慧教室操作環境應包括硬體、軟體和雲端服務三部分。在智慧教室中，教師可以隨時取用雲端的教學資源，並且教學活動歷程可以自動儲存至雲端，形成大數據。

2. 智慧教師全覆蓋：智慧教師是指在教學中展現「實踐智慧」（practice wisdom）、「智慧教學」（intelligence teaching）、「合作學習」（collaborative learning）以及「ICT 知識」（knowledge of ICT）這四個元素（簡稱 PICK 元素），達成「生動、互動、主動的教學展現力」、「精確、精緻、精進的學習洞察力」以及「適性、適時、適量的課堂調和力」。透過系統化的教師培訓，教師才能應用科技提煉出創新的智慧教室教學模式。

3. 智慧模式全覆蓋：智慧教室創新教學模式簡稱智慧模式，在每位學生都擁有學習載具（IRS、智慧手機、電子書包）的智慧教室裡，可以展現全新的「教」與「學」樣貌，更容易實踐「學生中心」、「小組合作學習」、「自主學習」、「1 對 1 教學」等現代教學理念。教師應積極提煉並建立可複製且具擴散性的「智慧模式」，應用於各

學科教學流程中。

4. 智慧內容全覆蓋：智慧內容是指應用於智慧教室系統的專屬教材資源，這些教材資源可以和智慧教室系統自動對接，以便智慧教師操作使用。發展智慧內容是智慧學校發展中的一大挑戰，也是最容易達成的目標。挑戰在於目前內容供應商尚未能提供足夠的智慧內容，因此教師需要自行製作或將多媒體教材轉換成智慧模式適用的智慧內容。

5. 智慧服務全覆蓋：應用 ICT 所創造的自動化或智慧性的教與學服務，簡稱智慧服務。在智慧學校完成操作環境、教師培訓、課程教法、教材準備等重要指標後，可以進一步擴大智慧服務的應用範圍，達到智慧服務全覆蓋。「智慧服務全覆蓋」是智慧學校發展的最高理想境界，也是最具想像力的發展向度。

第三節　i-LEADER+ 智慧學校理念

正如前文所述，Zeeshan 等人（2022）指出，「智慧」（smart）一詞指的是智慧（intelligence, wisdom），因此 intelligence（智慧）等同於 smart（智慧）。在本節中，智慧學習的英文以 intelligent-learning 表示，簡化為 i-Learning；然而，在現有研究中，智慧學習也以 smart learning 表示，因此在下文中 i-Learning 和 smart learning 將交互使用。同時，i-Learning 的 i，正如 Mogas 等人（2022）所言，也可以代表 inclusion（包容性）。其他如智慧教學的英文以 intelligent-teaching 表示，簡化為 i-tEaching；智慧健康的英文以 intelligent-health 表示，簡化為 i-heAlth；智慧行政的英文以 intelligent-administration 表示，簡化為 i-aDministration；智慧環境的英文以 intelligent-environment 表示，簡化為 i-Environment；以及智慧綠能的英文以 intelligent-green 表示，簡化為 i-gReen。

壹、智慧學習（i-Learning）理念

智慧學習（smart learning）代表一種新的學習典範（paradigm），旨在為學習者提供高效能的學習環境，這種環境包括個別化的行動學習內容（personalized mobile contents），並能夠適應當前的教育模式。此外，它還提供便捷的溝通環境（convenient communication environment）和豐富的學習資源（Ha & Kim, 2014）。智慧學習著重於情境感知的無所不在的學習（context-aware ubiquitous learning），其中「情境」包括學習者與環境之間的互動。因此，智慧學習環境可以被視為一種由科技支持（technology-supported）的學習環境，這種環境能夠根據個別學習者的需求，在適當的地點和適當的時間（in the right places and at the right time）實施適應措施並提供相應的支援。這些需求可能是透過分析學習行為（learning behaviors）、學習表現以及學習者所處的線上和現實世界的情境來確定（Ossiannilsson, 2015）。

韓國教育科學科技部（MEST）將智慧學習（smart learning）定義為自我導向（Self-directed, Self-initiated）、富有動機（Motivated with fun）、個別適應（Adaptive, customized）、資源豐富（Resources, rich resources）以及融合科技（Technology embedded, use of ICT）的學習。在韓國，智慧學習是在學校教育中運用資訊科技和網路基礎設施的新典範。智慧學習環境讓學生能夠隨時隨地使用所有可用的學習裝置，甚至包括社群媒體。學生可以按照自己的節奏參與課程，並且只能存取與他們相關的課程要素。特別是社群網路運算是學習過程中相互合作的重要因素，彌補了電子學習的限制。圖 4-5 呈現了韓國智慧教育（SMART education）的整體概念（Kim, Cho & Lee, 2013）。智慧學習係指運用 AI 及大數據分析科技，實現個人化／適性化學習的目的。它能提供學生個人化的學習路徑，並為教師提供個別學生的學習情形及教學建議。透過學習相關評量及系統診斷等方式，評估並提升學生的學習成效（教育部，2024a）。在智慧學習中，融入「課中差異化」、「PBL 教學模

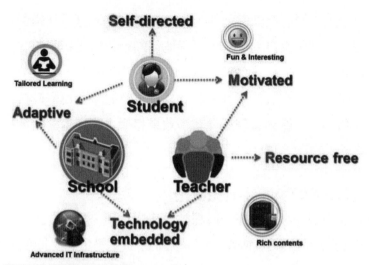

圖 4-5　韓國的智慧學習與教育

資料來源：Kim, Cho 和 Lee (2013).

式」及「自主學習模式」，以提升學生的學科能力、數位素養、創新思維及問題解決能力。利用智慧學習平臺，搭配「自主學習、組內共學、組間互學及教師導學」四種教學策略，能培養學生符應世界潮流的自主學習能力（臺南市政府，2024）。

　　綜合上述所言，智慧學習（i-Learning）理念是一種以科技為基礎的教育方法，旨在提供個別化、靈活和多元化的學習體驗。透過數位科技和網路平臺，學生可以根據自己的興趣、能力和學習節奏來進行學習，不受時間和地點的限制。智慧學習強調互動性、自主性和實踐性，鼓勵學生主動探索、合作學習並培養問題解決能力。同時，教師可以透過數據分析和智慧化工具來追蹤學生的學習進度，提供個性化的教學支援和反饋。智慧學習理念旨在充分發揮教育科技的優勢，提高學習效果和學生的學習動機，促進教育的全面發展。智慧學習（i-Learning）理念為學校帶來諸多啟示，首先，學校應積極推動智慧學習環境的建設，充分利用科技手段提供個別化和適性化的學習內容，滿足不同學生的需求。其次，教師應不斷進修，掌握最新的教育科技，並善用數據分析工具，追蹤學生的學習進度，提供針對性的教學支援。學校還應促進師生

之間以及學生之間的互動與合作，利用社群網路運算提升學習效果。此外，學校應鼓勵學生自主學習，培養他們的創新思維和問題解決能力。透過課中差異化、PBL 教學模式和自主學習模式等策略，學校可以提升學生的學科能力和數位素養。總而言之，智慧學習為學校提供了新的教育模式和方法，能夠顯著提升教學效果和學生的學習動機，促進教育的全面發展。

貳、智慧教學（i-tEaching）理念

Bloom 的研究指出，在一般課堂教學中（1 位教師對 30 位學生），學生的學習成就和個別輔導（1 位教師對 1 位學生）之間的差異大約有兩個標準差。這意味著，傳統教學模式下，學生的成績平均分布在第 50 百分位，而在一對一的輔導下，成績平均提升到了第 98 百分位（見圖 4-6）（Yu & Lu, 2021）。智慧教學（smart teaching）主要透過軟體工具的輔助來組織教學和學習活動，從更廣泛的意義來說，智慧教學是一種使教學和學習體驗專業化（professionalizing the teaching

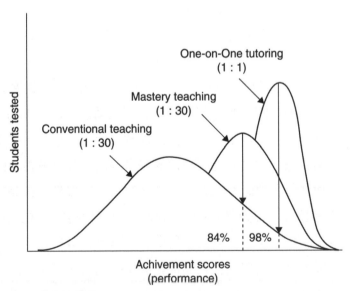

圖 4-6　一對一輔導的優點
資料來源：Yu 和 Lu (2021, p.15).

and learning experience）的方式（Kuppusamy, 2019）。White（2022）指出智慧教學（smart teaching）涵蓋了建立正向行為的教室氛圍（establishing positive behavior in your classroom）、為快速學習組織有效能課程（structuring effective lessons for rapid learning）、調整教學以滿足個別需求（adapting your teaching to meet individual needs）、使用評量來調整教學並增強學習效果（using assessment to fine tune your teaching and enhance the learning）。林佳靜（2020）認為「智慧教學泛指運用 ICT 科技之教學場域、教學模式和教材，以及運用智慧管理的創新教學，或融合教學法之翻轉教學（flipped teaching）方法，有別於傳統課室教學者皆屬之。」（p.29）

　　Abuarqoub 等人（2017）指出，智慧學習環境（smart learning environment）提供了一個無所不在、互通且無縫的學習架構，以連接、整合和共享三個主要的學習資源向度：學習合作夥伴、學習內容和學習服務。智慧學習環境通常包括：協作式學生關懷系統（collaborative student care system）、即時遠距學習（real time remote distance learning）、提供使用者隨選課程與評量（user on demand course delivery and assessment）、互動式跨校講座（interactive cross-varsity lectures）和線上教材客製化課程計劃（online materials customized course program）。智慧學習會帶來一些挑戰，這些挑戰概述在圖 4-7 中，包括以下問題：我們如何透過全面的 e 化學習環境（holistic eLearning environment）讓學生接觸到世界一流（world-class）的研究和教育？我們如何在學生學習生命週期（learning life-cycle）的整個過程中提供協作式的學生關懷（collaborative student care）？我們如何擴展學生的學習範圍（student reach），並為那些位於偏遠地區（remote/distant location）的學生提供平等的學習機會（equal learning opportunities）？我們如何豐富和轉化（enrich and transform）學生端到教師端（end-to-end）的學習／教學體驗，以與領域內最好的大學競爭？我們如何使用智慧科技（intelligent technology）作為助力（enabler），

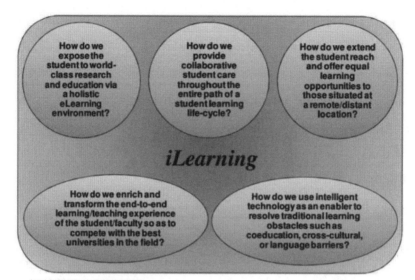

圖 4-7　智慧學習的關鍵挑戰
資料來源：Abuarqoub 等人（2017, p.4）。

解決傳統學習教育中的障礙、跨文化（cross-cultural）或語言障礙等問題？在智慧校園中應用智慧學習的效益包括即時遠距學習（real time distance learning）、隨選課程提供（on-demand course delivery）、自動出席追蹤（automatic attendance tracking）、跨校講座和線上教材（cross-varsity lectures and online materials）、客製化課程方案（customized course programs）、有效的圖書館管理以及高效的實驗室服務（efficient laboratory services）。

　　綜合上述所言，智慧教學是一種教學方法或策略，利用先進的科技、軟體工具以及創新的教學模式，專業化教學和學習體驗，從而提升教學效果和學生學習成效。這種教學方式強調個性化（personalization）、互動性（interactivity）和多元化（diversity）的學習體驗，包括建立正向教室氛圍、組織有效課程、個別化教學、使用評量來調整教學等方面，以及整合ICT科技、智慧管理等創新教學方法。智慧教學也是一種以學習者為中心（learner-centered）、以數據為導向（data-driven）、以科技為工具（technology-enabled）、以創新為導向

（innovation-driven）的教學模式。智慧教學的發展對傳統教學模式提出了挑戰，也為教學改革提供了新的思路。智慧教學具有廣闊的應用前景，將為教學和學習帶來革命性的變革，為學習者提供更加優質的學習體驗。有鑑於此，學校應加大對智慧教學的投入，為教師提供必要的軟硬體設施和培訓。教師應積極探索和嘗試智慧教學的新方法和新模式。學生應充分利用智慧教學提供的便利，主動參與學習，不斷提高學習效率。進一步而言，首先學校應利用智慧教學科技提升教學效果，尤其是在個別輔導（一對一教學）中成績提升顯著，應鼓勵更多此類輔導。其次，學校應加強 ICT 科技的應用，建立智慧學習環境，提供協作式學生關懷系統、即時遠距學習、隨選課程與評量等服務，以滿足學生多元需求。此外，教師應接受相關培訓，掌握智慧教學工具與方法，以增強教學靈活性和效能。最後，智慧教學的應用還能擴展學生的學習範圍，為偏遠地區的學生提供平等的學習機會，促進教育公平。總之，智慧教學將為教育帶來革命性的變革，學校應積極推動其發展。

參、智慧健康（i-heAlth）理念

　　智慧健康學校（smart healthy schools, SHS）的概念是配備無線物聯網感測器（wireless IoT sensors）和顯示器（display units），透過手動通風（manual airing）和／或機械通風循環（mechanical ventilation cycles）來改善室內空氣品質（optimal control of indoor air quality）。智慧健康學校（SHS）依賴物聯網科技，為學生和教師打造一個安全且健康的環境。圖 4-8 描繪了一棟智慧學校建築的草圖，該建築整合了一套分散式物聯網感測器，透過結合機械通風和自然通風來控制室內空氣品質（IAQ），而無需進行任何重大結構改動。在圖 4-8 中，LoRaWAN®-SHS 概念在混合通風模式下：分散式 MV+ 信號指示的自然通風（LoRaWAN®-SHS Concept In hybrid ventilation mode: Decentr. MV+ Signalled Nat. Vent.）描述了 LoRaWAN®-SHS 概念在混合通風模式下的應用。具體來說，它結合了分散式機械通風和信號指示的自然通

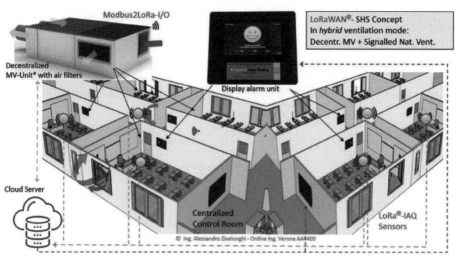

圖 4-8　整合分散式室內空氣品質監控系統透過感測器和控制器與中央通風系統相連，以及透過專用人機介面監控整個建築物空氣品質，利用即時顯示器監控每間教室空氣品質。

資料來源：Zivelonghi 和 Giuseppi (2024, p.26).

風，以實現室內空氣品質的控制。在這種情況下，「分散式 MV」指的是分散式機械通風，而「信號指示的自然通風」則指的是訊號指示的自然通風。透過結合這兩種通風方式，可以實現更有效的空氣品質控制（Zivelonghi & Giuseppi, 2024）。

Modbus2LoRa-I/O 是一種結合通訊協定與技術的創新方案，在這裡「Modbus」是一種廣泛使用的串行通訊協定，而「LoRa-I/O」則指的是 LoRa（長距離低功耗無線通訊）的輸入／輸出技術。這種組合可能表示一種將 Modbus 協定轉換為 LoRa 技術的解決方案，用於連接和控制各種設備，尤其適用於建築物自動化系統或其他需要遠距離通訊和控制的應用。帶有空氣過濾器的分散式機械通風裝置（decentralized MV-Unit with air filters）通常安裝在建築物內部，用於改善室內空氣品質。這些裝置透過提供新鮮空氣並過濾空氣中的污染物，幫助維持良好的室內環境。這些通風裝置可以靈活地分布在建築物的不同區域，以確保均勻的通風和空氣淨化效果。顯示警報裝置（display alarm unit）則

用於監控和顯示室內空氣品質以及系統性能的警報狀態。當室內空氣品質達到預先設定的警報閾值時，這個裝置會發出警報並顯示相關訊息，以提醒人們採取相應的措施。這些裝置可以安裝在建築物的不同區域，確保使用者能及時了解室內空氣品質和系統運行狀態，從而做出必要的應對（Zivelonghi & Giuseppi, 2024）。

　　LoRa® 室內空氣品質感測器（LoRa®- Indoor Air Quality sensors）是使用 LoRa 技術的室內空氣品質感測器，這些感測器利用 LoRa 技術進行通信，可實現長距離和低功耗的資料傳輸。這些感測器旨在監測室內環境的各種參數，如溫度、濕度、二氧化碳濃度、揮發性有機化合物（VOC）濃度等，以協助使用者實現室內空氣品質的監測和管理。透過將收集到的資料傳輸到後端系統進行分析和處理，LoRa®-IAQ sensors 可以幫助使用者更好地了解和改善室內空氣品質。中央控制室（centralized control room）是一個位於建築物內部的地方，用於集中監控和管理整個通風系統。在這個控制室中操作員可以透過監視顯示器或控制面板來檢查和調整通風設備的運作狀態，並對系統進行相應的控制和調整。中央控制室通常配備了各種監測和控制裝置，以確保室內空氣品質的穩定和符合要求。雲端伺服器（cloud server）是指運行於遠端資料中心的虛擬伺服器，這些伺服器不像傳統的物理伺服器一樣直接運行在本地硬體上，而是運行在雲端計算平臺提供的虛擬化環境中。雲端伺服器可以透過網際網路進行存取和管理，並且通常會按照使用量進行計費。由於其具有高度的靈活性、可擴展性和可靠性，因此雲端伺服器在現代計算環境中被廣泛應用，用於運行各種應用程式和存儲數據。綜合上述，圖 4-8 說明了一座現代建築的通風和空氣品質監測系統，顯示了分散式和集中式裝置、感測器和雲端伺服器的協同運作，用於有效控制環境，整合了這些科技使得室內空氣品質管理更加完善（Zivelonghi & Giuseppi, 2024）。

　　香港可持續發展教育學院（Hong Kong Institute of Education for Sustainable Development, HiESD）與教育人員合作啓動了「智慧健康

學校計劃」（Smart Healthy School project），旨在實施智慧校園健康計劃，並建立學生健康生活的理念，改善學校和學生的身心健康。該計劃運用了生理、運動、營養、心理、文化和生態等六大健康向度（見圖 4-9），透過數據收集、量化和分析來推動及改進健康計劃。HiESD支持科學方法的健康管理，以實現可持續健康發展（sustainable health development）的目標。HiESD 率先推出了「智慧健康學校」計劃，旨在利用物聯網智慧健康設施來應對校園創新的發展，智慧管理校園和學生的健康，並期望為學校提供增值健康服務（value-added health services）。引導青少年擺脫不良習慣，樹立積極健康的生活理念，改善學生的身心健康，促使他們全面發展。同時，有必要讓學生、學校教職員、學生家長和社區了解並關注健康生活，推動「校園健康生活」的理念是一個有益的做法（HiESD, 2024）。

在圖 4-9 中，健康生活目標包括以下幾個方面：「數據採集」（運用物聯網科技實現自動自助）、「數據分析與管理」（校園量化健康管

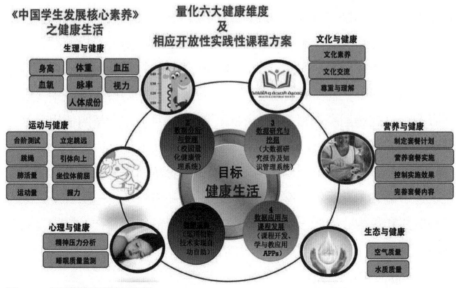

圖 4-9　智慧健康學校計劃
資料來源：HiESD (2024).

理系統)、「數據研究與挖掘」(大數據研究報告及知識管理系統)、「數據應用與課程發展」(課程開發、學與教應用、APPs)(HiESD, 2024)。具體來說,在「數據採集」方面,運用物聯網科技,在校園內安裝各種感測器,這些感測器能自動採集學生在生理、運動、營養、心理、文化、生態等六大健康向度的資料,數據採集過程應嚴格遵循相關的倫理規範,以保護學生的隱私。在「數據分析與管理」方面,建立了一套校園量化健康管理系統,對所採集的資料進行分析和管理,從而形成學生的個人健康檔案。數據分析過程中,遵循科學的標準和方法,以確保資料的準確性和可靠性。在「數據研究與挖掘」(Data Research & Mining)方面,透過大數據研究,挖掘學生健康資料中的規律和特徵,為健康管理提供科學依據。數據研究應注重應用價值,為健康管理提供實用性的建議。在「數據應用與課程發展」(Data Application & Curriculum Development)方面,將資料應用於課程開發,以學與教應用和 APPs 等方式,幫助學生養成健康的生活方式。課程開發應注重趣味性和實踐性,提高學生的學習興趣。智慧健康學校透過以上四個方面的努力,將資料技術與健康管理相結合,為學生提供更科學、有效的健康服務(見圖 4-10)。智慧健康學校運作系統係利用大數據和雲端運算(Big Data & Cloud Computing)整合來自不同學校(A 到 G 學校)的資料進行分析、知識管理和資訊共享,突顯了科技在增強教育運作中的作用。其中,運作系統中的大數據雲端運算是用於收集、分析和應用來自不同學校的大量數據,例如,健康狀況等,並提供存儲、計算和服務的雲端基礎設施,以支持系統的運作和數據存儲。知識管理系統(Knowledge Management System)是用於整理、分享和應用學校內部的知識和經驗,以支持教育運作和決策。數據研究與分析中心(Data Research & Analysis Center)負責收集、整理、分析和應用與學生和學校相關的數據和知識。專家系統(Expert System)模擬領域專家的知識和經驗,用於解決複雜問題,例如,學生輔導、健康管理等。數據與服務中心(Data & Service Centre)是一個集中的資源中心,用於存儲數

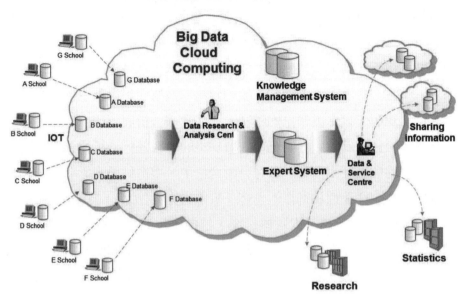

圖 4-10　智慧健康學校運作系統（smart healthy school operation）
資料來源：HiESD (2024).

據、提供服務和支持系統運作。資料庫（Database）存儲學生和學校相
關的數據，例如，學生個人資料等。物聯網（Internet of Things, IoT）
連接學校（A 到 G 學校）的裝置和感測器，例如，智慧健康追蹤器等。
資訊共享（Sharing Information）指不同學校（A 到 G 學校）之間共用
相同的資訊，這包括學生健康、學業成績、教學方法、最佳實踐等方面
的資訊。透過資訊共享，學校之間可以更好地協作、互相學習，並提高
整體運作效率。資訊共享有助於知識在不同學校之間的流動。例如，一
所學校可能在健康管理方面取得了成功，其他學校可以從中學習並應用
相應的策略。除了知識，資訊共享還包括數據的共享。學校之間可以共
享學生的健康數據等，以便更好地了解學生的需求並制定相應的計劃。
研究（Research）在智慧健康學校運作系統中扮演著重要的角色，透過
研究可以不斷完善智慧健康學校運作系統，為學生提供更加優質的健康
服務。透過統計（Statistics），可以為健康管理提供科學依據，幫助學

生養成健康的生活方式。

　　當談到智慧健康時，學校不僅應該關注學生的健康狀況，也應該重視教師的健康。教師在教學和管理學生時面臨著各種壓力，因此他們的身心健康同樣重要。透過智慧健康科技可以監測教師的活動量、睡眠品質、心理壓力等指標，並提供相應的健康建議和支援。這有助於教師保持良好的工作狀態和生活平衡，進而提高教學效率和學生學習品質。研究人員利用智慧手錶測量教師的壓力指數（見圖 4-11），探討教學活動、環境條件和課表安排等因素的影響。各種資料來源已轉移到試算表中進行進一步分析，資料分析是使用開放原始碼統計軟體 JASP 完成。圖 4-11 展示了來自不同來源的依變數（dependent variables），這些依變數可能會影響到自變數心率（Heart Rate）。結果顯示根據所進行的教學活動，教師之間的心率存在顯著差異。根據一天中的時間和一週中的日期，心率有所變化，顯示壓力程度可能在一週中的不同時間和不同時段波動。對於每位參與者來說，環境變項（如溫度、濕度和陽光照射量）與心率之間存在不同的關係，這顯示環境條件可以獨特地影響教師的壓力程度。這些發現突顯了教學活動、環境因素和教師壓力之間的複

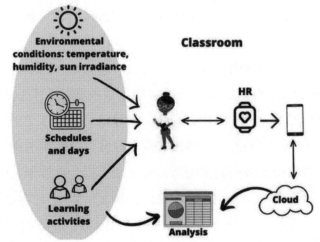

圖 4-11　資料來源集
資料來源：Fretes, Llurba 和 Palau (2023, p.779).

雜相互作用，強調在評估和管理教育環境中的壓力時需要考慮多個變項的重要性，也突顯了可穿戴設備在教育領域的實用價值（Fretes, Llurba & Palau, 2023）。

綜上所述，在教室中使用智慧手錶或智慧手環可以幫助教師更好地了解和管理他們的壓力狀態，這些可穿戴裝置可以提供即時的生理指標數據，如心率讓教師能夠追蹤不同教學活動和環境條件下的壓力程度。透過持續獲取壓力程度數據，教師可以更加覺察到導致壓力增加的觸發因素，並反思如何有效地管理和減輕壓力的策略。可穿戴裝置可以分析壓力反應的模式，提供個人化的見解，幫助教師識別趨勢，並就自我保健和壓力管理科技做出明智的決策。從智慧手錶或智慧手環收集的數據可以使教師做出行為變化，例如，調整教學策略、安排休息時間或實施放鬆技巧，以減輕壓力並改善健康狀況。透過可穿戴裝置及時檢測到的壓力程度升高，可以促使教師在壓力升級之前採取積極的措施來應對，從而促進更好的心理和身體健康。整體而言，將可穿戴科技融入教室可以為教師提供寶貴的工具，以監測、理解和管理他們的壓力程度，從而促進更健康、更可持續的教學環境。

對應到國內教學現場方面，智慧手環在學生健康管理方面扮演了重要的角色。例如，桃園市大有國中曾經試辦智慧手環計劃，這些智慧手環不僅提供了基本的功能，如搭乘公車、購物和借書等，更重要的是，它們可以監測學生的健康狀況，包括心跳、運動量和睡眠時間等。透過專屬的 APP，學校和家長可以即時地獲取這些數據，有助於他們了解學生的健康狀況並及時作出相應的介入和管理。這種智慧手環的應用不僅能夠提高學校和家長對學生健康的關注程度，還能夠透過班級競賽等方式來推動學生積極參與健康促進活動，從而提升整個學校的健康意識和生活品質（陳昀，2018）。除此之外，臺北市教育局的親師生社群平臺——親師生平臺／酷課 APP 整合智慧健康管理系統及校園食材登錄平臺等系統，讓家長可以登入即時了解孩子健康飲食的重要資訊。學生及家長可透過手機登入即可查看個人重要健康數據，包括身高、BMI、

視力及體適能等，同時以視覺圖像方式呈現歷程資料，讓學生及家長快速掌握身體數據，使健康管理更輕鬆有效率。透過酷課 APP 即可查詢當日學校營養午餐相關資料，並即時了解營養午餐資訊（臺北市政府教育局，2023）。綜合上述所言，從智慧校園的角度來看，智慧健康可以定義為利用人工智慧、大數據、物聯網等科技，對校園內師生的健康數據進行收集、分析、管理和應用，以促進校園內師生的身心健康發展。智慧健康學校的概念是利用物聯網科技和智慧設施來實現學生和教師健康管理的智慧化和自動化，從而營造一個安全、健康的學習環境，促進學生全面發展和教學效果的提升。

肆、智慧行政（i-aDministration）理念

智慧行政在教育機構中扮演著重要角色，運用物聯網科技（leveraging IoT technology）來提高學校或大學各方面的效率、透明度和效能（efficiency, transparency, and effectiveness）。透過智慧設備執行行政事務，如觀察教師和學生的學習進度、評估績效及自動化例行程序，教育機構可以最佳化其運作，更專注於改善教學和學習成果。智慧行政還有助於減輕教師的負擔，使他們能夠更專注於教學和學生投入的核心職責（core responsibilities of teaching and student engagement）。圖 4-12 顯示了智慧教育機構中物聯網（IoT）設備的可能結構，此圖說明了教育系統中的各種利害關係人（stakeholders），包括學生、教師、行政人員、家長和智慧設備（smart devices），如何透過物聯網科技彼此互聯。它強調了建立連接的生態系統（connected ecosystem）的潛力，使數據可以即時共享（shared in real-time），從而實現個性化的學習體驗（personalized learning experiences）、高效能的溝通（efficient communication）和簡化的行政流程（streamlined administrative processes）（Badshah, Ghani, Daud, Jalal, Bilal & Crowcroft, 2023）。綜上所述，在智慧教育機構中整合物聯網裝置以及強調智慧行政，代表學校正在朝向更連結、以資料導向（data-driven）、更有效率的教育系

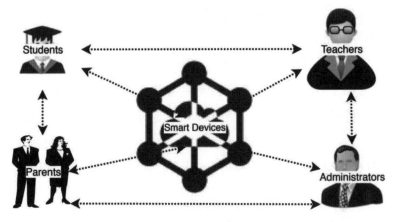

Fig. 1. Possible structure of IoT devices in smart educational institutions

圖 4-12　智慧教育機構中物聯網設備的可能結構

出處：Badshah, Ghani, Daud, Jalal, Bilal 和 Crowcroft (2023, p.3).

統方向改變。這樣做的目的是要提升學生的學習體驗，同時提高學校的運作效率。

　　當智慧管理（wise management）發揮效用時，學校績效（school performance）將會顯著改善智慧行政（intelligent administration）的各個方面及影響學校的成就；智慧行政與學業成就（academic achievement）之間存在顯著的關係。優秀的學校（excellent schools）可以透過兩個策略步驟來實現：提升智慧行政的水準（enhancing the caliber of intelligent administration）和提高所有活動的效能（boosting the effectiveness of all activities）。此外，智慧行政和學校效能都對學校績效產生重大影響（Mulawarman, 2022）。這段話中的觀點指出智慧管理和學校效能之間的互動關係對學業表現至關重要，並且需要教育人員不斷提升自己的專業知識和技能，以更好地滿足不同學生的需求。

　　智慧行政（smart administration）是指利用感測器支援的環境（sensor-enabled environments）和先進科技，如物聯網（IoT）和人工智慧（AI），來自動化決策過程（automate decision-making processes）和最佳化行政過程，以提高教育機構行政作業的效率。這種

方法涉及利用各種感測器和設備的數據來監控和管理行政功能，例如，出缺席追蹤（attendance tracking）、資源分配（resource allocation）、與利害關係人的溝通以及決策過程。透過實施智慧行政系統，教育機構可以簡化運營（streamline operations）、提升各種行政作業的效率與效能（enhance the efficiency and effectiveness）、提高透明度（enhance transparency），並最佳化資源利用（optimize resource utilization），以達到更好的整體管理。智慧行政的層面（見圖4-13）包括智慧出席（smart attendance）、智慧規劃（smart planning）、智慧檔案（smart portfolios）、智慧報告（smart reports）、智慧安全（smart security）（Badshah, Ghani, Daud, Jalal, Bilal & Crowcroft, 2023）。其中，「智慧出缺席」是指利用先進科技，如物聯網（IoT）、無線射頻辨識（RFID）、生物辨識（biometrics）和人工智慧（AI），來自動化和精簡（automate and streamline）教育機構的出缺席追蹤和管理（tracking and managing attendance）流程。這種方法利用數位工具和感測器，來準確觀察（monitor）學生、教師和工作人員在教室、活動或其他指定地點的出席情況。智慧出席系統提供了幾項好處，包括自動化（automation）、即時監控（real-time monitoring）、提升安

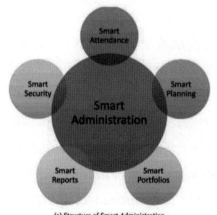

(a) Structure of Smart Administration

圖4-13　智慧行政的結構

資料來源：Badshah, Ghani, Daud, Jalal, Bilal 和 Crowcroft (2023, p.21).

全性（enhanced security）、家長參與（parental engagement）和效率（efficiency）。在教育領域中，「智慧規劃」（smart planning）指的是利用科技和資料導向方法（data-driven approaches）來增強課程開發、課程規劃和教學設計的過程。這涉及利用數位工具、分析和自動化來設計個別化的學習體驗（personalized learning experiences），最佳化教學策略（optimize teaching strategies），並改善教育成果。智慧規劃涵蓋了五個關鍵要素：資料導向洞察力（data-driven insights）、個性化學習（personalized learning）、科技整合（technology integration）、資源分配效率（efficient resource allocation）和持續改進（continuous improvement）。在教育領域，「智慧學習歷程檔案」指的是利用科技工具和平臺精心挑選與組織學生作品、專題、評量和成就的數位收藏品（digital collections）。這些學習歷程檔案就像動態和互動的儲存庫（dynamic and interactive repositories），可以展示學生隨著時間累積的學習進步、技能和成就。智慧學習歷程檔案相較於傳統紙本學習歷程檔案，具有數位格式（digital format）、反思與回饋（reflection and feedback）、個性化（personalization）、評量與評鑑（assessment and evaluation）、長期學習紀錄（long-term learning records）以及人工智慧與分析整合（integration of AI and analytics）的優勢。智慧報告指的是由教育機構生成的數據導向（data-driven）、自動化（automated）和互動式報告，提供有關教學、學習和行政運作等各方面的見解、分析和反饋。這些報告是利用先進科技、分析工具和資訊系統建立，旨在強化教育生態系統（educational ecosystem）內的決策、溝通和透明度（transparency）。智慧報告提供了以下關鍵功能和好處：數據視覺化（data visualization）、即時更新（real-time updates）、客製化和個性化（customization and personalization）、績效指標（performance metrics）、自動化洞察（automated insights）、透明度和績效責任（transparency and accountability）。在教育領域中，智慧安全指的是利用先進科技、資料導向策略（data-driven strategies）和智慧系統

（intelligent systems），強化教育機構內的安全、監控（surveillance）和風險管理（risk management）。智慧安全解決方案利用硬體、軟體和網路設備的結合，以主動監控、偵測（detect）和應對安全威脅（security threats）。智慧安全在教育中的關鍵功能和要素包括監控系統（surveillance Systems）、物聯網（IoT）設備（IoT devices）、生物辨識（biometric identification）、雲端安全（cloud-based security）、威脅偵測與應變（threat detection and response）、緊急通訊（emergency communication）和網路安全措施（cybersecurity measures）。

　　從高等教育的角度來看，「智慧行政」透過資訊與通信科技的整合，提供了多項功能。「學生學習管理」功能提供學生快速、便利的學習管理系統，使學生能輕鬆查詢課表、成績和出缺席等資訊。利用大數據分析和機器學習科技，自動判別學生的學習狀況並提出預警。例如，若學生翹課數過多或學習成績下降，系統會提醒學生及早採取措施。此外，系統協助學生建立完整的生涯輔導紀錄，提供自動分析的資料和圖表，使學生充分了解自身的優勢和不足，並提供合適的學習建議。「教師教學管理」功能提供教師即時掌握學生出缺席狀況的工具，減少課堂點名的時間和精力。利用大數據分析和機器學習科技，協助教師分析教學成效，並提供教學改進建議。「校務管理」功能整合校內各項資訊系統，提高校務運作效率。利用大數據分析和機器學習科技，協助學校進行決策（陳育亮，2014）。根據智慧行政的理念，在教育機構中運用物聯網科技（IoT）可以顯著提高學校各方面的效率、透明度和效能。透過利用智慧設備執行行政事務，例如，觀察教師和學生的學習進度、評量績效以及自動化例行程序，教育機構可以最佳化其運作，從而更專注於改善教學和學習成果。智慧行政還有助於減輕教師的負擔，使他們能夠更專注於教學和學生參與等核心職責。整合物聯網裝置以及強調智慧行政的做法，代表學校正在向更連繫、更資料導向、更有效率的教育系統方向發展。這樣做的目的是為了提升學生的學習體驗，同時提高學校的運作效率。總而言之，智慧行政是教育機構發展的必然趨勢，透過科

技的應用智慧行政可以幫助教育機構提升效率、透明度和效能，進而提升教育品質。

伍、智慧環境（i-Environment）理念

「智慧環境」（intelligent environments）這個詞最初由 Peter Droege 在 1997 年於 Elsevier 出版的《智慧環境──資訊革命的空間面向》一書中提出。這個概念源自 1986 年，Droege 參加在日本川崎市舉辦的校園城市競賽（The Campus City Kawasaki competition）時的得獎作品「智慧環境──資訊革命的空間面向」計劃（Intelligent environments - Spatial Aspects of the Information Revolution）。該競賽的目標是將資訊科技和先進的電信應用於整個城市，以實現社會賦權（societal empowerment）、跨產業繁榮（trans-industrial prosperity）以及最重要的環境改善（environmental redemption）。1996 年，東京大學的橋本實驗室（Hashimoto Laboratory）首次進行了智慧空間的研究（見圖 4-14）。Lee 和 Hashimoto 設計了一個房間，配備自製的三向度追蹤感測器（three-dimensional tracking sensor）和行動機器人（mobile robots），所有這些都連接到網路上。這個想法是讓機器人透過視覺攝影機和電腦輔助房間內的人完成不同任務，成為最早的智慧環境之一。最初，智慧空間的設計僅以協助人們完成體力任務為目標，房間內的機器人可以幫助人們拿取物品，並輔助身心障礙人士完成某些工作。這種想法逐漸轉變為我們今天所理解的智慧環境概念，不僅是支持人類的環境，也支持機器人。智慧空間成為了一個平臺，可以擴展任何連接到它設備的感測能力（censorial capacity）。如果我們開始圍繞這種智慧環境設計產品，無論是軟體還是硬體，完成各種任務所需的精力將大大減少（Wikipedia, 2022）。

人工智慧是電腦科學的一個分支，它涉及智慧代理（intelligent agents）的研發，智慧代理是可以推理、學習和自主行動（act autonomously）的系統。人工智慧研究在開發用於解決從遊戲到醫學診

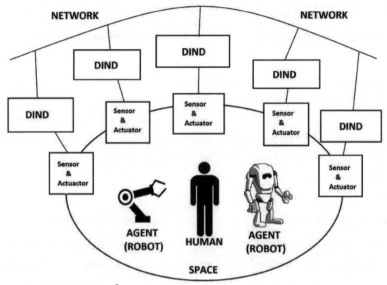

圖 4-14　智慧空間概念圖[2]
資料來源：Wikipedia (2022).

斷等廣泛問題的技術方面取得了巨大成功。「智慧」一詞在環境中的應用主要指的是人工智慧，正如 Russell 和 Norvig（2010）所定義（見表 4-2），人工智慧的定義分為四個類別：思考像人類的系統（systems that think like humans）、像人類般行動的系統（systems that act like humans）、思考理性的系統（systems that think rationally）、採取理性行動的系統（systems that act rationally）（Russell & Norvig, 2010）。智慧環境是一個由許多網路控制器（networked controllers）協調運作的環境，這些控制器負責掌控環境的不同方面，透過自我程式撰寫（self-programming）的預先處理程序（pre-emptive processes）（例如，智慧軟體代理，intelligent software agents），以互動的整體功能來增強使用者體驗（Augusto, Callaghan, Cook, Kameas & Satoh, 2013）。簡單來

---

[2] 這張圖的主要概念是智慧空間，智慧空間是一種人與機器協作完成任務的環境。在智慧空間中，人與機器透過感應器和執行器進行通訊和協作。具體來說，這張圖展示了智慧空間中人與機器協作完成任務的一個示例，在這個示例中兩個機器人和一個人正在合作搬運一個物體（Wikipedia, 2022）。

表 4-2　人工智慧定義

Systems that think like humans	Systems that think rationally
"The exciting new effort to make computers think...*machines with minds*, in the full and literal sense." (Haugeland, 1985) "[The automation of] activities that we associate with human thinking, activities such as decision-making, problem solving, learning..." (Bellman, 1978)	"The study of mental faculties through the use of computational models." (Chamiak and McDermott, 1985) "The study of the computations that make it possible to perceive, reason, and act." (Winston, 1992)
Systems that act like humans	**Systems that act rationally**
"The art of creating machines that perform functions that require intelligence when performed by people." (Kurzweil, 1990) "The study of how to make computers do things at which, at the moment, people are better." (Rich and Knight, 1991)	"Computational Intelligence is the study of the design of intelligent agents." (Poole *et al.*, 1998) "AI...is concemed with intelligent behavior in artifacts." (Nilsson, 1998)

資料來源：Russell 和 Norvig (2023).

說，智慧環境是一個由各種智慧裝置、感測器和軟體組成的系統，這些系統能夠自動收集資料、分析環境並根據需求做出相應的反應，從而提高使用者的便利性和舒適度。以下是一個智慧型環境的舉例說明，例如，在一個智慧型辦公室中，自我程式撰寫的自動化程序可以根據使用者的位置、活動狀態和個人喜好來調整照明、溫度和濕度等環境參數，當使用者進入辦公室時，燈光會自動亮起，當使用者離開辦公室來調整室內環境，當室外天氣炎熱時，室內溫度會自動降低。

　　Augusto 等人（2013）指出，許多相關領域促進了智慧環境（intelligent environments）的發展，這些領域雖然有重疊之處，但也存在顯著的差異，例如，普及／無所不在的運算（pervasive/ubiquitous computing）、智慧環境（smart environments）、環境智慧（ambient intelligence）。智慧環境（intelligent environments）建立在上述所

有概念之上，旨在建立將智慧環境（smart environment）與環境智慧（ambient intelligence）集成的系統，並基於普遍／無所不在的服務可用性。每一個智慧型環境都應該具備一些關鍵原則：能夠智慧地識別自己可以提供幫助的情況（to be intelligent to recognize a situation where it can help），能夠明智地識別何時允許提供幫助（to be sensible to recognize when it is allowed to offer help），根據被幫助者的需求和偏好提供幫助（to deliver help according to the needs and preferences of those it is helping），在不要求使用者具備科技知識的情況下實現其目標，使其能受益於幫助（to achieve its goals without demanding technical knowledge from the users to benefit from its help），保護使用者的隱私（to preserve the privacy of the users），始終將使用者的安全置於首位（to prioritize the safety of the users at all times），具有自主行為（to have autonomous behavior），在不改變環境外觀和感覺或環境居民正常日常活動的情況下運作（to be able to operate without forcing changes on the look and feel of the environment or on the normal routines of the environment inhabitants），遵循使用者主導、電腦服從的原則，而非相反（to adhere to the principle that the user is in command and the computer obeys, and not vice versa）。智慧環境領域的發展受益於電腦科學中幾個眾所周知領域的相對成熟度和成功程度（見圖 4-15）。這些領域對智慧環境的實現有著重要貢獻，其中包括人工智慧、普及／無所不在的運算（pervasive/ubiquitous computing）、網路和中介軟體（networks and middleware）、感測器和執行器（sensors and actuators）以及人機互動（human-computer interaction）。以圖 4-15 中的「人工智慧」領域為例，自主決策（autonomous decision-making）是人們對任何智慧環境的隱含期望（implicit expectations）之一，它們被部署（precisely deployed）的目的正是為了提供服務，就像人類在相同情況下會做出的決定一樣。為了實現這種自主決策能力，系統通常會應用人工智慧技術，使其能夠執行以下功能：學習和活動識別

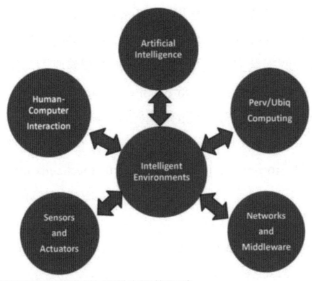

圖 4-15　智慧環境領域與其他學科之間的互動

資料來源：Augusto 等人（2013, p.6）。

（learning and activity recognition）、推理（reasoning）、自主性和自律性（autonomy and automaticity）、嵌入式和分散式（embedded and distributed）。

　　智慧環境（Intelligent Environments, IE）是指由嵌入式系統[3]（embedded systems）、資訊和通信科技（information and communication technologies）所構成的空間，這些科技創造出互動空間，將運算能力（computation）引入我們所感知和體驗到的現實環境，並增強使用者的體驗（occupants experiences）。智慧環境是運算技術（computation）被無縫地應用（computation is seamlessly used）來增強日常活動，促使人們對高度互動環境（highly interactive environments）產生濃厚興趣的驅動因素之一，就是使電腦不僅真正易於使用（user-

---

[3] 嵌入式系統是一種電腦系統，它由電腦處理器、電腦記憶體和輸入／輸出周邊設備組合而成，在更大型的機械或電子系統中具有專用功能。它通常作為完整設備的一部分嵌入其中，通常包括電氣或電子硬體和機械部件。由於嵌入式系統通常控制著其所嵌入的機器的物理操作，因此它通常具有即時計算的限制條件。嵌入式系統控制著許多常用的設備（Wikipedia, 2024e）。

friendly），而且對使用者而言基本上是隱形的（essentially invisible to the user）。智慧環境描述了實體環境（physical environments），其中的資訊和通信科技以及感測器系統（sensor systems）被嵌入到實體物體（physical objects）、基礎設施（infrastructures）以及我們生活、旅行和工作的周圍環境中，這些科技逐漸隱於幕後。這裡的目標是讓電腦參與到以前從未參與過的活動中，並允許人們透過手勢、聲音、動作和情境（gesture, voice, movement, and context）等方式與電腦進行互動（Wikipedia, 2022）。

綜上所述，智慧環境是一個由多個網路控制器協調運作的系統，透過自我程式編寫[4]的預先處理過程（例如，智慧軟體代理人，intelligent software agents[5]），一種互動的整體功能來增強使用者體驗。簡言之，智慧環境由各種智慧裝置、感測器和軟體組成的系統，能夠自動收集資料、分析環境並根據需求做出反應，從而提高使用者的便利性和舒適度。其目標在於將運算科技無縫地應用於日常活動，使電腦對使用者來說幾乎不可察覺。智慧環境在學校的應用可以提供各種方式來增強學生和教職員的學習和工作體驗，並提高學校運作的效率和安全性。例如，智慧環境系統可以根據教室中的人數和活動情況自動調節照明和空調，以提供舒適的學習環境；可以紀錄學生的出席情況和表現，並提供給教師和家長即時回饋；透過監控攝影機和感測器來保障學生和教師的安

---

[4]「自我程式編寫」通常指的是一種能力或技術，讓系統、軟體或應用程式能夠自行生成、修改或優化其自身的程式碼。這種能力可能是由機器學習、自動化演算法或其他類似的技術所支持，使得系統可以根據特定的目標或條件來調整和改進自身的程式碼，而無需人為介入。這樣的功能通常被用於加速軟體開發過程、自動化重複性任務，或者改進系統的性能和效率。

[5] 智慧軟體代理人（intelligent software agents）是一種軟體程式，具有一定程度的智慧和自主性，能夠根據環境的變化或特定的任務，自主地執行一系列任務或決策。這些代理人通常能夠收集、分析和處理資料，並根據其內部的規則和演算法來採取行動。舉例來說，智慧個人助理（如 Siri、Google Assistant 和 Alexa）就是一種常見的智慧軟體代理人。這些個人助理可以接收用戶的語音指令，理解用戶的意圖，並執行相應的任務，例如，查詢資訊、設定提醒、發送郵件等。智慧軟體代理還包括在網路安全中用於偵測和防止威脅的安全代理，以及在金融領域用於自動交易和風險管理的交易代理等。

全，例如，偵測不明訪客或不安全行為；學校圖書館可以引入智慧科技，例如，RFID 感測器、人臉辨識，以幫助學生更輕鬆地借閱書籍，提高圖書館的運作效率。

陸、智慧綠能（i-gReen）理念

澳洲許多學校的建築老舊，需要進行更新或翻修，隨之而來的是對隱含能源（embodied energy）、環境影響、營運成本和生命週期成本的要求，這需要做出成本效益的決策。與此同時，教育也正在從傳統的教室轉變為學習環境和資訊環境。如果我們不能以創新的方式將環境和教育需求結合起來，那麼隱含能源成本和政府資金將被浪費在無法持久的建築上。學校如果不具備智慧和綠色環保，就無法真正實現環保目標（Melbourne School of Design, n.d.）。對應到永續發展目標（Sustainable Development Goals, SDGs），這是聯合國在 2015 年通過的一項全球共識，旨在解決全球性挑戰，包括貧窮、飢餓、健康、教育、性別平等、水資源、能源、氣候變遷、經濟成長、工業創新等。SDGs 共有 17 個目標，其目的是在 2030 年前實現各項目標，並促進全球永續發展（親子天下，2023）。永續發展目標（sustainable development goals, SDGs）在「智慧綠能」方面提供了重要的啟示，可以應用在以下幾個方面：SDGs 強調可持續能源（目標 7），智慧學校可以利用智慧科技來提高能源利用效率，採用可再生能源，減少對傳統能源的依賴，以實現更環保和節能的能源使用方式。SDGs 促進氣候行動（目標 13），智慧學校可以透過智慧綠能系統來減少碳排放，改善校園的環境品質，並將學生和教職員的氣候意識提升到更高的程度。SDGs 強調建設可持續的城市和社區（目標 11），智慧學校可以成為城市可持續發展的示範，透過智慧綠能科技來提升校園的環境品質，改善城市居民的生活品質。SDGs 鼓勵可持續消費和生產（目標 12），智慧學校可以借助智慧綠能系統來實現資源的有效利用，減少能源和物資的浪費，從而實現校園內部的可持續發展。「智慧綠能」一詞指的是在教

育環境中整合智慧科技和永續實踐，以促進環境意識和永續性。具體而言，智慧綠能教室的概念涉及整合節能科技、資源保護策略和環保實踐，以建立環保意識的學習環境。透過利用機器學習、物聯網和資料分析等智慧科技，學校可以優化能源使用、監控環境影響，並加強綠能教育倡議。智慧綠能教室的目標是在學生、教育工作者和利害關係人中培養綠色意識，同時促進永續生活實踐，為更環保的未來做出貢獻（Pal, Bhattacharya, Mustafi & Mitra, 2023）。

　　一座智慧綠能建築既智慧又環保，它利用科技和過程創造一個安全、健康、舒適的設施，提升使用者的生產力和幸福感。它為管理者提供即時、整合的系統資訊，使他們能夠就營運和維護做出智慧決策，並具備一種有效的邏輯，能夠隨著使用者需求和科技的變化而有效演進，確保持續和改善智慧運作、維護和提升。一座智慧綠能建築在設計、建造和營運過程中對環境影響最小，強調資源保護、能源有效利用和創建健康的室內環境。它必須滿足當前需求，同時不損害未來世代的需求。永續性在環境管理、經濟繁榮和社會責任三個相互依賴的維度中得以衡量。智慧綠能建築展現了環境永續性的關鍵特徵，造福當代和未來世代。在圖 4-16 中顯示了智慧和綠能建築的融合（convergence of green and Intelligent buildings）概念，這種融合代表了先進科技和永續實踐在建築設計和營運中的整合，以實現最佳性能和效率。在「智慧」（intelligence）部分，包括融合網路（converged networks）（數據收集、測量與驗證、診斷、感測器、遠程監控等）、控制網路（control networks）（整合控制 HVAC、照明、能源、A/V、安全、消防及生命安全等）、基礎設施（infrastructure）（結構化布線解決方案、無線系統、統一通訊系統）、水資源管理（water management）（監測和計量）。在「綠能」部分，包括空氣與能源（減少溫室氣體排放、改善室內空氣品質、提高能源效率、廢物轉化能源）、水（減少廢水排放、降低污染物釋放）、廢棄物與修復（減少廢棄物處置、產品再利用和回收、使用更多棕地而非綠地、綠色建築）。進一步言之，圖 4-16 突顯

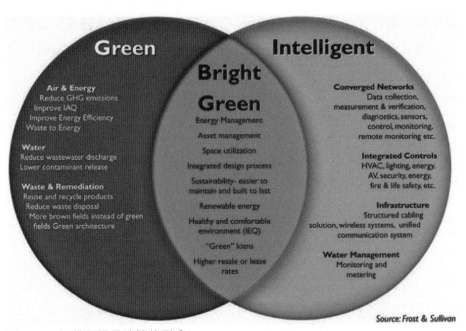

圖 4-16　智慧和綠色建築的融合

資料來源：Continental Automated Buildings Association (2008).

出智慧和綠能建築之間的共同點，強調這兩種方法如何協同工作，以創造所謂的「智慧綠能建築」（Bright Green），包括能源管理、資產管理、空間利用率、整合設計流程、永續性（更易於維護和建造持久）、再生能源（RE）、健康舒適的環境（IEQ）、綠色貸款更高的轉售或租賃費率。在明亮綠色建築中，科技和永續性被無縫整合，以增強建築性能、能源效率、居住者舒適度和整體環境影響。透過利用智慧系統和綠能策略，例如，自動化、資訊科技中心智慧、節能措施和有效建築控制，明亮綠能建築可以適應居住者的需求，提升資源利用效率，並提高整體營運效率。智慧和綠色建築的融合不僅僅是關於整合先進科技，還關乎促進永續建築實踐的整體方法。透過結合最佳的兩個世界，建築可以在環境責任、營運效率和居住者福祉之間取得平衡。這種明亮綠色建築的概念展示了智慧和永續性整合如何導致不僅環保而且經濟可行且以使用者為中心的建築。簡言之，明亮綠色建築是指既智慧又環

保的建築，它利用科技和流程來打造一個安全、健康、舒適的設施，並爲其居住者提供生產力和幸福感（Continental Automated Buildings Association, 2008）。

由以上對應到高雄市小林國小的教學現場，展現了先進的校園能源管理措施，學校在校園能源設備方面導入了智慧電力控管系統，並汰換耗電的燈具，建構了一個全方位的智能校園，以達到節能的目的。此外，學校還設計了一款智慧校園 APP，以雲端智慧即時監控學校的用電及太陽能發電情形，有效降低了全校的用電量。小林國小座落於山區，是一所偏遠的學校，校舍在重建之初，就將低碳綠能理念融入建築設計，結合環境與智慧節能校園的架構，營造出一個低碳校園。學校還將能源教育融入整體校園環境中，例如，設計能源教育宣導看板，建置綠能學習示範專區（見圖 4-17）等，以更生活化的方式推動能源教育（經濟部能源署，2021）。

圖 4-17　綠能學習示範區
資料來源：經濟部能源署（2021）。

嘉義市民族國小積極與企業合作，裝設校園能源管理系統

（EMS），在校園走廊安裝能源監測系統，讓師生即時追蹤能源消耗情況，將節能深入日常學習，有效管理能源使用。為了讓教師適時配合課程教學，學校設置多處能源場域，例如，學務處前的能源廊道，展示能源教育推動成果；操場則設置垂直型風光互補型路燈，這是推動能源教育的一大特色。這些路燈將白天的風力發電和太陽能發電儲存起來，傍晚為校運動社區的民眾提供照明，展現能源教育的創意與實用價值（魯永明，2023）。桃園市仁和國小透過 EMS 能源管理系統，讓學校可以即時且清楚地了解用電狀況，迅速改善用電模式來達到節電效果。EMS 系統可以將每天的即時數據串接到學校穿堂的電腦螢幕上，讓全校師生都能掌握用電狀況，成為最佳的節能減碳教育範本。透過班級自主管理班級卡，學生可以了解電力的可貴以及節能的重要性；同時，EMS 數據能顯示班級用電高的日期及時段，幫助及時改善耗電關鍵，將「永續教育」帶進校園，發揮智慧用電的影響力（葉亞薇，2022）。

根據智慧綠能理念，學校可以從整合智慧科技提升能源效能、採用再生能源、推動能源教育、建立綠色校園環境以及鼓勵師生參與等方面著手，以實現環保和永續發展的目標。學校應該積極引進智慧電力控管系統和能源管理系統（EMS），如同高雄市小林國小和嘉義市民族國小的案例，這些系統可以即時監控校園的用電情況，幫助學校識別高耗電的區域和時間段，從而制定更加有效的節能措施。例如，小林國小透過智慧校園 APP 監控用電及太陽能發電情形，有效降低了全校的用電量。學校還可以考慮在校園內部署太陽能板和風力發電設備，減少對傳統能源的依賴，實現綠色能源的自給自足，這不僅能降低能源成本，還能讓學生親身體驗再生能源的應用，增強他們的環保意識。將能源教育融入日常課程中，設置能源教育示範區和宣導看板，讓學生在實踐中學習如何節能減碳，例如，小林國小和民族國小透過設置能源教育看板和垂直型風光互補型路燈，讓學生直觀了解能源的生成和使用過程。在校舍建設和翻修中應該優先考慮低碳和綠能設計，結合環境與智慧節能科技，營造健康、舒適且環保的學習環境，這可以包括使用節能燈具、改

善室內空氣品質、減少廢水排放等措施。學校應鼓勵師生積極參與能源管理和節能活動，讓他們成爲校園節能的主要推動者，透過班級自主管理用電，學生可以更深刻地理解節能的重要性，並在日常生活中實踐綠色生活方式。綜上所述，智慧綠能理念不僅有助於提升學校的能源效能和環境保護水準，還能透過實踐教育培養學生的環保意識和永續發展理念，學校應該積極採取行動，爲實現永續發展目標做出貢獻。

第五章
i-LEADER⁺ 智慧學校指標

　　智慧學校指標是用來評估學校在數位化程度、科技整合和創新應用方面的關鍵標準。透過大數據、物聯網、人工智慧等技術，智慧學校致力於全面提升校務運作效率，並改變教學模式。這些指標涵蓋智慧環境、教師能力、教材應用、服務提供等多個層面，旨在打造更理想的學習環境，培養學生的科技素養，並促進教學與學習的互動（教育部，2024b；張奕華、林光媚，2017；張奕華、吳權威、曾秀珠、張奕財、陳家祥，2020；群輝商務科技，2024）。智慧學校指標在教育領域中具有重要性，這些指標不僅評估學校的科技整合程度，還影響學生和教師的學習和教學環境。透過智慧學校指標，學校可以更有效地運用科技資源，提高教學效率，並促進學生的科技素養。此外，智慧學校也有助於創造更具互動性的教學環境，讓學生更主動參與學習，並培養創新思維和解決問題的能力。更重要的是，透過評估和追蹤智慧學校指標，學校可以不斷改進和優化教育環境，為學生和教職員提供更好的學習和工作環境，從而實現教育品質的持續提升和學校整體發展的進步。

第一節　研究動機與目的

　　近年來有關智慧教育、智慧領導與智慧學校的相關研究（Demir, 2021; Firoozi, Kazemi & Jokar, 2017; Girardin & Duell, 2017; Hsu, 2020; Jackson, 2022; Li & Wong, 2022; Lin, 2019; Liu, 2020; Mirzajani, Bayekolaei, Kookandeh, Rezaee, Kamalifar & Shani, 2016; Mogas, Palau, Fuentes & Cebrián, 2022; Sadipour, Ghavam, Farrokhi, Assadzadeh & Sameti, 2017; Singh & Miah, 2020; Wang, Wilson & Li, 2021）受到重視，顯示出智慧科技在教育領域中扮演日益重要的角色。法國未來學家 Bertrand de Jouvenel 指出：「明天的資本，就是智慧。」在知識經濟時

代之後，未來將進入智慧經濟時代。現今的教育必須有所改變，唯有推動「智慧教育」，才能與時俱進。過去的教育方式主要依靠間接的知識傳授來獲得新知。然而，對於「智慧教育」而言，這種方式缺乏系統性。「智慧教育」旨在最直接地幫助人們建立完整的智慧體系，其目的是引導發現自我智慧、協助發展自我智慧、指導自我智慧，並培養自我智慧（教育技術通訊，2002）。這一切都是為了創造一個具有獨特性和完整性的集成智慧體系。隨著網際網路與資訊設備的發展，智慧化的風潮也延續至校園，逐漸將資訊設備與網路資源應用於教學活動及行政作業。在今日校園中，無論是校務行政、教師教學研究、學生學習平臺、校園生活等，都建立在資訊的基礎上，間接實現多功能的智慧化校園環境。因此，智慧校園是未來建置學校學習環境的新趨勢（張奕華、林光媚，2017）。

在此新趨勢之下，透過科技領導、學習領導及整合領導等而成的「智慧領導」，能建立優質的智慧校園（臺北市教師研習中心，2018）。進一步言之，智慧校園是應用科技協助學校運作更自動化、更高效能、更安全、更符合綠色環保的校園。在資訊科技的支持下，智慧校園建設得以逐步展開。換言之，建構充滿智慧的教育環境，應用現代化的教育理念，實踐以學生為中心（student-centered）的教育理想，達成適性發展（talent development）與公平均質的智慧教育（SMARTER education）目標。有鑑於此，建構智慧校園的 i-LEADER 指標，不僅讓學校領導者能夠更清楚地了解在建設智慧學校中需要注意的重要層面，也讓教育相關的政策制定者及執行者有更具體的方向來推動智慧學校的建設與實踐。隨著智慧科技不斷發展與革新，i-LEADER 指標也將不斷更新，以更好地適應未來智慧學校的建設與發展。本研究之目的旨在建構智慧學校 i-LEADER 指標，以因應智慧教育之趨勢。本研究之 i-LEADER 包括六個層面，分別為智慧學習（i-Learning）、智慧教學（i-tEaching）、智慧健康（i-heAlth）、智慧行政（i-aDministration）、智慧環境（i-Environment）與智慧綠能（i-gReen）。

第二節　智慧學校相關研究

　　科技不斷革新各產業與領域，以「教育」研發爲方向的「科技」蓬勃發展更是如此。多年來，全臺各界高度關注教育智慧化議題，教育部在前瞻基礎建設計劃中強化數位教學暨學習資訊應用環境列爲重點。智慧教育系統（革新 AI 技術－AI 人工智慧）能幫助學校軟硬體完美整合，同步提升學生學習及教師專業發展，推動校園成爲 AI 智慧學校（郭靜芝，2018）。智慧教室的定義包括三個重點：首先是構建智慧教室的學習環境，讓每位師生擁有智慧終端設備，如電子白板、平板設備、遙控器或手機等。其次是建立資料蒐集的管道，能收集並分析課堂上的所有互動。最後，教師的教學方法必須充分運用這些裝置和資料管道，與教學深度融合。智慧學校則進一步實現這三個目標，並在此基礎上運用人工智慧、大數據和蘇格拉底平臺等科技支援。透過 AI 分析系統，臺北市懷生國中、新北市辭修高中、臺北市大附小、臺北市新民國小等四所學校都已升級爲智慧學校（數位時代，2018）。研究顯示智慧教室與相關變項的重要性不容忽視，例如，校長科技領導與智慧教室的研究、智慧教室與教學效能的研究，以及教師應用智慧教室的現況與成效（何寶妍，2013；黃若茵，2015；曾薇臻，2016）。在智慧校園指標的建構與規劃建置過程中（林光媚，2017），智慧學校的發展與推動已成爲趨勢。張奕華（2013）曾以 SMART 教育發表智慧教育與智慧學校的理念，並且劉林榮（2013）以臺北市南港國小作爲智慧學校的藍圖；張奕財（2018）綜合相關文獻，歸納出兩項重點：其一是智慧學習與智慧課堂校園變革，能提升雲端教育競爭力；其二是雲端科技對於學習支持與自主的效益。

　　「6i 智慧校園」系統涵蓋六大領域（智慧學習、智慧行政、智慧綠能、智慧保健、智慧社群、智慧管理），強調以學生爲主體的學習。該系統旨在透過智慧校園，使學生實現個別化學習、自主學習和合作學習，並藉由知識點分析，逐步建立「學生學習成長履歷」。其中，智慧

綠能部分由「校園智慧能源雲」科技化管理，致力於打造智慧校園，以實現有效的能源管理並減少人力負擔，強調「智慧、節能、永續」的理念（張明文，2019）。智慧學校數位學習的興起帶來了「5化」變革，包括：因應「行政雲端化」的變革、回應「課程網路化」的變化、反應「教學遠距化」的變遷、響應「學習智慧化」的變異以及呼應「評量數位化」的變革（利一奇，2019）。洪榮昌（2019）提出了以數位學習及智慧學校概念縮小城鄉差距的具體實施策略如下：建立偏鄉小校落實數位學習及智慧學校共識行動，並建構數位學習及智慧學校發展願景；建構優質專業數位學習及智慧學校推動行政團隊，作為發展教學專業的後盾；形塑教師專業文化，提升偏鄉小校在數位學習課程方面的專業知能；營造數位學習及智慧學校的情境氛圍，為學生提供豐富的學習資源；整合偏鄉小校的特色資源共享，建立數位學習交流平臺，展示學校的亮點特色；進行偏鄉小校數位學習特色課程的發展評鑑，隨時進行滾動式修正。

　　資訊化科技已成為推動教育產生革命性變革的基礎，緊扣資訊化時代的脈搏，透過建構智慧教室、培養智慧教師、打造智慧課堂與智慧學校，是容閎學校生命教育中心與時代接軌，實現生命課程之道的核心利器。中國大陸廣東珠海容閎書院全校導入智慧教學系統，並且採用AI人工智慧系統，收集與分析課堂教學行為數據，以最先進的理念與科技，促進教師專業發展，實踐智慧教育的願景。容閎書院不僅是AI智慧學校，還成為廣東第一個擁有智慧型議課廳的學校。除了軟硬體的更新外，教學系統也協助容閎書院實施蘇格拉底三步三環教師專業發展模式，包括培訓增能、教練成長和校本典藏。教師能夠使用並運用科技融入教學（珠海容閎學校，2018）。科技賦予了「智慧機器」（smart machine）的概念，這些機器能夠接收新訊息並相應地更改其操作，而不是以死記硬背的方式重複相同的操作。新興的全球經濟需要同樣意義上的「智慧」工人：分析新狀況、提出創造性的解決方案，並負責有關工作表現的決定。現代民主的功能需要具備類似技能（skills）

的公民，為了培養「智慧」的工人和「智慧」的公民，更需要「智慧」的學校和「智慧」的孩子。因此，隨著目標和願景的改變，學校也必須改變。昨天的學校不適用於今天的學校解決方案（yesterday's schools will not work for today's solutions），學校本身必須從頭到尾進行重塑，它必須更聰明地參與教學和學習，並且更聰明地管理自己。智慧學校的設計原則如下：強化所有學生的教學（augmented teaching and learning for all students）、眞實評量（authentic assessment）、合作學習情境（cooperative learning settings）、跨學科教學（interdisciplinary teaching）、功能性的計劃表和時間範圍（functional schedules and time frames）、核心課程研究（core curriculum studies）以及對科技的承諾（commitment to technology）等（The Center for Educational Leadership, 1992）。基於上述智慧學校的理念與研究成果，能呼應衛德彬、阮征、陳方勇與韓芬芬（2019）在智慧學校平臺環境應用於數學教學中的發現，證實能有效提升學生數學成績，並進一步著眼於智慧學校，顯示政策法規、組織機構、智慧學習環境、教材、課程、教學範式及學校支援體系是影響智慧學校建設最直接且重要的實施條件。其基本目標是恰當、有效地借助新一代科技提升學校原有業務的智慧化程度，為數位校園的高級發展階段，實現教育科技化的深度提升，進而促進資訊化與教育教學改革的深度融合（閆明聖，2019；鹿星南，2017；鹿星南、和學新，2017）。

根據上述智慧學校相關研究，學校應積極整合先進科技與教學環境。智慧教室的設置應包括電子白板、平板電腦及智慧終端等工具，以支持多元化的教學活動和互動。同時，教師需要掌握這些設備的使用，並將其融入教學方法中，以提升教學效果。數據分析在智慧學校中扮演關鍵角色，學校應建立完善的資料蒐集與分析系統，監測和評量學生的學習進度和效果，從而針對性地調整教學策略，這不僅能提升學生的學習成果，還能促進教師的專業發展。智慧學校應注重學生個別化學習與自主學習，透過智慧學習平臺，學生可以根據自身需求選擇學習內容和

進度，實現個性化教育。同時，合作學習與智慧社群的建立有助於培養學生的團隊合作精神和社交能力。除此之外，智慧學校的推動需全方位覆蓋，包括智慧行政、智慧健康、智慧綠能等領域，這不僅提升了學校的管理效能，還能營造更爲安全、健康和可持續的學習環境。教師專業發展是智慧學校成功的基石，學校應定期舉辦培訓和工作坊，幫助教師提升科技應用能力，並鼓勵教師之間的交流與合作，分享成功經驗和教學策略。綜合上述，智慧學校的建設是一個系統性、全方位的過程，需要學校、教師和學生共同努力，充分利用科技的力量，推動教育教學的持續創新和發展。

第三節　研究設計與實施

壹、研究樣本

在本研究的第一階段選取了 15 位專家學者，進行了模糊德懷術問卷調查，並對問卷結果進行了詳細的計算分析，以便建構各項指標。

貳、研究工具

本研究使用的模糊德懷術問卷在智慧學校（i-LEADER）向度下包括六個層面，共計 31 個指標。根據研究目的設定了門檻值 α 爲 0.6，並以此爲基準刪除未達到門檻值的指標。最終，本研究篩選出了適當的指標，完成了指標系統的建構。

參、資料分析與處理

本研究使用 Microsoft Excel 2019 進行模糊德懷術的計算，每個指標的三角模糊隸屬函數中的幾何平均數代表決策群體的共識。爲達成研究目的採用了門檻值 α（0.6），以此篩選出適當的指標，從而完成指標系統。因此，智慧學校包括 31 個指標。

第四節　研究結果與討論

　　「L-E-A-D-E-R」的中文翻譯為智慧「領導者」或智慧「領導人」，上述六個大寫英文字母分別對應到以下六個向度：智慧學習（i-Learning）、智慧教學（i-tEaching）、智慧健康（i-heAlth）、智慧行政（i-aDministration）、智慧環境（i-Environment）及智慧綠能（i-gReen）。綜合相關文獻，歸納出智慧學校的兩項重點：其一是智慧學習與智慧課堂校園的變革，旨在提升雲端教育的競爭力；其二是雲端科技對於學習支持與自主學習的影響，強調其科技的效益。本研究遵循研究目的，設定門檻值 α 為 0.6，所有指標均達到此門檻值。i-LEADER 所屬之各層面指標如表 5-1 至表 5-6 所示：

表 5-1　智慧學習（i-Learning）

1-1 提供多樣化的數位學習資源
1-2 建置全面的學習管理平臺（如數位學習平臺和個人學習履歷）
1-3 提供精確的個人學習表現分析
1-4 提供個性化學習
1-5 強化學生的自主學習能力
1-6 建立便捷的互動平臺
1-7 提供彈性的遠距教學

表 5-2　智慧教學（i-tEaching）

2-1 即時掌握學生的學習狀態
2-2 鼓勵創新教學模式
2-3 提供差異化教學
2-4 建置完善的線上教學平臺
2-5 採行多樣化評量模式

表 5-3　智慧健康（i-heAlth）

3-1 建置電子病歷系統
3-2 建置健康監測系統（如健康監測、健康生活方式追蹤）
3-3 提供行動醫療服務（如遠距醫療、遠距照顧）
3-4 建置即時流行病預警系統

表 5-4　智慧行政（i-aDministration）

4-1 建置校務管理平臺（如辦公資訊系統、學生管理系統、人事管理系統）
4-2 建立成員評鑑系統
4-3 建置資源管理平臺
4-4 建構行動辦公系統（如簽到簽退、班級通知、作業布置等功能）

表 5-5　智慧環境（i-Environment）

5-1 建置安全管理系統（如門禁管理系統、緊急警報系統等）
5-2 建置物聯感知系統（如空調管理系統、燈光管理系統等）
5-3 提供智慧型生活服務（如校園一卡通）
5-4 運用大數據及雲計算科技
5-5 運用社交網路
5-6 建置全校互聯網
5-7 運用智慧終端取得各種監測資訊

表 5-6　智慧綠能（i-gReen）

6-1 建置回收系統（如雨水回收系統）
6-2 建置能源管理系統（如能源監控系統）
6-3 推動數位化以實現校園無紙化
6-4 建置再生能源管理系統（如太陽能發電、風力供電系統）

壹、智慧學習（i-Learning）

　　智慧學習層面包括以下七個指標，每一個指標的意涵如下：

1-1 提供多樣化的數位學習資源：這項指標是指學校應提供豐富、多元

的數位學習資源，以滿足學生在不同學習階段和不同學科的需求。這些資源可以包括：電子書、期刊、論文等文字資源；教學影片、動畫、模擬等視聽資源；互動式學習活動、遊戲等體驗式資源；線上課程、測驗等評量資源。學校應確保這些資源的品質和易用性，並提供有效的搜尋和瀏覽功能，幫助學生輕鬆找到所需的學習資源。

1-2 建置全面的學習管理平臺（如數位學習平臺和個人學習履歷）：這項指標是指學校應建置一個整合性的學習管理平臺，以幫助學生和教師管理他們的學習活動。該平臺應包括以下功能：個人學習檔案（紀錄學生的個人資訊、學習進度、學習成果等資料）、課程管理（提供教師上傳課程教材、布置作業、評分作業等功能）、學習活動管理（提供學生登錄課程、完成作業、參與討論等功能）、學習成果分析（提供學生和教師查看學習成果的數據和分析報告）。學習管理平臺可以幫助學生更加有效地管理自己的學習時間和進度，並為教師提供更有效的教學工具。

1-3 提供精確的個人學習表現分析：這項指標是指學校應提供個人學習表現分析服務，幫助學生了解自己的學習優勢、劣勢和學習進度。該分析應包括以下內容：學生在不同學科、不同單元的學習表現；學生在不同學習活動中的表現；學生與同儕的表現比較；學生學習進度趨勢分析。個人學習表現分析可以幫助學生針對自己的學習弱項進行補強，並制定有效的學習策略。

1-4 提供個性化學習：這項指標是指學校應根據每一位學生的個別需求和學習風格提供個性化的學習體驗。個性化學習可以透過以下方式實現：提供適應性學習教材和課程、提供個人化的學習指導和支持、提供多元化的學習評量方式。個性化學習可以幫助學生充分發揮自己的潛能，並取得更好的學習成果。

1-5 強化學生的自主學習能力：這項指標是指學校應培養學生的自主學習能力，使學生能夠獨立思考、主動探索和解決問題。學校可以透

過以下方式強化學生的自主學習能力：鼓勵學生探索學習和研究學習、提供學生自主學習的機會和資源、培養學生的自我管理能力和時間管理能力。對於學生而言，自主學習能力是終身學習的重要基礎。

1-6 建立便捷的互動平臺：這項指標是指學校應建置互動平臺，促進學生、教師和家長之間的交流和互動。互動平臺可以包括：線上討論區、社群媒體群組、即時通訊工具。互動平臺可以幫助學生獲得更多的學習支持，並促進家校合作。

1-7 提供彈性的遠距教學：這項指標是指學校應提供遠距教學服務，使學生能夠在任何時間、任何地點進行學習。遠距教學可以透過以下方式實現：線上課程、影音直播、錄播課程。遠距教學可以擴展學生的學習機會，並滿足不同學生群體的學習需求。

貳、智慧教學（i-tEaching）

智慧教學（i-tEaching）層面包括以下五個指標，每一個指標的意涵如下：

2-1 即時掌握學生的學習狀態：這項指標是指教師應透過科技工具和教學方法，掌握學生的即時學習狀態，包括學生的學習興趣、理解程度及學習困難等。教師可以透過使用線上教學平臺中的即時回饋功能來蒐集學生的學習反應，觀察學生的肢體語言和表情來了解學習狀況，與學生進行個別或小組討論來了解學習困惑，並透過學習輔具如 HiTeach 智慧教學系統來採集學生的回饋數據，以進行教學決策。掌握學生的即時學習狀態可以幫助教師調整教學策略，因材施教，提高教學效果。

2-2 鼓勵創新教學模式：這項指標是指學校應鼓勵教師採用創新教學模式，以提升教學效果。創新教學模式可以包括翻轉教學，學生在課前透過預習影片或教材自學，課堂時間則用於討論和實作等活動；專題式學習學生以小組合作的方式完成一個完整的研究或創作專

題；遊戲化學習將遊戲元素融入教學，使學習更加有趣和生動。創新教學模式可以激發學生的學習興趣，提高學生的學習主動性和參與度。

2-3 提供差異化教學：這項指標是指教師應根據學生的個別差異，提供差異化的教學。差異化教學可以透過以下方式實現：分層教學將學生分成不同能力層級的小組，針對不同層級的學生設計不同的教學目標和活動；個別化教學針對每一位學生的個別需求和學習風格設計個性化的教學方案；補救教學針對學習落後的學生提供額外的學習支援。差異化教學可以幫助每一位學生充分發揮自己的潛能，取得更好的學習成果。

2-4 建置完善的線上教學平臺：這項指標是指學校應建置線上教學平臺，為教師提供更有效的教學工具。線上教學平臺可以包括課程管理系統，讓教師可以在線上平臺上傳課程教材、布置作業、評分作業等；學習活動管理系統，讓學生可以在線上平臺登錄課程、完成作業、參與討論等；教學資源庫提供豐富的教學資源，包括電子書、影片、動畫等。線上教學平臺可以擴展教師的教學空間，提高教學效率。

2-5 採行多樣化評量模式：這項指標是指學校應推行多元化的評鑑模式，以更全面地評估學生的學習成果。多樣化評量模式可以包括形成性評鑑，在教學過程中進行的評鑑以了解學生的學習進度和學習狀況；總結性評鑑在教學結束後進行的評鑑，以評估學生的學習成果；實作評鑑要求學生完成實作任務，以評估學生的應用能力；同儕評鑑要求學生相互評鑑，以促進學生之間的學習交流。多樣化評量模式可以幫助學生更好地了解自己的學習優勢和劣勢，並為教師提供更有效的教學回饋。

參、智慧健康（i-heAlth）

智慧健康層面包括以下四個指標，每一個指標的意涵如下：

3-1 建置電子病歷系統：這項指標是指學校建立了一個電子化的病歷系統，用於存儲和管理學生、教職員工以及其他相關人員的健康資訊。透過電子病歷，學校可以更有效地管理和存取這些健康資料提供更好的服務，並確保資料的安全和隱私。

3-2 建置健康監測系統（如健康監測、健康生活方式追蹤）：這項指標是指學校建立了一個系統用於監測學生和教職員工的健康狀況以及生活方式，以提供即時的健康資訊和數據。健康監測可以包括定期的健康檢查、疫苗接種情況的追蹤等，而健康生活方式追蹤則是透過紀錄飲食習慣、運動量、睡眠品質等方式，幫助個人管理自己的健康狀況。

3-3 提供行動醫療服務（如遠距醫療、遠距照顧）：這項指標是指學校提供遠距醫療和照顧服務，特別是在無法前往醫院或醫療設施的情況下。學生和教職員工可以在需要時透過電子設備或行動裝置接受醫療諮詢、診斷和治療。這種服務可以節省時間和成本，同時也能提供更方便和及時的醫療服務。

3-4 建置即時流行病預警系統：這項指標是指學校建立了一個系統，用於監測和預警可能出現的傳染病或其他流行病情況。透過收集和分析學生和教職員工的健康資料，以及監測校園內的疫情和病例數據，該系統可以提供即時的疫情預警幫助學校採取及時的防控措施，保障校園成員的健康和安全。

肆、智慧行政（i-aDministration）

智慧行政層面包括以下四個指標，每一個指標的意涵如下：

4-1 建置校務管理平臺（如辦公資訊系統、學生管理系統、人事管理系統）：這項指標是指學校建立了一個綜合性的校務管理平臺，用於管理和協調學校的各項行政事務。這個平臺包括辦公資訊系統：用於處理行政事務和文件管理，提供文件處理、會議管理、電子郵件等功能；學生管理系統：用於學生的入學、註冊、成績管理等，提

供學生資料管理、選課管理等功能；人事管理系統：用於管理教職員工的招聘、培訓、考勤等，提供員工資料管理、薪資管理、績效考核等功能。建置校務管理平臺可以帶來以下優點：提高行政效率（例如，簡化行政流程，減少重複作業，提高工作效率）、提升行政品質（例如，標準化作業流程，提高資料的準確性和一致性）、降低行政成本（例如，減少紙張和人力的使用）。

4-2 建置成員評鑑系統：這項指標是指學校建立了一個成員評鑑的系統，用於評估學校成員（包括教職員工等）的表現和工作狀況。這個系統可以包括教職員工考核等功能，幫助學校確保成員的工作品質，這有助於確保教職員工的工作表現得到適當的認可和改進。

4-3 建置資源管理平臺：這項指標是指學校建立了一個資源管理的平臺，用於有效地管理學校的各種資源，包括教學資源管理（管理教材、教具、實驗器材等教學資源）、行政資源管理（管理辦公設備、會議室等行政資源）、設施資源（圖書館、設施預約），透過資源管理平臺，學校可以改善資源配置，提高資源利用效率。

4-4 建置行動辦公系統：這項指標是指學校建立了一個支持行動辦公的系統，讓教職員工可以透過行動設備（如手機、平板電腦）進行辦公工作。這個系統包括簽到簽退功能，方便教職員工在校內各處進行簽到簽退；申請核准功能，方便教職員工提交和核准各種申請；班級通知功能，方便教師向學生發送通知和訊息；作業布置功能，方便教師在行動設備上安排和管理課業作業。建置行動辦公系統可以帶來以下優點：提高辦公效率（員工可以隨時隨地處理工作，提高辦公效率）、提升辦公便利性（員工可以使用行動裝置進行辦公，無需受限於辦公室）、促進校園資訊化（行動辦公系統可以推動學校資訊化建設）。

伍、智慧環境（i-Environment）

智慧環境層面包括以下七個指標，每一個指標的意涵如下：

5-1 建置安全管理系統（如門禁管理系統、緊急警報系統等）：這項指標是指學校建立一個完善的安全管理系統，包括門禁管理系統用於控制校園出入口的進出、緊急警報系統用於發出警報並通知相關人員應對緊急情況、視訊監控系統用於監控校園內外的狀況，防止安全事故發生。這樣的系統可以提高校園的安全措施和應急能力，保障師生的生命和財產安全。建置安全管理系統可以帶來以下優點：提高校園安全（降低安全事故發生的風險，保障師生的安全）、提升應變處理能力（在緊急情況下可以迅速做出應急反應，減少人員傷亡和財產損失）、促進校園管理規範化（規範校園人員進出，提高校園管理能力）。

5-2 建置物聯感知系統（如空調管理系統、燈光管理系統等）：這項指標是指學校利用物聯網科技建立感知系統，感知校園環境的各種資訊用於監控和管理校園內的各種設施和設備。例如，空調管理系統可以自動調節校園內的溫度和空氣品質，而燈光管理系統可以根據人流和自然光線調節照明，以節能減碳和提升舒適度。智慧停車系統可以顯示停車位資訊引導車輛停放。

5-3 提供智慧型生活服務（如校園一卡通）：這項指標是指學校利用資訊科技提供了一系列智慧型生活服務，方便師生的日常生活。例如，校園一卡通可以用於學生的餐廳（或福利社）自助點餐與刷卡支付、校園門禁刷卡、圖書館借還書等多種功能，提高了生活便利性和效率。提供智慧型生活服務可以帶來以下優點：提高生活便利性（為師生提供更便捷的生活服務，提高生活品質）、促進校園資訊化（推動校園資訊化建設，提升校園現代化）、增強師生幸福感（營造優良的校園氛圍，增強師生幸福感）。

5-4 運用大數據及雲端運算科技：這項指標是指學校利用大數據和雲端運算科技來處理和分析校園內各種數據，以提供更智慧、更有效的服務和管理。透過大數據分析學校可以了解師生的行為模式和需求，並根據這些數據做出相應的決策和改進。例如，學情分析（分

析學生的學習情況，為教師提供教學指導）、校園管理分析（分析校園管理數據，發現問題，提出解決方案）。

5-5 運用社交網路：這項指標是指學校利用社交網路平臺（如 LINE、Facebook、IG、Twitter、Threads 等）來加強師生之間的交流和互動以及與家長和社區的溝通。透過社交網路學校可以及時發布校園活動、通知公告，並與家長和社區建立更加緊密的連繫。

5-6 建置全校互聯網：這項指標是指學校為全校師生提供全面的網路接入服務，讓他們可以隨時隨地使用網路資源進行學習、工作。這樣的服務可以促進資訊交流和知識共享，提高教學效率和學習成效。

5-7 運用智慧終端取得各種監測資訊：這項指標是指學校利用智慧終端設備（如智慧手機、平板電腦等）來獲取和監測各種校園資訊。這些智慧終端可以用於查詢校園地圖、查詢教室、查詢圖書館藏書、接收校園通知等，為師生提供便捷的資訊服務。

陸、智慧綠能（i-gReen）

智慧綠能層面包括以下四個指標，每一個指標的意涵如下：

6-1 建置回收系統（如雨水回收系統）：這項指標是指學校建立回收系統，例如，雨水回收系統，用於收集和利用校園內的各種資源，以減少浪費和環境污染。雨水回收系統可將雨水收集起來進行處理和利用，例如，用於澆灌校園綠化、沖洗廁所等，實現水資源的循環利用。垃圾分類回收系統則用於將校園內的廢棄物與可回收垃圾分類收集，進行資源再利用，從而降低學校的環境影響，並促進永續發展和環境保護。

6-2 建置能源管理系統（如能源監控系統）：這項指標是指學校建立能源管理系統，例如，能源監控系統，用於監測和管理校園內的能源消耗情況。能源監控系統可以即時監測校園各項能源的使用情況，並透過數據分析和節能措施來降低能源消耗，實現能源的有效管理和節約。建置能源管理系統可以帶來以下優點：節省能源（降低能

源消耗，減少碳排放）、降低維護成本（提高能源設備的利用效率，降低營運成本）。

6-3 推動數位化以實現校園無紙化：這項指標是指學校推動數位化科技應用，以實現校園無紙化辦公和教學。透過數位化科技，學校可以將文件、教材等紙質資料數位化，並透過電子郵件、雲端存儲等方式進行管理和共享，減少紙張使用，降低環境負擔。其他措施包括：電子化辦公（採用電子文件、電子簽名等方式，減少紙張使用）、線上教學（利用線上教學平臺，提供線上課程、作業、考試等服務）、圖書館無紙化（提供電子書籍、電子期刊等資源，減少紙質書籍的採購和使用）。

6-4 建置再生能源管理系統（如太陽能發電、風力供電系統）：這項指標是指學校建立再生能源管理系統，例如，太陽能發電、風力供電系統，用於利用自然資源來產生清潔能源，減少對傳統能源的依賴和使用；利用地熱能系統供暖、供冷。透過再生能源管理系統，學校可以降低能源成本，同時減少溫室氣體排放，實現綠色能源的可持續利用。

第五節　其他智慧學校指標建構研究

以下是四篇關於智慧校園指標建構的研究，這些摘錄來自筆者指導的碩士班研究生的碩士論文，具體說明如下：

壹、高級中學智慧校園指標與權重體系建構

一、論文摘要

科技進展迅速，對於人才的需求更是迫在眉睫，各年齡層的智慧校園發展勢在必行。本研究旨在找尋一套適合我國高級中學的智慧校園指標及權重體系，以供校長、師生在推動和發展校園時參考，並期望能消除各縣市智慧校園發展不均的情況，使學生在進入高等教育前，皆能擁有所需的知識及技能。本研究首先匯集各國文獻並進行分析，初步擬定

高級中學智慧校園的各項細部指標，並透過模糊德懷術專家諮詢小組，經過三次問卷施測，逐步完成指標架構；接著運用層級分析法，確定各層面指標之間的關係及權重，最終建立我國高級中學智慧校園指標的權重體系。根據研究結果與歸納，得出以下結論：

1. 本研究所得之高級中學智慧校園指標與權重體系，共包括六大層面及 35 項細項指標。

2. 本研究所得之高級中學智慧校園六大層面，依其重要程度排序如下：「智慧教與學面向」（28.71%）、「智慧管理面向」（21.03%）、「智慧行政面向」（15.87%）、「智慧社群面向」（15.34%）、「智慧綠能面向」（13.06%）、「智慧保健面向」（5.99%）。

3. 本研究所得之高級中學智慧校園 35 項細項指標之重要強調程度：
   (1)「智慧教與學面向」強調「提升教師教學數位化能力」（7.47%）。
   (2)「智慧管理面向」強調「建置完善校務管理系統」（7.96%）。
   (3)「智慧行政面向」強調「建置集合式行政體系」（3.62%）。
   (4)「智慧社群面向」強調「課程與測驗數位化」（3.60%）。
   (5)「智慧綠能面向」強調「建置智能電器遠端控制系統」（3.97%）。
   (6)「智慧保健面向」強調「提供防護性與個別化的健康服務」（1.89%）（陳冠霖，2023）。

　　這些研究結果為智慧校園的推動提供了科學依據和實踐指南，有助於提升學校的整體運作效率和教育品質。

二、智慧校園指標

　　陳冠霖（2023）運用模糊德懷術，以最小適切值 0.6（效用總值標準）為門檻進行篩選高級中學智慧校園指標，具體結果請參見表 5-7 至 5-12。

表 5-7　智慧學習

1-1 多元化平臺運用
1-2 建置教學即時互動設備
1-3 個別學習資源互動推送
1-4 學習評估系統
1-5 師生行動裝置運用
1-6 數位化環境空間
1-7 提升教師教學數位化能力

表 5-8　智慧社群

2-1 訊息整併共享社群平臺
2-2 教室情境感知服務
2-3 課程和測驗數位化
2-4 活化成員創新思維
2-5 遠距備課與協同教學體系
2-6 學生學習歷程分析技術

表 5-9　智慧行政

3-1 建置內控體系
3-2 建置集合式行政體系
3-3 建置資源統合公開平臺
3-4 建置數據分析中心
3-5 建置校園資訊引導平臺
3-6 建置主控平臺

表 5-10　智慧管理

4-1 架設校園安全監控體系
4-2 建置智能設施建築
4-3 搭建網路防火牆
4-4 建置完善校務管理系統

表 5-11　智慧保健

5-1 提供防護性與個別化的健康服務
5-2 建置宣導預警平臺
5-3 建置即時遠距診斷體系
5-4 投入社區醫療資源
5-5 建置個別電子病歷檔案
5-6 資料匿名保護及處理

表 5-12　智慧綠能

6-1 建置智能電器遠端控制系統
6-2 建置能源再生分配系統
6-3 建置水處理系統
6-4 建置感知設備應用
6-5 建置生活品質監測體系
6-6 建置智慧型微電網系統

貳、國民中學智慧校園指標與權重體系建構

一、論文摘要

　　本研究旨在建構國民中學智慧校園指標及權重體系。首先，本研究採用模糊德懷術，邀請具備智慧校園議題專業知識或實務工作經驗的專家學者共 14 人參與，完成指標建構。其次，採用層級分析法，建立各項指標之權重。基於研究與分析結果，獲得以下結論：

1. 本研究所建構之「國民中學智慧校園指標」共包括六項層面與 32 項指標。

2. 本研究所建構之「國民中學智慧校園指標」六大層面依其重要性排序分別為：「智慧學習」（47.5%）、「智慧行政」（25.9%）、「智慧管理」（11.6%）、「智慧生活」（5.6%）、「智慧保健」（5.5%）以及「智慧綠能」（4.0%）。

3. 依指標權重排序：

(1) 在「智慧學習」層面下，以「建立便捷、穩定的數位學習平臺」（35.6%）最為重要。

(2) 在「智慧行政」層面下，以「建置完善的校務管理系統」（46.7%）最為重要。

(3) 在「智慧綠能」層面下，以「建置校園的能源管理及監控平臺」（47.1%）最為重要。

(4) 在「智慧保健」層面下，以「提供防護性與個別化的健康資訊服務」（29.2%）最為重要。

(5) 在「智慧管理」層面下，以「建置智慧化的出入安全管理系統（包括：人員及車輛）」（47.9%）最為重要。

(6) 在「智慧生活」層面下，以「提供智慧化的生活服務（例如，智慧圖書館、校園智慧卡等）」（51.0%）最為重要（戴慈萱，2021）。

二、智慧校園指標

戴慈萱（2021）利用模糊德懷術確定了超過 0.65 門檻值的效用總值標準，以篩選國民中學智慧校園指標，其結果詳見表 5-13 至 5-18。

表 5-13　智慧學習

1-1 建立便捷、穩定的數位學習平臺
1-2 提供線上教學課程和遠距教學
1-3 分析與紀錄學習者的學習歷程
1-4 針對教師教學活動給予即時回饋
1-5 提供學生個別化的學習資源及課程
1-6 支持教師進行創新教學
1-7 強化師生之間的教學互動

表 5-14　智慧行政

2-1 建置完善的校務管理系統
2-2 協助學校進行有效的人事與資源管理
2-3 支持行政團隊創新與協作
2-4 紀錄、追蹤學校的管理作業與歷程
2-5 提供學校行政自動化的排程設定
2-6 建置資訊的安全與維護系統

表 5-15　智慧綠能

3-1 建置校園的能源管理及監控平臺
3-2 安裝節約功能的自動化調節設定（例如，智慧光感定時燈具等）
3-3 紀錄和分析學校能源使用情形（例如，水電、冷氣、用紙等）
3-4 提供學校用水和用電異常的警告資訊
3-5 設置校園再生能源裝置（例如，太陽能光電定時燈具等）

表 5-16　智慧保健

4-1 提供學校教職員與學生健康狀態的通報系統
4-2 提供防護性與個別化的健康資訊服務
4-3 協助學校教職員與學生進行自我健康管理
4-4 提供公共衛生及流行疾病即時預警資訊服務
4-5 數位化紀錄學生傷病處理等保健情形

表 5-17　智慧管理

5-1 建置智慧化的出入安全管理系統（包括：人員及車輛）
5-2 建置學校場地及設備的智慧化管理系統（例如，借用、修繕等）
5-3 建置即時掌握學生出缺勤的點名系統
5-4 提供智慧化防救災之資訊服務系統
5-5 提供可紀錄和分析學校公共空間使用情形的系統

表 5-18　智慧生活

6-1 提供智慧化的生活服務（例如，智慧圖書館、校園智慧卡等）
6-2 提供學校智慧化導覽的功能
6-3 提供學校人員互動的教育網路平臺
6-4 即時提供使用者教育相關的生活資訊（例如，學校行事曆、天氣資訊等）

參、大學智慧校園指標建構

一、論文摘要

　　本研究旨在建構我國大學智慧校園指標及權重體系，作為大學校院推動智慧校園之參考，以提升學習成效、教學研究效能及行政效率。本研究以熟悉大學智慧校園之專家學者共計 10 人為研究對象，首先以文獻探討初擬大學智慧校園之指標內容，之後組成模糊德懷術專家小組，進行專家問卷調查，並完成指標之建構；之後使用層級分析法求得各層面及各細項指標之權重，以完成大學智慧校園指標之權重體系。根據研究結果進行分析，得出以下結論與建議：

1. 本研究所建構之我國大學智慧校園指標，共包括六大層面，層面下共計 35 項指標。

2. 我國大學智慧校園指標共分六大層面，依權重排序為：「智慧行政」（36.1%）、「智慧學習」（31.5%）、「智慧管理」（13.9%）、「智慧社群」（8.4%）、「智慧保健」（5.4%）、「智慧綠能」（4.7%）。

3. 對教育主管機關之建議：可參考本研究的指標及權重體系，作為協助大學發展智慧校園的參考方向。

4. 對大學之建議：提供學校利用本研究，作為學校發展智慧校園優先順序之參考。

5. 對後續研究者之建議：聚焦研究範圍或擴大研究對象，並可運用更多元的研究方法（如模糊德懷術和層級分析法）進行研究（翁雅玲，2020）。

二、智慧校園指標

翁雅玲（2020）利用模糊德懷術確定了超過 0.5 門檻值的效用總值標準，以篩選大學智慧校園指標，其結果詳見表 5-19 至 5-24。

表 5-19　智慧行政

1-1 建置校務行政資訊化系統（如線上公文系統、無紙化會議系統、圖書管理、財務管理等）
1-2 建置工作流程及追蹤管考系統（如內部控制、評鑑系統、校務分析模組、招生模組等）
1-3 建置智慧認證和行動化申辦業務服務平臺（如校園雲、校園資訊行動化、行動 APP 服務、證件整合簽到、電子支付、紀錄活動參與等應用）
1-4 建置教師資訊系統（如著作、升等、研究計劃、產學合作、校內外學術獎補助、兼行政職務經歷、校務會議代表或委員會經歷、借調、校外兼職等）
1-5 建置教職員人事資訊系統（如任用、公勞保、健保、薪資、福利、訓練等）
1-6 推動校園應用系統整合平臺，建置單一登入介面，方便使用者操作

表 5-20　智慧教學

2-1 建置數位教與學服務資源（如電子資訊、授權軟體、電子圖書、期刊資料庫、數位線上教材等）
2-2 提供網路學習課程或遠距教學系統【如數位學苑、同步或非同步遠距教學、磨課師課程（MOOCs）等】
2-3 建置利於學習者之個人化學習載具、行動學習管理系統（如不同系統間或介面相容、具上傳下載與離線閱讀功能等）
2-4 運用 e 化教學設備、智慧化工具等學習環境輔助教學（如智慧教室、情境教室、實驗室、AR/VR/MR 應用等）
2-5 協助學生職能增進與多元發展，建置學生學習管理平臺（如線上選課、成績紀錄、專業證照、實習、社團、獎學金、競賽成績、出國研習／交換、擔任教學助理等）
2-6 建置數位化學習歷程檔案及分析系統，提供學習預警與回饋（如終生學習紀錄與校友就業分析）
2-7 設置數位化學習空間與設備，提供個人或小團體自主學習

表 5-21　智慧社群

3-1 建置校園資訊服務及溝通平臺（如校園入口網站、Facebook 粉專、LINE 社群等）
3-2 建置學生社群學習或協作平臺，促進學習資源共享及協同社群活動
3-3 鼓勵教師組成數位教學發展或研究社群，促進教師專業成長
3-4 推動師生應用科技共組學習社群，達到教學相長目的
3-5 建置科研支持平臺，推動科技應用之合作計劃

表 5-22　智慧保健

4-1 建置智慧化健康照護服務平臺，即時通報、處理校園傷病或緊急事件（如健康中心網路掛號服務、e 化傷病管理等）
4-2 提供醫療保健或預防保健資訊管理服務（智慧運動健康管理 APP、健康資訊推播服務等）
4-3 建置教職員生健康資訊系統（如電子化健康紀錄、諮商輔導紀錄、健康生活方式追蹤等）
4-4 推動智慧營養膳食服務
4-5 建置和追蹤校園健康環境管理系統（如校園安全衛生措施、餐廳衛生管理、意外發生地點管理分析等）

表 5-23　智慧管理

5-1 建置綜合布線與資訊通訊管理系統（如骨幹網路建置、提高 Wi-Fi 覆蓋率、無線通訊網路擴充、減低通訊死角等）
5-2 建置智慧化安全管理服務（如智慧門禁、保全警報、紅外線電子圍籬、遠端監控等）
5-3 建置智慧化防災系統（如即時災害通知、自動連線通報消防警政機關、緊急通報影像傳輸裝置、災害管理系統等）
5-4 建置中央監控整合系統（如整合各安全監控管理系統、門禁系統、防盜管理系統、緊急求救系統等）
5-5 建置校園自動化停車管理系統（如車牌辨識系統、車輛進出管理及停車管理系統等）
5-6 建置智慧化場地預約管理系統（如空間預約控管、席位管理、教室安排等）
5-7 推動資訊安全管理、權限設定、個人資料（隱私權）保護措施

表 5-24　智慧綠能

6-1 建置自動化能源監控管理系統
6-2 建置智慧用電管理系統（如智慧電錶、智慧電力監測系統、智慧燈控、用電智慧卸載、契約用電管理等）
6-3 建置智慧用水管理系統（如智慧水錶、漏水監測、用水分析等）
6-4 建置智慧節能自動排程系統（如教室燈光、空調自動排程等）
6-5 推動環保回收、再生資源管理系統服務（如雨水貯留系統設置等）

肆、小學智慧校園指標建構

一、論文摘要

　　本研究旨在建構一個符合國內教育現況的臺北市國民小學智慧校園指標及權重體系，作為臺北市國民小學推動智慧校園的參考依據，以提升學校行政效率及教學效能。本研究對象包括 13 位熟悉智慧校園學理基礎的專家學者、曾撰寫智慧校園博碩士論文的研究者及推行智慧校園的行政人員。首先，依據文獻探討的結果，初步擬定臺北市國民小學智慧校園指標，並經過兩次德懷術問卷調查，建構出臺北市國民小學智慧校園指標體系。最後，再以層級分析法進行相對權重問卷調查，並運用 Expert Choice 2000 軟體進行統計分析，以建立各項指標的權重。本研究建構出的臺北市國民小學智慧校園指標及權重體系包括八個層面，共 43 項指標。八個層面依其重要性排序，分別為：「智慧教師的理念與模式」（27.4%）、「智慧學習的支持與自主」（23.1%）、「智慧社群的分享與互動」（18.5%）、「智慧教材的資源與應用」（9.7%）、「智慧行政的整合與服務」（8.6%）、「智慧環境的監控與管理」（6.0%）、「智慧保健的追蹤與監測」（3.5%）、「智慧綠能的管理與永續」（3.1%）。根據研究結果，提出具體建議，以供教育行政機關、臺北市國民小學校長及後續研究參考（林光媚，2017）。

二、智慧校園指標

　　林光媚（2017）利用專家選擇軟體 Expert Choice 進行統計分析，以建立指標間相對權重。問卷回收後依序輸入專家學者的評定結果並進行一致性考驗。經過 Expert Choice 運算分析後，其不一致性判斷值（inconsistency ratio index）與全體階層不一致性判斷值（overall inconsistency ratio index）皆未大於 0.1，符合邏輯一致性的要求，若超過 0.1 的問卷則予以剔除。通過邏輯一致性檢定後，再依專家學者的評定選擇，判斷整體指標的權重分配、各層級指標的權重分配及排序。臺北市國民小學智慧校園指標如表 5-25 至 5-32 所示。

表 5-25　智慧學習的支持與自主

1-1 具備發展智慧學習的階段性藍圖
1-2 建置班級智慧教室、群組智慧教室或雲端智慧教室
1-3 每一個學生擁有學習載具（IRS、筆電、平板）
1-4 建置學習資源平臺（教學素材庫、教材內容庫、電子書庫及相關學習題材）
1-5 具備教學互動服務（反饋和評量補救激勵、線上學習系統、學幣獎勵系統）
1-6 建置自主學習管理平臺（個人學習紀錄庫、個人學習履歷、出勤資料檢索）

表 5-26　智慧社群的分享與互動

2-1 建置親師生互動平臺（親師生聯絡簿、教師社群與學生社團交流網、校園即時推播通訊系統）
2-2 建置遠距教學系統
2-3 建置雲端資料儲存與分享
2-4 具備即時的線上互動工具
2-5 成立專業社群，促進智慧教室的應用與擴散

表 5-27　智慧教師的理念與模式

3-1 培訓熟悉智慧教室應用的種子教師，能夠展現生動、互動、主動的教學模式
3-2 種子教師能帶領其他教師熟悉與應用智慧教室之軟硬體設備及功能的操作
3-3 種子教師接受專業培訓，展現智慧課堂精確、精緻、精進之「學習洞察力」，以發展教學模式案例

| 3-4 | 發展不同領域、學科與課程單元之智慧教室教學模式 |
| 3-5 | 彙整和編輯智慧教室教學模式手冊，以利複製與擴散 |

表 5-28　智慧教材的資源與應用

4-1	能夠應用實體素材即時數位化的教學，整合現有數位內容並應用於智慧教室
4-2	根據智慧教室的提問流程需求，設計智慧教室專屬教材內容
4-3	提問設計包括知識點、認知層次等類別，並能考量實物提示機和學習輔具等設備的操作
4-4	融合以學生為中心之學習共同體、分組合作學習問題導向學習 PBL 等多元教學理念與方法，設計智慧教室教學模式

表 5-29　智慧環境的監控與管理

5-1	建置溫熱舒適度管理系統（空調舒適度管理系統、空調監控系統、變風量系統、變流量系統、儲冰空調系統）
5-2	建置視覺舒適度管理系統（晝光感知控制、自動點滅控制、自動調光控制、區域控制管理）
5-3	建置校園資訊安全管理系統
5-4	建置校園一卡通的應用（安全 ID 識別、出缺席和註冊、圖書館卡、電子錢包）
5-5	具備智慧圖書館系統
5-6	具備校園環境監控系統（空污、噪音、水質）
5-7	具備智慧影像監控和分析系統（人、車、事件的異常活動追蹤）
5-8	具備智慧門禁管理系統（保全警報系統、紅外線電子圍籬、遠端監控）
5-9	具備防災與緊急求救系統（強震即時預警系統、環境自動隔絕和人員自動引導、遠端監控）

表 5-30　智慧綠能的管理與永續

6-1	具備設備耗能控制系統（耗能監控整合、節能分析改善、ICT 設備能耗管理）
6-2	具備需量控制系統（需電管控與統計改善、契約容量管理、教室燈光自動排程）
6-3	具備再生能源管理服務（太陽能發電、供電系統）
6-4	具備水資源循環再利用（如雨水回收系統）

表 5-31　智慧行政的整合與服務

7-1 具備校務行政和決策系統
7-2 具備校務系統整合模組
7-3 具備財產管理模組
7-4 具備電腦和行動載具雲端管理模組
7-5 具備校務活動專案管理平臺（校務評鑑、大型活動）

表 5-32　智慧保健的追蹤與監測

8-1 建置學生健康成長履歷（健康檢查紀錄、疫苗接種紀錄）
8-2 建置學生健康成長資訊服務系統（健康監測、健康生活方式追蹤、流行病警報系統）
8-3 具備校園 e 化傷病與意外地點管理
8-4 具備營養午餐健康管理系統（食材登錄及產銷履歷系統）
8-5 穿戴式個人健康紀錄和運動培訓

伍、智慧幼兒園指標和權重體系建構

一、論文摘要

　　本研究旨在建構智慧幼兒園的指標及權重體系，以提供幼兒園領導者在推動智慧教育時具體的參考依據和實施方針，確保智慧幼兒園的順利推進。本研究採用模糊德懷術，以 12 位幼兒教育、智慧教育相關領域的學者專家、附設幼兒園的小學校長及智慧科技業者為研究對象，構建智慧幼兒園指標體系。最後，再以層級分析法進行相對權重問卷調查，並運用 Expert Choice 2000 軟體進行統計分析，以建立各項指標的權重。根據本研究的結果與分析，歸納其結論如下：

1. 本研究所建構的智慧幼兒園指標及權重體系包括五個層面，共 29 項指標。

2. 智慧幼兒園指標的五個層面依其重要性排序如下：「幼兒園智慧教與學」（43.9%）、「幼兒園智慧管理」（16.6%）、「幼兒園智慧行政」（16.2%）、「幼兒園智慧環境」（15.7%）、「幼兒園智慧

社群」（7.5%）。

3. 本研究建構的智慧幼兒園指標共 29 項，其指標重要程度在「幼兒園智慧教與學」方面，最重要的是「教保服務人員將資訊科技融入主題課程，提供幼兒個別化、適性化教學服務」；在「幼兒園智慧管理」方面，最重要的是「幼兒園建置智慧健康監測管理系統（例如，體溫監控、電子健康成長紀錄、食材登錄、幼兒傷病及行政通報等）」；在「幼兒園智慧環境」方面，最重要的是「幼兒園建立不同型態的智慧教室系統（例如，班級智慧教室）」；在「幼兒園智慧行政」方面，最重視「幼兒園建置完善 e 化園務行政管理平臺（例如，人力資源管理、環境資源管理、安全健康管理等）」；在「幼兒園智慧社群」方面，最重視「幼兒園建置親師溝通平臺（例如，Line 社群、親子電子聯絡簿、班級網頁等）」。透過本研究結果，提供學前教育行政機關、教育人員、幼兒園領導者及後續研究者參考及依據（陳思伶，2021）。

二、智慧幼兒園指標

陳思伶（2021）利用模糊德懷術確定了效用總值標準，並篩選出超過 0.5 門檻值的智慧幼兒園指標，其結果詳見表 5-33 至 5-37。

表 5-33　幼兒園智慧教與學

1-1 幼兒教保人員接受資訊科技培訓課程，並取得專業證書
1-2 幼兒教保人員熟練與應用硬體設備（例如，互動式電子白板、大屏、平板等）
1-3 幼兒教保人員運用教學軟體，協助幼兒學習活動
1-4 幼兒教保人員具備科技教學創新與思考能力
1-5 幼兒教保人員將資訊科技融入主題課程，提供幼兒個別化、適性化教學服務
1-6 幼兒教保人員運用資訊科技蒐集、紀錄、分析、與追蹤幼兒學習歷程
1-7 幼兒教保人員運用資訊科技（例如，智慧教具）以即時掌握幼兒學習進度及分析學習成效

表 5-34　幼兒園智慧管理

1-1 幼兒園提供一卡通應用服務（例如，學生證、圖書證等）
1-2 幼兒園建置智慧健康監測管理系統（例如，體溫監控、電子健康成長紀、食材登錄、幼兒傷病及行政通報等）
1-3 幼兒園建置智慧安全保障監控管理系統（例如，人臉辨識、車牌系統辨識、安全防災等）
1-4 幼兒園建置行政資源管理系統（教育資源管理、數位化教材管理等）
1-5 幼兒園提供智慧圖書館系統服務（例如，電子書、圖書館 e 化管理等）
1-6 幼兒園提供出缺勤管理與門禁服務

表 5-35　幼兒園智慧環境

1-1 幼兒園建立不同型態的智慧教室系統（例如，班級智慧教室）
1-2 幼兒園建置環境溫度、空調、燈光等空間管理系統
1-3 幼兒園設立發展幼兒數位學習與教學資源中心
1-4 幼兒園在教室內設置電腦區，提供幼兒自行探索、自主學習的機會
1-5 幼兒園建置數據中心、電子事務、綜合業務應用、監控等平臺

表 5-36　幼兒園智慧行政

1-1 幼兒園建置完善 e 化園務行政管理平臺（例如，人力資源管理、環境資源管理、安全健康管理等）
1-2 幼兒園建置全方位 e 化教保管理平臺（例如，教保活動、評量與輔導、親師協力服務等）
1-3 幼兒園提供完備 e 化財物管理服務系統（例如，財務採購、財務清冊、財務檢修、財務報廢等）
1-4 幼兒園推行創新 e 化園務活動專業管理（例如，新政策專案 e 化規畫與管理）
1-5 幼兒園建置完整 e 化人事管理系統（例如，人事規章、工作職掌、人事招聘、人事考核、專業成長等）

表 5-37　幼兒園智慧社群

1-1 幼兒園建置親師溝通平臺（Line 社群、親子電子聯絡簿、班級網頁等）
1-2 幼兒園建置雲端資料庫，提供親師資源共享
1-3 幼兒園運用智慧科技，定期召開全校教學研討會，進行教學分享與交流
1-4 幼兒園運用智慧科技，建立公開專業社群（家長與教師社群交流等）
1-5 幼兒園建立 Web Mail 電子郵件服務系統
1-6 幼兒園透過智慧工作坊，成立線上教師專業社群

i-LEADER$^+$ 智慧學校案例

　　智慧學校的模型由哈佛大學 Project Zero 的 David Perkins 及其同事們開發，提出了七個關鍵原則，用於建構有效的教育環境。智慧學校的七個關鍵原則包括生成性知識（generative knowledge）：學校必須細心研究哪些學科和跨學科的內容對學生最有利，並確定及結構化對學生發展潛力最大的內容，這是智慧學校模式的重要起點。可學習的智力（learnable intelligence）：學生可以確實學習能夠提高其表現的思考方式，將高階思維的教學整合到學科教學中，並建立一個提倡和支持（champions and scaffolds）這種思考的學校文化，對學生「看待自己能力的觀點和學習」（students' own views of their abilities and on their learning）有顯著影響。注重理解（focus on understanding）：學校雖然有很多正當的教學目標，但在日常生活中，往往會忽略對深層理解的重視。在智慧學校模式中，更強調學生進行能夠建立和展示深度理解（builds and demonstrates deep understanding）的作業，而非死記硬背或狹隘定義的學習成果（rote or narrowly defined outcomes）。精通和遷移教學（teaching for mastery and transfer）：教育界一個簡單而重要的原則是，學生學習的內容在很大程度上取決於他們是否有合理的學習機會和動機。教學方法應明確地示範、提供支持、激發學生的學習動機（explicitly model, scaffold, motivate），並幫助學生將所學知識應用到新情境中（例如，遷移），這樣可以大大提高學生學習的成效和積極利用所學知識的可能性。以學習為中心的評量（learning-centered assessment）：最好的評量應發揮學習的反思和評鑑作用，它不僅包括教師，也包括學生，並創造一種學生最終為自己的學習品質負責的動態機制。接納複雜性（embracing complexity）：深刻的思考和深入的理解需要學生能夠處理複雜情況和問題，甚至在其中茁壯成長。智慧學校

模式涉及的學習情境旨在幫助學生培養應對複雜性的技能和容忍度，並開始在面對有趣和困難的問題時激發熱情（sense of excitement）。學校作為學習型組織（The school as a learning organization）：學校不僅是兒童成長的地方，也應該是教師和管理人員成長的地方——對知識興趣和專業合作的追求得到支持和鼓勵。此外，成功的學習型組織會建立使學校社區所有成員都能參與方向設定和自我監控過程的架構，從而創造一個隨著社區需求和願景變化而變化的動態系統（dynamic system）（Perkins, 2022）。

上述原則提供了建立智慧學校的參考，可以幫助教育機構更好地設計教學活動和營造學習環境，從而促進學生的全面發展和學習成就。教育不僅僅是傳授知識，更是培養學生的思辨能力、解決問題的能力以及合作精神。智慧學校模式強調學生的主動參與和深度學習，這意味著教師需要成為引導者和啟發者，激發學生的學習興趣和動力。同時，學校領導者也需要創造一個支持教師專業成長和創新實踐的文化，從而建立一個學習型組織。這些原則也對學校教育的目標和評價方式提出了挑戰，要求我們從傳統的測驗和成績導向轉向更加全面的評量方式，尊重學生的多元智能和潛力發展。學校需要建立起對於學生學習成果和態度的全面評量機制，從而更好地了解學生的學習情況和需求，為他們提供有針對性的支持和指導。此外，智慧學校模式還提醒我們，教育是一個持續不斷的過程，需要不斷地反思和改進。學校需要不斷地優化教學設計和課程安排，結合最新的教學科技和教學方法，以滿足學生不斷變化的學習需求和社會發展的要求。因此，建立智慧學校需要全校師生和行政人員的共同努力和持續投入，才能實現教育的真正目標——培養全面發展的人才，為社會的可持續發展做出貢獻。

當提及智慧學校的成功案例時，新北市立北新國小自 2012 年起展開了一項科技創新教學計劃，由前校長曾秀珠博士推動，全面建置了 126 間醍摩豆（TEAM Model）智慧教室。透過科技與課程的緊密結合，注重學生主體性，該校成功培育出更具創意與競爭力的孩子，因此

北新國小榮獲「年度智慧教育代表學校」稱譽，並且贏得全國學校經營與教學創新 KDP 國際認證獎（網奕資訊，2019）。同樣地，臺中市新平國小積極申請教育部數位學習相關計劃，不僅提升了科技融入教學的品質，還在學區間扮演領頭羊的角色，促成跨校、全市性的研習活動。多年來，該校持續通過教育部適性教學基地及核心學校計劃的認證，並且在教育部適性教學推動計劃 111 年度中被評為績優學校（網奕資訊，2023a）。以上成功案例展現了智慧學校如何透過科技整合、教學創新和教師專業發展，為學生打造更理想的學習環境，培育科技素養，並促進教學與學習的互動。張奕華等人（2020）特別強調智慧學校的發展除了「智能化管理」、「智能化環境」外，尚需重視「智慧的教與學」，唯有三者並重，方能落實智慧教育的理想；而智慧學校的發展可著重於操作環境、課程教法、教材準備和應用範圍等五項指標，加以系統化的改造與深耕。以此為基礎，張奕華等人更進一步發展出「i-LEADER[+]智慧學校」的理論，將智慧學校的內涵區分為六個向度分別是：智慧學習（i-Learning）、智慧教學（i-tEaching）、智慧保健（i-heAlth）、智慧行政（i-aDministration）、智慧環境（i-Environment）、智慧綠能（i-gReen）再加上「PLUS」優質的教學方法（Pedagogy）、良好的學習素養（Literacy）、無所不在（Ubiquitous）的學習環境和支持系統（System）（見第三章之圖 3-1）。

第一節　智慧學習案例

壹、臺灣大學未來教室營造參與式學習環境

　　智慧學習是學習者在智慧環境中按需獲取學習資源，靈活自如地開展學習活動，快速構建知識網路和人際網路的學習過程。智慧學習以發展學習者的學習智慧，提高學習者的創新能力為最終目標。作為在智慧教育理念指導下，在已有數位化學習、行動學習、無所不在的學習等基礎上發展起來的一種新型學習方式（MBA 智庫百科，2023）。

智慧學習關注的是具有「情境感知的無所不在的學習」（context-aware ubiquitous learning），情境包括學習者與環境之間的互動。因此，智慧學習環境可以被認為是「科技支持的學習環境」（technology-supported learning environments），它可以透過根據學習者個體的需求，在正確的地點和正確的時間實施適應性學習並提供適當的支持。這些需求可以透過檢查學習行為、表現以及學習者所處的線上和實際世界環境來確定（Ossiannilsson, 2015）。

　　為提升學生的學習參與及成效、實現教學創新、打造多元互動學習環境及創造未來教學的可能性，臺灣大學教務處數位學習中心（2019a）建置未來教室以開創嶄新的教學環境（見圖 6-1 左、右二圖）。此間未來教室導入 IoT（Internet of Things，物聯網）、BYOD（Bring Your Own Device，自攜載具）、PBL（Project Based Learning，專題導向學習）等概念，配備先進教學設備、支援多種教學情境、營造參與式教學氛圍。未來教室內部裝設 9 臺大型觸控螢幕，支援手寫註記、程式運行、連網分享與遠距教學等功能，取代傳統黑板，成為無塵、無灰、無汙染的綠色教室。此外，觸控螢幕還搭配無線投影伺服器，教師和學生均可將自備的資訊設備，如手機、筆電的畫面無線傳輸到觸控螢幕上，方便師生進行互動教學與小組討論。而透過新建置的影音環控系統，9 臺觸控螢幕的畫面還可彼此任意互投，讓教師在教材呈現上能更多元有

圖 6-1 左　未來教室前方講桌　　圖 6-1 右　未來教室前門視角
資料來源：國立臺灣大學教務處教學發展中心 X 數位學習中心（2019b）。

彈性。課桌椅部分也可自由移動，除傳統講說式授課模式外，還可變換為分組討論或會議模式，支援多情境教學使用。最後，教室的桌面、牆面均採可書寫的材質設計，讓學生可隨意用白板筆將討論的內容紀錄下來，營造一個友善與便捷的參與式學習環境（國立臺灣大學教務處教學發展中心 X 數位學習中心，2019a）。

貳、Google Jamboard[1]助力虛擬與實體教室協作學習

凱薩琳・帕米里（Kathleen Palmieri）是一位獲得國家認證的教師（National Board Certified Teacher, NBCT）和 NBCT 專業學習促進者，也是紐約北部的一位五年級教育工作者。在 2020 年 11 月至 2022 年 1 月期間，她回到了她的實體教室，發現合作成為一大障礙，尤其是在社交距離的要求下。然而，她發現了 Google Jamboard，這讓她感到一絲寬慰。Google Jamboard 是 Google 提供的一個軟體應用程式，基本上是一個數位白板，提供了許多工具，包括筆工具、橡皮擦、選擇工具和便條功能，可用於在屏幕上張貼想法和答案。凱薩琳將 Jamboard 應用於數學課程和其他學科的教學中，建立協作和引人入勝的課程（collaborative, engaging lessons），讓學生在其中參與，例如，使用 Jamboard 介紹一篇敘事非小說故事（見圖 6-2）。她使用 Jamboard 介紹了小數的新章節（見圖 6-3），讓學生觀察圖表並回答相關問題。同時，她將 Jamboard 用於小組工作，為每一個小組提供不同的問題，並在整個班級中共享結果。透過這種基於科技的教學方法，她提高了學生的參與度和理解能力，並增強了他們的數位素養和合作能力。凱薩琳的 Jamboard 教學方法獲得了學生和同事的一致好評，成功地將虛

---

[1] Jamboard 是由 Google 開發的互動電子白板，於 2016 年 10 月 25 日正式對外宣布。它具有 55 英寸 4K 觸控式螢幕，觸控式螢幕由專用觸控筆控制。Jamboard 還包括 Wi-Fi 連接、高畫質前置網路攝影機、麥克風和內建揚聲器。該裝置可以安裝在牆上或者安裝在帶有輪子的垂直支架上。2023 年 9 月 28 日，谷歌宣布與 Jamboard 配套的應用將於 2024 年停止運行（Wikipedia, 2024f）。

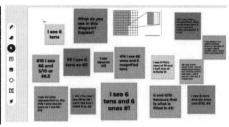

圖 6-2　介紹敘事非小說故事　　　　圖 6-3　介紹小數新章節
資料來源：Google for Education (n. d.).　資料來源：Google for Education (n. d.).

擬教學中學到的技能應用於實體教室，為學生提供了更豐富的學習體驗（Palmieri, 2022）。採用 Google Cloud 技術的 Jamboard 應用程式能鼓勵學生共同協作及參與課程學習，讓使用平板電腦的學生（見圖 6-4）可以運用功能豐富的編輯工具與其他學生或教育人員協同合作。Jamboard 讓學習軌跡顯而易見，而且參與同一場 Jam 會議的協作者都能存取會議內容。無論是在傳統教室、小組會議，還是遠距教學的過程中，教育人員透過 Jamboard 都能吸引所有學生投入學習與共同合作。Jamboard 應用程式讓教師和學生都能輕鬆透過手機、平板電腦或 Chromebook 一同集思廣益（Google for Education, n. d.）。

圖 6-4　學生運用 Jamboard 編輯工具與其他學生協同合作
資料來源：Google for Education (n.d.).

參、哈爾濱香濱小學培養學生能力導向學習

　　哈爾濱香濱小學根據學科能力的進度規則整理了各個學科的知識體系，個性化的學習活動由資訊及通信科技（ICT）支持（見圖 6-5、圖 6-6），旨在培養學生面向二十一世紀核心素養的「能力導向學習」（competency-based learning）。經過多年的實踐，學校已經成功開發了自然科學、人文科學和社會科學等學科的「能力導向學習」模型。透過實施資訊及通信科技，學生學會了獨立觀察、積極思考、良好的溝通技巧以及知識構建協作等能力。在課堂教學中的五大教學活動，即問題驅動（problem driven）、想法發現（idea discovery）、體驗探索（experience exploration）、分享成果（sharing outcome）和綜合實施（comprehensive implementation），能引導學生獲得上述能力。香濱小學校長秉持發展二十一世紀技能的理念並提出了一個新概念，旨在培養學生面向知識型、全球化社會的能力。學生的學習成果顯示了資訊與通信科技在學習過程中發揮重要支持作用，尤其是在探索階段。本案例的教育改革源於地方教育政策的激勵，學校力求以自身特色脫穎而出。該案例顯示，領導者教育理念的轉變是全球教育改革背景下教學方式變革的基礎，而香濱小學的創新實踐是中國的一個典型和先進案例，特別是校長的願景（vision）和資訊及通信科技領導力（ICTleadership）在其中發揮了重要作用。校長和行政人員必須考慮整合所有教育資源，嘗試

圖 6-5　哈爾濱香濱小學學生在展示使　圖 6-6　資訊化語文課堂教學演示
　　　　用的教學平板電腦　　　　　　資料來源：中國政府網（2013）。
資料來源：中國政府網（2013）。

教學創新或管理創新，以培養學生二十一世紀技能，並與家長、社區、學術機構和其他利害關係人合作。教師作為教學活動實施者發揮著至關重要的作用，而如何擺脫教學惰性，開展新的教學實踐是他們面臨的挑戰。在持續學習環境（SLE）中，教師透過線上培訓或名師工作室等科技工具，熟悉並促進自我發展，以指導進一步的教學（Zhang, Jing, Liang, Jiang, & Li, 2023）。資訊及通信科技作為有效的工具在教學和管理中發揮著重要作用，它不僅提高了教學管理效率，更重要的是能夠即時有效地感知教師和學生的需求並提供支援。能力導向學習大多建立在實際問題之上，學生在這個過程中需要更多的智慧支援，由此可以看出情境意識（awareness）和即時回饋（feedback）是這兩個案例的學習過程中至關重要的關鍵因素。

肆、HiTeach 協作（collaboration）學習策略提升學習成效

協作（collaboration）（源自拉丁語 com-「與」+ laborare「勞動」，「工作」）是兩個或更多人、實體或組織共同努力（working together）完成任務或實現目標（complete a task or achieve a goal）的過程（Wikipedia, 2024g）。而協作學習（Collaborative Learning，簡稱 CL）是指兩個或更多人一起學習或嘗試一起學習某事情的情況，與個別學習不同，參與協作學習的人可以充分利用彼此的資源和技能（彼此尋求資訊、評估彼此的想法、監督彼此的工作等）。更具體地說，協作學習是基於知識可以在一個成員積極互動、分享經驗並承擔非對稱角色的人群中創造的模式。換句話說，協作學習是指學習者參與共同任務的方法和環境，在這個過程中，每個個人都依賴並對彼此負責（Wikipedia, 2023）。對應到教學現場，協作學習是指學生以小組為形式參與，為達到共同的學習目標，在一定的激勵機制下最大化個人和他人習得成果，而合作互助的相關行為。基本要素包括「協作小組、成員、輔導教師、協作學習環境」。協作學習是與個別學習、競爭學習不

同的學習方式，它指學習者以小組形式，在共同的目標和一定的激勵機制下，為獲得最大的個人、小組學習成果而進行協作互助的學習模式。在協作學習中，成員個人學習的成功是以他人成功為基礎，學習者之間的關係是融洽與相互協作，在共享資訊與資源、共負責任、共擔榮辱的基礎上，完成共同的學習任務，實現相同的學習目標。與個別學習和競爭學習相比，協作學習能更好地發揮學習者的主動性、創造性，更有利於問題的深化理解和知識的掌握運用，能促進高級認知能力的發展、協作精神的培養和良好人際關係的形成（Wikipedia, 2023）。基此，「HiTeach 協作模組」作為一種協作學習工具的運作方式，符合協作學習的基本要素。透過「HiTeach 協作模組」，學生可以以小組形式參與學習活動，共同追求學習目標。在這個過程中，每個學生都有機會充分利用彼此的資源和技能，彼此之間可以進行資訊的交流、想法的評估，並互相監督彼此的工作。教師在「HiTeach 協作模組」中扮演著學習促進者的角色，教師不僅提供學習指導和支持，更重要的是激勵學生積極參與協作學習，引導他們發揮主動性和創造性。透過「HiTeach 協作模組」，學生不僅能夠獲得個人的學習成果，更能夠學會與他人合作、分享資源、承擔責任以及培養良好的人際關係和協作精神。相較於個別學習和競爭學習，「HiTeach 協作模組」能夠更有效地促進學生的認知能力發展，並培養他們在團隊中的領導能力和合作能力，從而為他們未來的學習和工作奠定良好的基礎。

有別於 Jamboard 的通用性，HiTeach5 協作模組是專為生生用平板課堂教學所設計的差異化分組協作功能，幫助教師更便利、更有效能地實施多元協作教學策略，例如，全體協作、小組協作，或差異化分組協作。實施差異化分組協作任務時，可以根據學習任務特性，快速採取適當的派送策略，例如，教師指派任務、隨機指派任務，以及自主選擇任務等。教師端推送協作任務後，分組成員以自己的平板參與協作，共同完成教師端推送的協作任務，各組進行協作任務中，或已經完成任務，教師可以隨時指導參與協作，也可以邀請全班一起觀摩各組協作成果。

學生端完成協作任務、全體觀摩協作成果後，協作模組會自動輸出協作統計表，計算每一位學習者的協作貢獻度（見圖 6-7）（網奕資訊，2023b）。

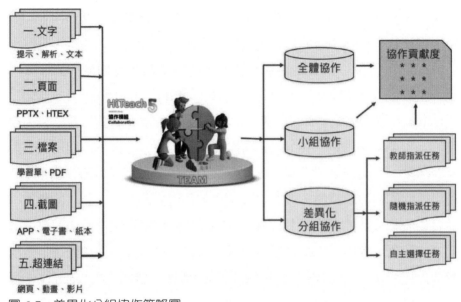

圖 6-7　差異化分組協作策略圖
資料來源：網奕資訊（2023b）。

第二節　智慧教學案例

壹、HiTeach 智慧教學系統「AI 文句分析模組」助力教學

　　智慧教學主要透過「軟體工具」的輔助來組織教學和學習活動，更廣泛地說，智慧教學是一種使教學和學習體驗專業化的方式（Kuppusamy, 2019）。另外，謝宛芹等人（2023）針對在臺北市、新北市和桃園市國民中學具有智慧教學經驗的教師進行了訪談，這些教師已經熟練地將資訊科技融入到他們的英語課堂教學設計中。謝宛芹等人抽取 150 名學生參與研究，並將所有樣本學生在問卷中的回饋透過 HiTeach AI 文句分析模組的文字探勘技術進行分析，以期提供給受訪教

師作爲後續教學的應用和參考。初步研究結果顯示，教師主要在教學過程中使用 AI 文句分析模組來引起學生的動機和總結活動。這種分析工具有助於在教學開始前理解學生的初始認知或學習概況，並透過直觀的文字雲圖像提高學生的學習動機。在教學後，教師可以進一步檢視學生是否達到預期的教學目標，並與學生共同檢視 AI 所產出的關鍵字，促進學生發現和欣賞團體中的多元意見。此外，教學策略還包括將 AI 的分析結果作爲團隊分組的依據，透過智慧分類進行同質性分組，以增加討論主題的深度。在課程開始前，文字雲的呈現可以幫助教師決定後續教學是否需要調整；而在教學後，則可以幫助釐清學生在該單元的學習概況等。透過科技融入教學，可以提高學生的學習動機，增加投入學習的興趣和時間，從而提高學習成效。

HiTeach 支援 AI 雙引擎，包括 AI 文句分析工具和全新 AI 蘇格拉底小數據。前者（AI 文句分析工具）能協助教師端快速處理從學生端同步傳來的大量字、詞、句，是教師課堂提問小助手。智慧教學系統蒐集到所有學生端反饋的文字訊息後，教師可進行 AI 智慧分類、分析關鍵詞頻，並可呈現 AI 文字雲應用（見圖 6-8）。後者（AI 蘇格拉底小

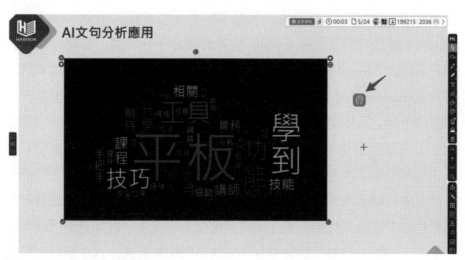

圖 6-8　AI 文句分析應用
資料來源：網奕科技（無日期 a）。

數據）在課堂結束即時回饋科技互動指數和功能頻次分析，是協助教師熟悉 HiTeach 的私人小教練（教育部，無日期）。

　　綜上所言強調了 AI 文句分析模組在智慧教學中的重要性和應用，這個模組在教學過程中扮演著多重角色，包括幫助教師在教學開始前理解學生的初始認知或學習概況，提高學生的學習動機，並在教學後檢視學生是否達到了預期的教學目標。此外，它還促進了教師和學生之間的互動，如在分析結果中共同檢視 AI 所產出的關鍵字，從而促進學生發現和欣賞團體中的多元意見。同時，AI 文句分析模組的應用也支持教學策略的改進，如在團隊分組時作為依據，透過智慧分類進行同質性分組，以增加討論主題的深度。因此，AI 文句分析模組不僅為教師提供了寶貴的教學工具，也為智慧教學注入更多科技支持，提高教學效率和學習成效。

貳、智慧教學「跨國連線」智慧課堂精彩絕倫

　　「遠距教學」乃是利用資訊與通信科技，使教學者與學習者不須面對面之雙向、互動的學習，而讓知識得以傳授，並打破時間與空間的限制，隨時隨地皆可學習（教育百科，2014）。但如何透過智慧科技作為助力，創造智慧課堂的三項教學能力，也就是「生動、互動、主動」的教學展現力（demonstration of teaching），精確、精緻、精進的學習洞察力（insight of learning），以及適性、適量、適時的課堂調和力（adaptability of lecture），則必須借助於智慧教學系統以創造智慧課堂。上述之「生動」是指「創造生動的學習情境，引發學生的學習動機」，「互動」是指「建立師生之間相互連結、反饋的學習生態」，「主動」是指「激發學生主動探索、積極投入學習的心態」；「精確」是指「隨時精確地掌握學生的學習狀態」，「精緻」是指「根據學習狀態精緻地安排教學活動」，「精進」是指「根據學習歷程資訊精進教與學」；「適性」是指「設計符合學生性向的學習方式」，「適量」是指「給予適合學生能力的學習分量」，「適時」是指「安排的學習時機符

合學生的發展階段」（張奕華、吳權威，2017）。以 2023 年「京臺基礎教育校長峰會」為例，新北市北新國小和北京市東城區培新小學的 120 餘名教師學生共同參加「智慧課堂兩岸同行－京臺共上一堂課」主題交流。在課堂上京臺兩地教師將中軸線元素巧妙融入，透過智慧數學課程模式、同步講課評課（中國評論新聞網，2023）。透過 HiTeach 的功能如 IRS 即問即答、搶權和 AI 文字雲，促進了跨地學生（北京峰會現場、北京培新小學、新北市北新國小）毫無延遲的智慧課堂互動、展現 TBL 團隊合作學習歷程及精彩絕倫的智慧教學（見圖 6-9、圖 6-10、圖 6-11、圖 6-12）（網奕資訊，2023c）。

圖 6-9　北京峰會現場
資料來源：網奕資訊（2023c）

圖 6-10　北京培新小學 1
資料來源：網奕資訊（2023c）。

圖 6-11　北京培新小學 2
資料來源：網奕資訊（2023c）

圖 6-12　新北市北新國小
資料來源：網奕資訊（2023c）。

　　遠距教學透過智慧科技的輔助打破了時間和空間的限制，創造了智

慧課堂。在智慧教學的架構下，教學能力包括生動、互動、主動的教學展現力，精確、精緻、精進的學習洞察力，以及適性、適量、適時的課堂調和力。上述雙新（北新國小和培新小學）交流活動，透過智慧教學系統 HiTeach 展現了跨地學生間的互動和合作，呈現了智慧課堂的魅力和效果。

參、應用 AlexNet 深度學習技術的智慧教學助理系統

Zhou（2020）使用深度學習技術 AlexNet[2]，發展出智慧教學助理系統以檢測線上學生的分心情況，該教學系統在學生分心偵測方面達到了 85.8% 的精確度，系統生成的評估結果可以作為一種指示，通知教師在特定教學方法上採取行動，以提高課程效果。當學生觀看螢幕時，可以使用攝影機拍攝照片，並將圖像作為輸入發送給訓練好的端到端神經網路進行預測。智慧教學助理系統每五秒拍攝一張照片並發送到伺服器端，伺服器會為每個學生緩存（cache）五張連續的圖片。對於每張圖片都會進行人體分割和人臉檢測，以生成先驗特徵，用於後續的分類過程。先驗特徵是根據人類知識手動設計，並組合成一張圖像，將其稱為先驗特徵圖像，作為下一步的輸入。生成先驗特徵圖像後，使用 AlexNet 來判斷分心結果。Zhou 發現，所示的差異性人臉圖像，我們注意到當學生專注於課程時，差異性人臉圖像幾乎是黑色的，這意味著動作較少（見圖 6-13）。智慧教學系統如 Zhou（2020）所示，可有效幫助教師檢測學生的分心情況，進而提高課程效果。在國內的中小學教育中，我們可以參考此技術，開發智慧教學系統，以提升教學品質。教

---

2 AlexNet 是一個卷積神經網路，由亞歷克斯・克里澤夫斯基設計，與伊爾亞・蘇茨克維和克里澤夫斯基的博士導師傑弗里・辛頓共同發表。AlexNet 參加了 2012 年 9 月 30 日舉行的 ImageNet 大規模視覺辨識挑戰賽，達到最低的 15.3% 的 Top-5 錯誤率，比第二名低 10.8 個百分點。原論文的主要結論是，模型的深度對於提高效能至關重要，AlexNet 的計算成本很高，但因在訓練過程中使用了圖形處理器（GPU）而使得計算具有可行性（維基百科，2024a）。

圖 6-13　差異性人臉圖像

資料來源：Zhou (2020).

師可以利用攝影機拍攝學生的照片，並將圖像發送到智慧教學系統進行分析。系統能夠迅速檢測學生的專注度，並即時提供反饋，讓教師了解學生的學習狀況，從而針對性地調整教學策略，提高課堂效率。此外，智慧教學系統還可以幫助學校領導者了解教學現場的實際情況，進行教學品質的評估和改進。因此，智慧教學系統在國內的中小學教育中具有重要的啓示，有助於實現教學個性化、科技融合的目標和提高教學效能。

肆、智慧輔助教學系統提高學生學習成效

　　智慧校園中使用智慧輔助教學系統（IRS）對學生學習成效（臺灣中部某科技大學使用 IRS 課程爲實驗組，對照組爲無使用 IRS 課程，蒐集 19 門課程 114 個班級）的影響顯著。IRS 提升了學生的學業表現和課程滿意度，特別是在專業課程中效果更加明顯。教師應提升資訊素養，善用智慧工具如 IRS，引導學生進行學習。智慧教學應以學生爲導向，促進互動和豐富的學習體驗。智慧校園的實施過程包括資料分析和改進行動，目的在於提升學習環境和成果。將智慧科技融入教育環境中，不僅能改善學習成果，提升學生的參與度，還能增進教學效果（李瑞敏、李宏隆、李青燕、陳昌助、羅亦斯，2020）。除了實體 IRS 遙控器，WEB IRS 完全不用安裝任何 APP，不論手機、平板、電腦，只

要有瀏覽器，就可以讓師生不受時空限制，互動反饋，傳送圖片、文字，讓教師在教學互動過程中有立即呈現的統計圖表、歷程紀錄、學習分析報表等資訊，達到數據決策、精準教學、適性揚才的教學目標。智慧教學系統 HiTeach 5 啓動 IRS 互動功能後，Web IRS 5 會同步顯示相應的互動功能，包括單選、複選、是非、填充和搶權等五種互動型態，學生端 Web IRS 只要點擊相應選項，訊息立即反饋到 HiTeach 上呈現已回答狀態，而複選、填充題型，則需要點擊送出鈕，訊息才會正式送出到 HiTeach（見圖 6-14）。而在教師端數據互動區，可以隨時查看每一位學生的答題情況（已經回答者顯示爲紅色）（網奕資訊，無日期 b）。

單選題點擊選項就送出　　　複選題選好選項點擊送出鈕　　　填充題輸入文字後點擊送出鈕

圖 6-14　Web IRS 5 會同步顯示相應的互動功能
資料來源：網奕資訊（無日期 b）。

第三節　智慧健康案例

壹、智慧保健：可穿戴式空氣污染物監控手環

在發表於《環境科學與科技通訊》期刊的一項研究中，Pollitt 和一個耶魯大學公共衛生學院研究生團隊使用 Fresh Air 手環（見圖 6-15、圖 6-16）調查了麻薩諸塞州斯普林菲爾德市（Springfield, Massachusetts）一群學齡兒童的空氣污染物暴露情況。這項大規模測試首次對該設備進行了檢測，手環檢測到患有氣喘的兒童、居住在特定房

圖 6-15 左　　Fresh Air 手環
資料來源：Pollitt (2020).

圖 6-16　馬薩諸塞州斯普林菲爾德市兒童
資料來源：Pollitt (2020).

屋條件下的兒童以及搭乘汽車而不是公共汽車上學的孩子暴露於芘、二氧化氮和其他污染物的程度升高，顯示了該手環的潛在應用。這些結果顯示 Fresh Air 手環作為一種可穿戴式個人空氣污染物採樣器，能夠評估脆弱人群（尤其是幼兒和孕婦）的暴露情況，顯示出其潛在效用。Fresh Air 手環可靠地長時間收集和保留空氣污染物分子，使得進行簡單分析並擴大規模以監測人口的大範圍變得可能（Pollitt, 2020）。Fresh Air 手環是一款輕巧、不顯眼的可穿戴式空氣污染物取樣器，旨在收集和保留空氣污染物分子，以進行分析和監測人口的暴露情況。在學校中，Fresh Air 手環可以應用如下：監測學童暴露情況：透過 Fresh Air 手環可以評估學童在校園內和校外的空氣污染物暴露情況，特別是對於氣喘等脆弱人群（如幼兒）的暴露情況進行評估。研究學童健康影響：透過收集學童的空氣污染物暴露數據，可以研究空氣污染對學童健康的影響，例如，呼吸系統疾病和其他健康問題。改善校園環境：透過監測學校內外的空氣品質，學校管理者可以了解潛在的污染源，採取相應的措施改善校園環境，保護學生和教職員工的健康。教育意識提升：將 Fresh Air 手環應用於學校可以提高學生和教職員工對空氣污染問題的認識，促進環境保護和健康意識的提升。綜上所述，Fresh Air 手環作為一種可穿戴式個人空氣污染物取樣器，在學校中可以用於監測學童的空氣暴露情況，研究健康影響與改善校園環境，並提高教育意識，這

將有助於創造更健康和安全的學習環境。

貳、智慧保健：運動智能手錶監測學生體態

　　吳忠霖和林秀秀（2021）調查新北市國中小學生的身體活動情況，以提升教師、家長和學生對於健康生活方式的重視。研究對象包括新北市兩所國小的高年級學生（男生 42 名，女生 41 名）和某國中的七年級學生（男生 41 名，女生 41 名），共計 165 名受試者。研究使用運動智慧手錶（三軸加速度計 CXL50LP3）進行三週的身體活動紀錄，並評估其每天平均步數、活動強度和中等以上強度的活動時間（MVPA）。統計方法包括描述性統計、獨立樣本 t 檢定和單因子變異數分析，顯著水準為 α = 0.05。研究結果顯示，國小學生的平均步數和 MVPA 時間高於國中學生，而男生的活動量明顯高於女生。此外，體育課對學生的身體活動量有重要影響，有體育課的日子學生的活動量明顯增加。建議學校應在每學期初制定提高學童身體活動量目標計劃，加強對體育課程的監管和管理，並提高學生對健康生活方式的認識和重視。

　　運動智慧手錶可以為學校提供一種新的工具和手段，幫助學校和教師更好地促進學生身心健康發展。隨著運動智慧手錶技術的不斷發展，其在學校的應用也將更加廣泛和深入，以下是一些具體的應用場景。體育課：教師可以使用運動智慧手錶監測學生的運動資料，並根據資料回饋調整教學內容和方法。例如，教師可以根據學生的運動強度和心率來調整體育課的難度和強度，使之更符合學生的實際水準。課外活動：學校可以組織學生參加課外體育活動，並使用運動智慧手錶監測學生的運動資料，確保學生的運動安全和有效。例如，在校外健行或登山活動中，教師可以使用運動智慧手錶監測學生的運動軌跡和心率，並及時發現學生的運動異常情況，進行介入。日常活動：學校可以鼓勵學生佩戴運動智慧手錶，在日常生活中監測自己的身體活動情況，並養成良好的運動習慣。例如，學生可以使用運動智慧手錶設定每日步數目標，並在達成目標時給予獎勵。健康教育：學校可以將運動智慧手錶作為健康教

育的工具，幫助學生了解健康知識，養成健康的生活方式。例如，學校可以舉辦運動智慧手錶健康教育講座，向學生普及運動健康知識，並指導學生如何使用運動智慧手錶監測自己的身體健康狀況。

參、兒童智慧手錶：校園健康和安全守護者

　　為了孩子上下學的安全需求，爸媽替孩子添購各種具定位功能的智慧型穿戴用品。家長為了確保孩子安全，不但給孩子智慧手錶、書包內再放定位裝置（楊若晨，2023）。隨著智慧型手機的普及，越來越多家長選擇為孩子配備兒童智慧手錶。但在學校，許多教師為了教學品質或學生課堂專注力，禁止學生上課時使用手機或攜帶手機到學校。兒童智慧手錶可以替代手機進行通訊，家長可以透過手機應用程式設定適合兒童使用智慧手錶的時間。傳統智慧型手機在學校環境中存在安全隱患，兒童智能手錶則提供了優先考慮安全性和保障性的功能。即時定位功能允許家長監控孩子的位置，確保他們留在指定的安全區域，降低走失或遇到危險的風險。此外，SOS 緊急按鈕可在孩子遇到欺凌或危險時立即通知家長。除了安全功能之外，兒童智慧手錶還集成了各種健康監測功能，促進孩子的整體健康。步數計數器、睡眠追蹤器和心率監測器（見圖 6-17）為家長提供有關孩子身體活動和整體健康的有價值數據。遠程體溫監測功能可以讓家長遠端檢查孩子的體溫，特別是在孩子生病或擔心潛在健康問題時，兒童智慧手錶在允許孩子溝通和保持課堂專注力之間取得了平衡。許多型號允許家長設定智慧手錶的使用時間限制，確保孩子在上課或學習時間不會過度分心。語音通話和簡訊功能可以讓孩子與家長保持連繫，而無需使用傳統智慧型手機，這對於較小的孩子或尚未準備好承擔全功能智慧型手機責任的孩子特別有益（微笑科技，2023）。智慧保健對於中小學生的安全與健康至關重要，智慧穿戴設備如兒童智慧手錶，不僅提供了即時定位和緊急求救功能，還蘊含了健康監測等多項功能，有助於保障學生的身心健康。家長可以透過這些設備監控孩子的活動和健康狀況，即時了解他們的行蹤和身體狀態，從而

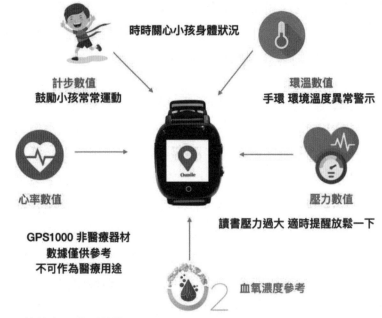

圖 6-17　蒐集生理量測數據
資料來源：微笑科技（2023）。

做出適當的關愛和幫助。同時，智慧穿戴設備也能幫助孩子在學習環境中保持安全和專注，避免過度使用傳統智慧型手機所帶來的安全風險。因此，智慧保健應該成為學校和家庭重視的一環，以確保學生的全面發展和安全成長。

肆、智慧保健：中央大學 AI 手錶潛藏中風者的福音

中央大學 AI 手錶（見圖 6-18）早在 Apple Watch 之前取得美國 FDA「醫療」等級認證，可以在 30 秒內偵測心律不整，並透過巡迴全國進行心房顫動篩檢，即時預防中風。該篩檢平臺利用 Google 雲端計算服務、IoT 手環和行動裝置 APP，可在家中完成篩檢，讓民眾更容易接觸到醫療資源。此外，該智慧手錶於 2018 年取得美國 FDA「醫療認證」，具有較長壽命且可作為醫師的輔助工具，對潛藏中風患者是一大福音。透過連續數據追蹤，可即時發現慢性病或高危險群。該團隊與桃

圖 6-18　中央大學自主研發的智慧手錶
資料來源：中央大學（2019）。

園市、臺北市及新竹國泰醫院等合作，深入社區進行心房顫動篩檢，已有上萬人受益。這項服務有助於讓受測者安心，幫助醫生及早發現需治療的人，同時減少政府醫療支出，實現「三贏」局面（中央大學，2019）。中央大學自主研發的智慧手錶在偵測心律不整和心房顫動方面取得了成功，這種智慧手錶結合了醫療院所的診療設備微小化技術，並應用了低功耗藍牙傳輸和雲端人工智慧心電圖判讀系統，能夠快速、準確地偵測心律不整情況。這種智慧手錶的應用不僅限於醫療領域，也可以在學校環境中發揮重要作用。

　　上述中央大學自主研發的智慧手錶在學校中的應用具有重要意義，以下是該智慧手錶在學校環境中的應用方案。學生健康監測：學生佩戴智慧手錶，可以即時監測心率、運動量、睡眠品質等健康指標。學校可以使用這些數據來提供個性化的健康建議，幫助學生保持身心健康。運動訓練和體育課程：智慧手錶可以紀錄學生的運動數據，例如，步數、運動時間、卡路里消耗等。體育老師可以根據這些數據設計更有效的運動訓練計劃，並追蹤學生的運動進展。安全警報系統：智慧手錶具有緊急求助功能，學生可以透過手錶發送求救信號給學校安全人員或其他學生。這在校園內的緊急情況下非常有用，例如，意外受傷、失蹤等。考試期間的壓力管理：學生在考試期間可能面臨壓力和焦慮，智

慧手錶可以監測學生的心率和壓力程度，提醒他們進行深呼吸或放鬆練習，以減輕壓力。總之，中央大學的智慧手錶不僅可以在醫療領域中預防中風，還可以在學校環境中提供多種有益的應用。然而，在學校實施運動智慧手錶時需要考慮以下因素，隱私和數據保護：學校必須確保學生透過運動智慧手錶收集的數據受到保護，並按照隱私法律法規使用。成本和可取得性：運動智慧手錶可能很昂貴，學校需要考慮向學生提供它們的成本。此外，學校需要確保所有學生都能使用智慧手錶，無論其社會經濟背景如何。與學校系統和課程的整合：運動智慧手錶需要與現有的學校系統和課程整合才能有效使用。例如，智慧手錶數據可用於向學生和教師提供反饋，或者可以納入課程和活動中。對教師和工作人員的培訓和支持：教師和工作人員需要接受有關如何使用運動智慧手錶以及如何解釋他們收集的數據的培訓。學校還需要為可能難以使用智慧手錶的學生提供支持。綜上所述，運動智慧手錶有可能成為學校促進學生健康和福祉的寶貴工具，但是在學校環境中實施智慧手錶計劃之前，務必仔細考慮隱私、成本、可取得性、整合和培訓方面的影響。

伍、智慧體育社團：人臉識別助力運動鍛煉

哈爾濱市繼紅小學校積極探索智慧體育社團（見圖 6-19），以人臉識別技術賦能體育教學，讓運動鍛煉更科學、更有趣。學生在視覺化設備前進行運動，設備自動識別並生成相應數據，幫助教師評估學生動

圖 6-19　學生在視覺化設備前進行運動，設備自動識別並生成相應數據
資料來源：新華網（2024）。

作標準、紀錄運動數據，並爲學生提供個性化運動指導。智慧體育社團讓體育鍛煉不再枯燥，而是充滿樂趣和挑戰（新華網，2024）。智慧保健是將先進科技應用於健康管理的概念，人臉辨識技術在中小學校的智慧體育中有著重要作用。透過人臉辨識技術，學校可以實現智慧運動社團的個性化運動指導，幫助教師評估學生動作標準，紀錄運動數據，並提供及時反饋。這不僅使運動鍛煉更科學、更有趣，還可以提高學生的運動效率和安全性。同時，透過人臉辨識技術，學校可以更有效地管理學生參與體育活動的情況，確保每位學生得到適切的指導和關注，從而促進學生的身心健康發展。

陸、改善空氣品質打造健康校園

　　美國能源部的《高效健康學校計劃》（*Efficient and Healthy Schools program*）在四月份白宮持續和健康 K-12 建築和場地峰會上表彰了 13 個美國學區，以表彰其在提高效率和打造健康學校方面所做的努力。美國全國各地也正在推動提升學校室內空氣品質和健康的行動，得到專家和數據的支持，這些數據指出可以提高學生表現（Burns, 2024）。近期，伊利諾州的兩所公立學校得到了室內空氣品質監測系統的更新，由室內空氣品質監測系統解決方案供應商 Attune 公司與伊利諾州的美國暖通空調工程師學會（ASHRAE）分會聯合合作，爲兩所 K-12 公立學校提供了新的設備──Forest Hills Elementary School 和 McClure Junior High 將擁有 Attune 室內空氣品質監測系統（見圖 6-20、圖 6-21）。這是 ASHRAE 可持續性研究計劃的一部分，該計劃始於 2024 年 2 月，爲期三年的計劃將安裝感應器，以收集教室、圖書館、體育館和自助餐廳等區域的呼吸數據。此外，該計劃還將舉辦研討會，提供教育資料給學區和社區。這些監測設備將測量空氣中的污染物程度，同時最大限度地提高暖通空調系統的效率。學校的教師、行政人員甚至學生都可以透過 Attune 的線上平臺即時取得相關數據（見圖 6-22）。Attune 公司的聯合創始人兼首席執行官塞雷娜・阿爾

圖 6-20　室內空氣品質（IAQ）監測
資料來源：Attune (2022).

圖 6-21　感測器 [3]
資料來源：Attune (2022).

圖 6-22　動態控制應用程式 [4]
資料來源：Attune (2022).

莫門表示，他們很榮幸能與 D101 學區和 ASHRAE 合作，幫助芝加哥的學生了解室內空氣品質。該計劃的研究將改善學生和教師的學習環境，並推動芝加哥教育的未來發展。這項研究計劃預計將於 2027 年 2

---

[3] 基於雲端的應用程式支援收集的數據，可以利用具有樓層平面圖的儀表板，即時分析空間中的空氣狀況（Attune, 2022）。

[4] 可以感測溫度、濕度、二氧化碳、總揮發性有機化合物、PM1.0、PM2.5、PM10、臭氧、音量、一氧化碳、光量（Attune, 2022）。

月結束，ASHRAE 將與學區分享每年的研究結果，並將在 2026 年的 ASHRAE 冬季會議上發表案例研究。ASHRAE 可持續發展計劃主席蘇梅婭‧塞隆表示，這個可持續發展計劃將有助於展示學校室內空氣品質，並開啓改善方法的對話。室內空氣品質是健康環境的重要組成部分，這個計劃的目標是以智慧保健爲基礎，爲學校提供更加健康、安全的學習環境（Jones, 2024）。

第四節　智慧行政案例

壹、智慧行政助教學：學生請假統計新功能

　　教師平時除了授課、輔導及管教學生之外，還要處理其他繁雜的校務，且在未經整合的系統與設備的環境，教師在操作上經驗與程度較參差不齊。智慧校園平臺可整合校內各單位所使用的系統，並使用簡單明瞭及人性化的設計，讓教師可以有更多時間專注在教學上，而不是操作繁雜的系統。故具有智慧的支援行政系統顯得格外重要，例如，遠距教學系統可讓教師在家也能擁有良好的教學環境，錄影式線上教學系統則可重複播放，讓學生自行學習錯過的教學內容。線上題庫管理與測驗功能可大幅減少教師負擔，輕鬆管理考題及出題。透過線上報修系統，可加速報修作業，並隨時掌握報修進度。學術成就系統可選擇自動送件至研發處，快速申請研究優良獎。可透過會議整合系統上傳提案及工作報告，並產生會議紀錄（群輝商務科技，2024）。爲使教師更爲了解學生出缺勤狀況，政治大學「教師資訊整合系統」之點名冊欄位已新增學生請假統計欄位（見圖 6-23），另亦新增「學生請假系統」連結功能（見圖 6-24）可供教師直接查詢（政治大學，個人溝通，2024/5/1）。

　　而「學生請假系統」亦有其他「數位點名請假」形式，如臺北市教育局打造「臺北酷課雲 4.0」，推出具親師生平臺功能的「酷課 APP」功能包括線上點名、學生請假（見圖 6-25），學生請假不用在人工填寫表單或打電話給教師，只要透過酷課 APP 請假系統，就能完成請假

圖 6-23　新增「學生請假統計欄位」
資料來源：政治大學（2024）。

圖 6-24　「學生請假系統」
資料來源：政治大學（2024）。

學生請假　01

❶ 導師透過APP協助學生遞送假單

❷ 家長透過APP幫學生請假

❸ 導師透過APP進行假單複核

圖 6-25　酷課 APP 學生請假
資料來源：臺北市立成功高級中學（2023）。

（游念育，2021）。其他如 e-School 多功能智慧校園平臺及 APP（見圖6-26、圖 6-27），可讓學生查詢上學刷卡紀錄等（永平高中，2020）。

圖 6-26　e-School 多功能智慧校園平臺
資料來源：永平高中（2020）。

圖 6-27　e-School 多功能智慧校園 APP
資料來源：飛宇高新科技。

貳、大數據智慧行政：提升學校管理決策能力

　　隨著學校運作的各種系統和資料庫的數量增加，例如，學校現況管理和管理績效分析，如何利用這些資料將現有的管理資料轉化爲有用的知識，提升學校管理的決策能力，提高學校管理能力和品質，是學校亟待解決的問題。Hao（2021）研究了基於大數據技術的智慧教育行政管理系統，透過對大數據技術和智慧教育行政管理系統的相關理論進行文獻資料的理解，設計了基於大數據技術的智慧教育行政管理系統（見圖6-28），並對設計的系統進行了測試。測試結果顯示，在系統使用者數爲 40 時，系統的平均回應時間爲 0.31 秒，學生成績查詢的平均回應時間爲 0.63 秒（見表 6-1、圖 6-29），基本符合系統設計要求。在圖 6-28行政管理系統的整體架構中，包括教學計劃管理（教材管理、日程管理）、教師管理、學生管理（學生現況管理、學業表現管理）和教育品質評鑑。從表 6-1 和圖 6-29 可知，當系統用戶數爲 40 時，系統登錄的平均回應時間爲 0.31 秒，學生成績查詢的平均回應時間爲 0.63 秒。從這可以看出，系統的回應時間相對較短，基本上是令人滿意的。綜上所述，學校管理需要更智慧的方法來因應日益增加的系統和資料庫。透過

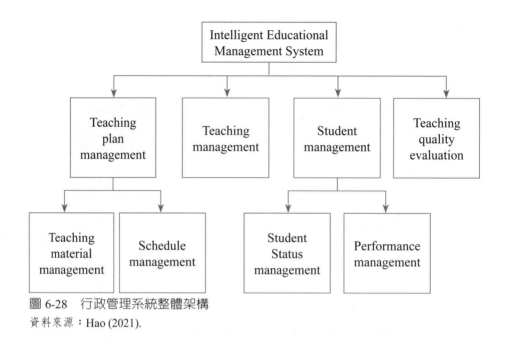

圖 6-28　行政管理系統整體架構

資料來源：Hao (2021).

表 6-1　系統反應時間測試

Scenes	Number of concurrent users	Experiment 1	Experiment 2	Experiment 3
system login	40	0.33	0.30	0.31
Student performance query	40	0.65	0.63	0.64
Student selection	200	1.25	1.24	1.26

資料來源：Hao (2021).

大數據技術和智慧教育行政管理系統，可以提升管理效率和品質。但應該注重教學計劃、教師管理和學生管理等方面的整合，以提高教育品質。同時，即時了解系統回應時間對確保教學流暢至關重要；透過持續測試和調整系統，確保其性能符合需求，才能進一步提升智慧行政的效能。

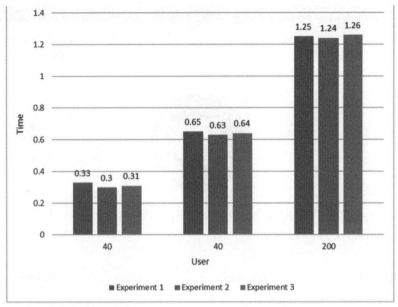

圖 6-29　系統回應時間測試

資料來源：Hao (2021).

參、智慧行政賦能：學校治理現代化

　　電子校園管理系統的模組有助於提高學校管理的生產力和實現計劃目標的成功，它擁有吸收大量資訊和資料的能力，模組的組件和元素之間的相互連接和一致性程度的可能性，可降低學習過程的成本和節省時間。例如，家長的參與和知識，有助於學校內的社區參與；隨時隨地獲取資訊，教師可以隨時隨地查看學校行政資料；日誌統計的無錯誤輸出具有準確性。Heronjtë e Lumës 學校使用電子校園管理系統，系統中的行政模組如圖 6-30 所示。學校的電子管理系統在技術上是一個網路應用程式，使用線上資料庫進行中央資料儲存，以及所有教師和學生的個人資料管理，能爲學生、教師的課程計劃以及必要的教材、課程和校長的行政資訊等方面進行資料維護。學校的系統主要工作在最耗時的任務上（課程計劃、檢查、發布、報告、評估等），這些任務在這個系統中都是自動化的。這個系統將使教師和家長之間的溝通更快、更容易、更高效。此外，系統支援所有工作流程，因此它優化了許多流程，並爲校

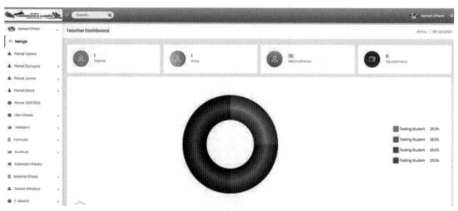

圖 6-30　Heronjtë e Lumës 使用的電子學校管理系統
資料來源：Orhani, Saramati 和 Drini (2023).

長提供客製化工具。電子校園管理系統已經改變學校管理的決策和領導以及人員管理、協作和規劃等。

　　對於使用電子學校管理系統的參與者的結果顯示，約有 92.0% 的參與者強調學校使用電子學校管理系統是有用的；約有 96.0% 的參與者強調使用電子學校管理系統提供了支持以改善管理流程；約有 92.0% 的參與者強調使用電子學校管理系統支持教師更好地計劃；約有 80.0% 的參與者強調學校使用電子學校管理系統使教師感覺受到控制和監督，但幫助和促進了教師的行政工作；約有 88.0% 的參與者強調使用電子學校管理系統反映了教師的承諾；約有 72.0% 的參與者強調使用電子學校管理系統提高了教師的品質和表現；約有 83.4% 的參與者強調使用電子學校管理系統提高了他們發展自己的期待；約有 92.0% 的參與者強調使用電子學校管理系統改變了對科技的看法（Orhani, Saramati & Drini, 2023）。綜合以上的研究顯示，電子校園管理系統對學校的智慧行政具有重要的推動作用，透過系統的使用，學校管理者能夠提高生產力、實現計劃目標的成功，並降低學習過程的成本和節省時間。此外，系統也能促進家長的參與和知識，增進學校內的社區參與。對於教師而言，系統使得教學計劃、行政工作等任務自動化，提升了工作效率

和品質。參與者的反饋顯示，使用電子校園管理系統不僅有助於改善管理流程，提升教師的品質和表現，還改變了對科技的看法。因此，學校應該積極採用智慧行政系統，以提升整體管理效能，促進教學品質的提升，並滿足不斷變化的學校管理需求。

肆、智慧行政：最佳校務管理系統特點

學校和其他教育機構可以透過使用校務管理系統來簡化其運營，利用這項科技讓學校處室可以集中、自動化和數位化其活動，這樣可以減輕教職員的工作量，並更有效地運用他們的精力。校務管理系統的特性使學校團隊能夠輕鬆執行所有行政工作，例如，學校軟體可以自動追蹤每個學生的出席率、進度和其他因素，提供每個學生的總體概覽。利用學生的技能和資料數據作為資源，這些系統如 SmartStudent App 可以幫助教育人員最大限度地發揮學生的潛力。管理學校的過程可能既耗時又令人不知所措，合適的校務管理系統可以幫助簡化過程，確保一切順利進行。以下是良好校務管理系統的十大特性（SmartStudent, 2023）（見圖 6-31）。

1. 行政工具（Administrative Tools）：該系統應提供基本的行政工具，這些工具能自動化並簡化促進學校營運的基礎流程、任務和互動。這些工具應使教職員和學生能夠輕鬆存取和共享資訊，以及管理教育過程的各個部分，從評估學生表現到評估教師活動，建立完整紀錄。

2. 學術學習檔案追蹤（Academic Portfolio Tracking）：最佳校務管理系統應具有數位作品追蹤功能，教師可以輕鬆查看和追蹤學生的學術表現。透過此功能教師可以存取重要資訊，如學生成績、行為、出席率和健康紀錄，以更好地評估每個學生的進步。一所聲譽良好的學校除了保存學生的紀錄，還應保存關於教師和其他員工的紀錄。保存的資訊可能在以後派上用場，或用於建立關鍵時間表或簡化溝通。

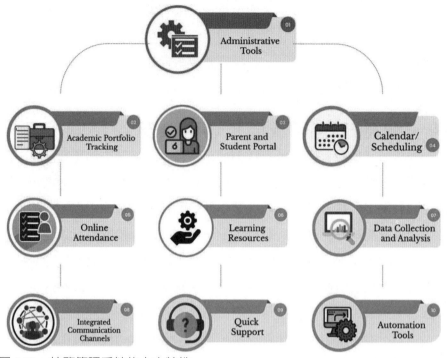

圖 6-31　校務管理系統的十大特性
資料來源：Smart Student (2023).

3. 家長和學生入口網站（Parent and Student Portal）：一個全面的家長和學生入口網站應允許家長和學生查看重要資訊，如成績、課程計劃和教師的可用性。它還應允許家長線上支付學費，並透過服務如成績報告單和考試成績追蹤孩子的學術進展。

4. 行事曆／行程安排（Calendar/Scheduling）：為簡化學校的規劃過程，最佳校務管理系統應具有完全可自定義的行事曆，用於安排課程和活動，並追蹤與學校相關的即將到來的事件。這個行事曆功能可以輕鬆存取並定期更新，以確保不會錯過事件。

5. 線上出席（Online Attendance）：校務管理系統中最普遍的功能是出席和行程安排，儘管這是一項必要且關鍵的任務，但手動紀錄出席將花費大量時間並導致多種錯誤。如今，校務管理應用程式還提供了對家長和孩子有利的線上出席功能，所有授權用戶都可以查看

紀錄並選擇是否追蹤。

6. 學習資源（Learning Resources）：有效的系統提供各種學習資源，如教師主導的課程和個性化的學習活動。學習者應能夠存取教育資源，如播客（Podcast）、教學影片和模擬練習，以支持他們自己的學習目標。

7. 資料收集和分析（Data Collection and Analysis）：使用舊方法管理學生資料庫將是繁瑣、耗時且低效能的，使用最佳的線上校務管理系統可以收集、儲存、處理和更新學生的資訊。學校系統能夠從各種來源收集資料，分析並產生可行的見解，以幫助改善學習成果。這可能包括追蹤學生參與度、表現，並評估教師和教學方法的有效性。

8. 整合通訊管道（Integrated Communication Channels）：為確保每個人都在同一頁面上，教育機構需要與學生及其家長保持連繫。教育軟體將與消息、電子郵件和其他通信方式整合在一個平臺上，學生或家長可以使用他們喜歡的通訊方式，立即從校務管理系統中接收通知。

9. 快速支援（Quick Support）：為幫助校務管理員解決出現的任何問題，最佳的學校 ERP（企業資源規劃，Enterprise Resource Planning）應配備快速支援功能，如聊天機器人功能、電子郵件功能和問題追蹤；這確保了任何支援請求都能迅速得到解決。

10. 自動化工具（Automation Tools）：自動化工具應允許教職員自動執行特定任務，如建立名冊、管理課堂行為、評量項目和打造互動學習體驗，這大大減少了手動輸入的需求，加快了管理過程。

綜上所述，透過使用校務行政系統學校可以顯著提升運營效率和教學效果，這些系統能自動化處理行政工作，減輕教職員的負擔，使他們能將更多精力投入到教學和學生輔導上。以下是對學校的幾個重要啟示：首先，數位化的學習歷程檔案追蹤功能，能夠幫助教師更精準地評估和輔導學生，提升個別化教學的效果。教師可以方便地存取學生成

績、行為、出席率和健康紀錄等重要資訊，以更好地了解學生的進步情況。其次，家長和學生入口網站增強了家校互動，讓家長更即時了解孩子的學習進度，並能線上支付學費和查看成績報告，進一步促進了家長的參與和支持。行事曆和線上出席功能有助於更有效地安排和管理學校日常活動，避免遺漏重要事件。這些功能不僅節省了大量時間，還減少了人為錯誤的可能性。此外，校務行政系統提供的學習資源和資料收集分析功能，可以為學生提供個性化的學習支持，並透過數據分析來改進教學策略和提高學習成果，這有助於學校在教育品質上持續進步。整合通訊管道和快速支援功能確保了即時有效的溝通和問題解決，使學校運營更加順暢和高效。最後，自動化工具大大減少了手動輸入的需求，加快了管理過程並提高了整體效率。學校應積極引進這些科技工具，提升整體教學品質和運營效率，確保學生在一個更有利於學習和成長的環境中茁壯成長。

第五節　智慧環境案例

　　在現代教育環境中，物聯網（IoT）科技在智慧校園建築管理中扮演了至關重要的角色，透過 IoT 科技，校園建築的各個系統可以實現即時監控和智能化管理，從而提高效率和安全性。智慧校園建築管理中常見的系統狀態監控項目包括（見圖 6-32）：即時監控校園內的暖通空調系統（HVAC-Sensor Status），確保提供適宜的溫度和空氣品質；追蹤電梯的運行情況（Elevators Status），即時發現和處理故障，保障師生的安全；監控火災警報系統的工作狀態（Fire Alarm Status），提供即時的火災預警；管理和監控校園內各區域的門禁系統（AccessControl Status），保障校園安全；即時查看監控攝影機的運行情況（Surveillance Status），提升校園安全監控能力；監測通風系統的運作（Ventilation Fans Status），確保室內空氣流通；監控校園供水系統（Water Supply System Status），確保水源供應穩定；即時監控校園

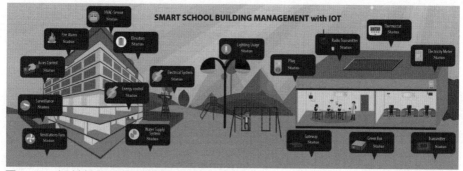

圖 6-32　智慧校園建築管理與物聯網系統
資料來源：CyberSchool with IoT (n. d.).

內的電力系統（Electrical System Status），保障用電安全和穩定；透過
IoT 科技實現能源管理（Energy Control Status），提升能源使用效率；
管理校園內的照明系統（Lighting Usage Status），實現智能照明控制；
監控各個電源插座的使用情況（Plug Status），防止過載和節能；管理
IoT 閘道器（Gateway Status），保障各設備之間的資料傳輸；監測環
保設備的運行情況（Green Box Status），推動校園的環保措施；追蹤
IoT 發射器的運作情況（Transmitter Status），確保資料傳輸的穩定性；
監控無線電發射設備（Radio Transmitter Status），維持校園內的通訊
穩定；監控校園用電情況（Electricity Meter Status），進行智能電表管
理；透過智能恆溫器調節室內溫度（Thermostat Status），提升舒適度
和節能效果（CyberSchool with IoT, n. d.）。透過物聯網科技，智慧校
園建築管理可以實現全面的資料收集和分析，從而優化校園的營運和管
理。

壹、智慧圖書館：人臉辨識借書服務

　　科技的持續發展導致校園建設逐步數位化和智慧化，為了將人臉
辨識技術應用於高等教育智慧圖書館的建設中，Liu 與 Qu（2024）優
化了傳統的人臉辨識演算法模型。首先，設計了以人臉辨識為核心的
大學圖書館智慧管理系統，其次對傳統的 FaceNet 網路進行了優化。結

合 MobileNet、Attention 機制、接受區模組和 Mish 啓動函式，建立了改進的多任務人臉辨識卷積神經網路，並應用於大學智慧圖書館的建設中。圖 6-33 顯示使用 FaceNet-MMAR 人臉辨識模型對圖書館人臉進行可視化分析的結果。該模型可以成功識別不同區域的五個明顯的人臉特徵，從而實現更有效的出入控制識別。構建的模型效能驗證顯示，該模型在穩定狀態下的特徵匹配錯誤值僅爲 0.04。在資料集中的辨識準確度高達 99.05%，辨識錯誤率僅爲 0.51%。大學智慧圖書館中使用的人臉辨識模型能夠達到 97.6% 的教師滿意度和 96.8% 的學生滿意度。總之，Liu 等人建構的人臉辨識模型具有良好的辨識性能，可以爲智慧圖書館的建設提供有效的技術支援。

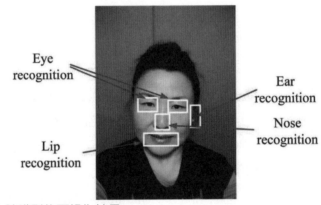

圖 6-33 人臉識別的可視化結果
資料來源：Liu 和 Qu (2024).

　　臺東大學圖書資訊館首創「人臉辨識借書服務」（圖 6-34），僅需 3 秒鐘即可完成自助借書，大幅提升借書效率。透過智慧科技打造更便捷、更智慧的圖書館環境，爲讀者提供更優質的服務體驗（林睿鵬，2018）。致力打造最優質的教學服務環境，致理科技大學引入人臉辨識系統，爲全臺首屆一指的圖書館提供更便捷、先進、高科技的智慧科技服務體驗，爲讀者創新、便捷、高效率、高智能的科技服務環境。經過半年多的評估和規劃，人臉辨識系統已經成功整合到圖書館的自動化

圖 6-34 人臉辨識借書服務
資料來源：東大新聞網（2018）。

服務系統中，該系統利用人臉多達 100 個以上的特徵點進行辨識，並透過人工智慧辨識演算法，平均辨識率可達 99%。致理科大圖書館的創新舉措將帶來更智慧、更安全、更便利的服務體驗，讓全校師生共同體驗這一科技的應用（黃臺中，2019）。新北市北新國小與新店國小導入人臉辨識借書系統，讓學生無需攜帶借書證即可借閱書籍，提升借閱效率，並推廣閱讀。此舉將 AI 技術融入校園生活，為學生提供更智慧、更便捷的閱讀體驗（技嘉科技，2023）。人臉辨識技術的應用確實可能對個人隱私和資料保護造成影響，這項技術可以收集、處理和利用個人的生物辨識資訊，例如，臉部特徵，這些資訊被視為特殊個人資料，需要受到更嚴格的保護。潛在的隱私和資料保護問題包含個人資料外洩：如果人臉辨識技術被濫用或未受適當保護，個人的生物辨識資訊可能被盜取或外洩。監控和追蹤：在公共場所或私人機構中使用人臉辨識技術可能導致個人被監控和追蹤，引發隱私疑慮。偏見和歧視：人臉辨識技

術可能存在偏見或不準確性，導致對特定族群或個人的歧視性影響（莊晏詞，2021）。因此，為了保護個人隱私和資料安全，使用人臉辨識技術時應該遵守相關的法律規範和道德準則，確保資料的合法性、透明性和安全性。同時，政府和業界也應該加強監管和制定更嚴格的規範，以平衡技術應用的便利性和個人隱私的保護。

貳、樹莓派[5]人臉辨識出勤：智慧環境提升效率

目前的出勤紀錄系統已發展成一個具有挑戰性、有趣且可靠的系統，在大教室中，當許多學生上課時，很難紀錄每個學生的出席情況。在目前的研究中，已經實施了各種出勤管理系統供使用（Srivastava, Katiyar & Chauhan, 2023）。出勤管理系統的使用是為了進行出勤標記和分析等日常活動，減少人力介入。在這種方法中，攝影機被設置好，將捕捉圖像，然後將識別出的人臉與數據庫匹配，最終進行出勤標記。該系統依賴於人臉偵測和識別概念，當學生到達教室時，使用網路攝影機檢測並透過識別進行出勤標記（Soundarya, Ashwini, Rucha & Gaurav, 2021）。自動化的出勤管理是一項重大的進步，有助於有效利用時間，減少人力在維護資料方面的負擔。現代化的教室配備了智慧學習裝置配有輔助軟體，以提高課堂教學的效果。在一般情況下，課堂寶貴的時間會在出勤期間浪費，或者課堂可能因學生遲到而受到各種干擾。臉部辨識技術是一種迅速發展的科技，與其他生物辨識系統相比具有巨大的優勢。完全自動化出勤管理系統（Raspberry Pi）簡單易用，與傳統的出勤管理系統相比，這種自動化系統減輕了機構在紀錄維護方面的工作量，並節省了時間。Jadhav 等人（2020）在此研究中使用了 Haar 級聯和 LBPH（本地二進制模式直方圖）分類器以及 OpenCV 函式庫功能（見圖 6-35、圖 6-36）（Jadhav, Chilukuri, Chandana, Krithika,

---

5 樹莓派（英語：Raspberry Pi）英國樹莓派基金會開發的微型單板電腦，目的是以低價硬體及自由軟體促進學校的基本電腦科學教育（維基百科，2024b）。

圖 6-35　每個區域都裁剪成 MxM 尺寸的圖像

資料來源：Jadhav 等（2020）。

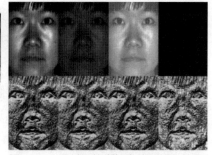

圖 6-36　影像的變動強度及使用 LBP 運算子等效灰階影像

資料來源：Jadhav 等（2020）。

& Shetty, 2020）。劉濬慶（2020）以智慧教室為應用情境，探討如何提升人臉辨識技術的準確度。研究團隊提出結合人臉追蹤與深度學習的改良方法，在人臉偵測與辨識兩個方面均取得顯著進展。具體來說，在人臉偵測方面，研究團隊比較了 MTCNN 與 RetinaFace 兩種演算法，並選用表現較佳的 RetinaFace 進行後續研究。在人臉辨識方面，研究團隊則提出結合深度殘差變映射模型 DREAM block 的方案，可有效提升正臉與側臉之間的特徵向量轉換準確度。研究結果顯示，改良後的人臉辨識系統，在多角度人臉辨識、追蹤與教室後排學生辨識等方面均取得顯著進步，可望為智慧教室的應用提供更為可靠的技術基礎。

　　綜上所述，人臉辨識出勤系統透過智慧環境可以為中小學校提供了一種高效的出勤管理模式。在大教室中學生眾多，傳統的出勤紀錄方式往往耗時且易出錯。這種系統利用攝影機取得學生的面部圖像，透過人臉辨識技術識別出學生，自動標記出勤。這樣的智慧環境使教室更具效率，節省時間減少了人力成本。然而，應用人臉辨識技術也帶來了個人隱私和資料安全的擔憂。為了保護個人隱私，學校可以透過嚴格控制資料取得權限，加密存儲學生資訊，並定期更新系統以防止安全漏洞。此外，學校應該加強資料保護意識，向師生宣導個人隱私保護的重要性，並遵循相關法規，確保學生的隱私和資料安全得到有效保障。

參、智慧教室下的人臉辨識助力學生有效學習

　　教師能夠透過人臉辨識技術觀察學生的表情（圖 6-37），並了解他們的學習習慣與理解程度，以便調整教學速度和內容，提高教學品質。學生在課堂上的分心、打瞌睡或使用手機，往往被歸咎於懶惰或對課程不感興趣，但這可能是受到教學品質的影響。教師可以透過視覺、聽覺和文字的結合創造最佳教學方法，並根據人臉辨識技術提供的資訊改變教學策略，以提高學生的參與度和學業表現。此外，人臉辨識技術能透過分析學生的表現，改變人們對客製化課程的認知。客製化課程能夠根據每個學生的需求和興趣設計，從而創新教育方式。人臉辨識技術在此過程中扮演著重要角色，能夠幫助辨識、保存和分析學生在日常課堂上的表現，並根據學生的需求制定相應的學習計劃，從而促進學生的學習成長（Li, 2018）。智慧環境在教育中扮演著重要角色，特別是在智慧教室中的應用，透過人臉辨識技術教師能夠更好地了解學生的學習狀況和需求，從而調整教學策略以提升教學品質。學校可參考採用智慧環境技術，如人臉辨識來提高學生參與度和學業表現。這不僅有助於個性化教學，還能激發學生的學習興趣，並促進他們的全面成長。此外，智慧環境也有助於改變人們對教育的認知，推動教育方式的創新和發

圖 6-37　　人臉辨識技術可以告訴教師有關學生的課程知覺
資料來源：威盛電子。

展。因此，學校應該重視智慧環境科技的應用，不斷優化教學環境以提升教學效果，進而實現教育的目標。

肆、智慧門禁管理系統防止作弊行為

在當今科技日新月異的時代，考生們的作弊手法層出不窮，無論是日常小考還是重要的國家考試都難以幸免。為了有效打擊作弊行為，北非阿爾及利亞政府在高中入學考試期間甚至暫停了全國的網路服務，這種積極應對作弊的舉措突顯了防弊的迫切性，也突顯了解決作弊問題的重要性。智慧門禁管理系統為提供了一種有效防範作弊行為的解決方案，該系統採用人臉辨識技術作為主要手段，這種非接觸式生物辨識技術不僅不需要考生與設備接觸，還可以在無意識的情況下進行身分辨識，從而減少了考生對生物辨識的抗拒。同時，這也有助於避免因人權問題引起的爭議，提高了考場對考生身分的準確性。相較於傳統的手工檢查方式，人臉辨識技術不僅大幅縮短了檢查時間，而且提高了考場管理的效率。在實際應用方面，中國教育部於 2017 年的高中入學考試中開始採用臉部辨識技術，以減少作弊事件的發生。一些城市已經升級了防作弊措施，在湖北、廣東等地區，考生需透過指紋刷和人臉辨識兩個關卡才能進入考場，以防止代考等作弊行為。除了身分識別外，隨著人臉辨識技術的不斷發展，該系統對人臉微表情的識別更加精確，具有更強的分析和判斷能力。未來，該技術有望透過分析人臉表情和身體動作來預測考生是否作弊，並可應用於線上測驗等場景。透過更廣泛的應用，智慧門禁管理系統將更迅速、更準確地進行身分識別、分析學生行為有效防範作弊行為，以實現公平正義（Hsu, 2018）。綜上所述，智慧環境的應用在學校的門禁管理上具有重要意義，智慧門禁管理系統結合了人臉辨識技術，有效防範了作弊行為，提高了考試的公平性和正義性。該系統不僅提高了考場管理的效率，也降低了檢查過程中的時間成本。學校可以借助智慧環境技術如人臉辨識，加強對考生的身分識別，從而有效防範作弊行為，營造公平公正的學習環境。此外，隨著科技的

不斷發展，智慧門禁管理系統對於識別人臉微表情的能力不斷提升，有望透過更準確的分析和判斷，進一步強化防範作弊的效果。透過智慧環境科技的應用，學校能夠提高管理效率，確保考試的公平性，推動學術風氣的健康發展。

伍、智慧校園人臉辨識：助家長掌握學生到校時間

桃園市大有國中於 2018 年引進了人臉辨識系統，以偵測學生到校時間。該校在桃園市政府智慧校園計劃的支持下，建置了此人臉辨識系統。在校門口通往教室的兩邊走廊各設有一支人臉辨識攝影機，當學生的臉部特徵被識別後，系統會將資訊透過 APP 向家長發送訊息，確認孩子已到學校。同時，若是偵測到可疑分子也會通知學校老師。試辦一年期間，全校 1,100 多名學生中大部分家長對此系統反應良好，僅有 30 名左右家長未同意參加。學務處指出該系統的資料儲存在校內伺服器上，沒有上傳至雲端，並且是一個封閉系統。上述案例說明了 AI 臉部辨識技術在保障隱私方面的努力，「FaceMe」技術採用邊緣運算，將人臉特徵資料直接在終端設備上運作，避免了資料外洩的風險。此外，該技術也僅儲存人臉特徵資料，不儲存影像或姓名等個資，進一步降低了隱私風險，這個案例也突顯了 AI 臉部辨識技術在應用上的潛力。在門禁、出勤等場景中，AI 臉部辨識技術可以有效提升安全性、簡化流程、提升效率；然而，AI 臉部辨識技術也存在一定的隱私風險。因此，政府應建立完善的相關法規，保障民眾權益。例如，歐盟的 GDPR 規範就對人臉辨識資料的蒐集和使用提出了嚴格的要求（楊文君，2019）。綜上所述，智慧校園中的人臉辨識技術為學校管理帶來了新的可能性，透過人臉辨識系統，學校可以實現對學生到校時間的準確監控，並即時通知家長。這不僅提升了學生的安全感，也增強了學校與家長之間的溝通和信任。同時，此技術還能有效應對安全風險，保障校園的安全。然而，智慧校園中的人臉辨識技術也需注意隱私保護，

政府應制定相應法規，保障個人隱私和資料安全。因此，學校在應用智慧校園科技時，應全面考慮安全性和隱私保護，確保科技的合法合規運用。

陸、智慧教室：多元教學新境界

智慧教室（smart classroom）它是一個學習場所具有三個層面：環境條件（建築、家具和室內環境因素）、教學過程（內容、教學和學習過程、系統支援）和科技（硬體、設備、軟體，以及人工智慧、物聯網等），圖 6-38 中的示意圖顯示了構成智慧教室的元素和關係（Palau & Mogas, 2019）。國內有關智慧教室的推動，以桃園市國中小建置率逾 9 成領先全國，透過持續補助學校建置智慧學習教室，同時成立 AIGC 教學應用實驗基地，盼引導教師運用 AI 工具融入教學。桃園市自 2016 年起推動智慧教室，國中建置率 67.86%，國小 81.75%。目前桃園市國中共有 3,149 間教室，已有 2,007 間設置觸控螢幕，354 間安裝電子白板，建置率提升到 75%；桃園市國小一般教室共 7,118 間教室，已有 6,416 間設置觸控螢幕，510 間安裝電子白板，建置率達到 97%（朱冠諭，2024）。智慧教室可以透過大型觸控投影牆（見圖 6-39），提供

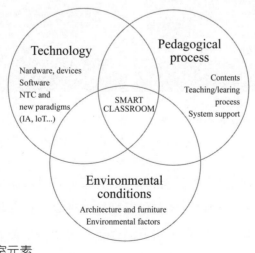

圖 6-38　智慧教室元素

資料來源：Palau 和 Mogas (2019).

廣大畫面以及多組視窗開啟，讓教師在一般授課時可以同時呈現多媒體教材，滿足多視窗比對分析的需求。具備多點觸控功能的投影牆，讓教師可直覺觸控操作，並能在畫面上寫下板書、劃記重點，即使在教室間走動時，也可透過雷射筆進行遠端操作。在分組授課方面，智慧教室提供大量可書寫的牆面和桌面（見圖6-40），以及學生筆電畫面即時分享的功能。學生可運用電子白板和無線投影分享設備（見圖6-41左），進行分組討論，有效率地留下思考脈絡。教師可透過環控平板統一切換畫面（圖6-41右），指定不同題目至每一小組，並將討論成果調播至

圖6-39　大屏幕授課提升學生可視度
資料來源：熱點影像科技有限公司（無日期）

圖6-40　大面積可書寫玻璃牆面
資料來源：熱點影像科技有限公司（無日期）。

圖6-41左　搭配無線投影設備
資料來源：熱點影像科技有限公司（無日期）。

圖6-41右　透過環控平板切換投影畫面
資料來源：熱點影像科技有限公司（無日期）。

主教學牆，促進學生之間的互動與成果分享。智慧教室的設計不僅豐富了教學情境，也提升了教學效率和互動性（熱點影像科技有限公司，無日期）。其他智慧教室的案例如，國立臺北大學校史館的數位化不僅擁有將這些多元形式（影片、電子書、3D環景）的資訊儲存的能力，更

能創造出創新的互動式展示手法，讓參觀者能夠更深入地了解學校的歷史；致理科技大學沉浸式英語情境教室利用投影拼接融合技術，將多臺投影機的畫面整合一起，呈現超大型無接縫畫面，改變整體教室的空間氛圍；朝陽科技大學環景情境投影系統可依照教學需求，自由新增場景，創造更新穎、更多元的教學模式；國立嘉義大學英語學習教室的觸控投影教學牆，提供嘉義大學學生超寬敞的學習視聽體驗。觸控功能除了讓教學能以「零耗材」的方式維持基本的書寫、註記功能，數位化的教學牆更能夠讓教師導入多媒體教材，不管是課程簡報、電子書、圖檔影音皆可透過觸控方式直接開啓，或利用雷射筆遠端操作，讓教師不必站在教室前面也能操作（熱點影像科技有限公司，無日期）。

柒、智慧環境保障校園安全

　　強化校園安全一直是學校極為重視的議題，儘管已裝設監視器、增加照明設備、加強巡邏等措施，但校園安全問題仍然十分有限。智慧環境技術成為改善校園安全的關鍵，透過智慧環境的應用，結合人工智慧和產品設備，有效提升校園安全，給予學生和家長更大的安心。例如，採用配備電子圍籬的監控攝影機，一旦偵測到可疑人物，即自動啓動警報系統並通報警衛室，使安全人員能即時掌握情況。利用學生證 RFID 技術結合或其他識別卡，管理校園進出的門禁系統。又如利用學生證解鎖智能置物櫃，學生能安全保管私人貴重物品。教室設置當日課表，只在指定時段開放教師和學生進出權限。這些智慧環境的應用不僅提升了校園安全性，亦為學校管理提供了更方便的方式，同時也提高了學生、家長和教職員的生活品質。隨著科技的不斷進步，智慧環境將繼續在校園安全和管理中扮演著重要的角色（群輝商務科技，2024）。綜上所述，智慧環境技術為學校安全帶來新的解決方案，提高了校園管理的效率和安全性。透過智慧環境的應用，學校能夠即時識別潛在風險並採取有效措施，保障師生安全。同時，智慧環境也為管理提供了更便捷的方式，提升了學校內部運作的效率和便利性。這些技術不僅改善了校園安

全，還提升了整個學校社區的生活品質，爲教育環境注入了更多安全與便利。

捌、課堂簽到新模式：人臉辨識與室內定位技術的融合

隨著智慧環境概念的興起，傳統的課堂點名方式正逐漸被數位化方案取代。然而，現有的 RFID 刷卡和 QR code 掃碼點名方式仍存在人工確認和代刷等弊端。爲此，人臉辨識技術與室內定位技術的融合應運而生，爲課堂簽到提供更精準、高效的解決方案。人臉辨識技術可透過識別學生的臉部特徵進行身分驗證，無需近距離接觸，且安全性更高。室內定位技術則可精確定位學生的位置，杜絕代刷現象。兩者結合可實現課堂簽到的自動化和精確化，有效提升管理效率。以國內中正大學的應用案例爲例，該校採用人臉辨識與室內定位技術相結合的課堂簽到系統（見圖 6-42）取得了顯著成效。系統可自動識別學生身分，並紀錄其簽到時間和位置，教師可隨時查看出缺勤數據無需人工核對。此外，系統還可提供學生到課率分析等功能，助力教師優化教學方案（王怡人，

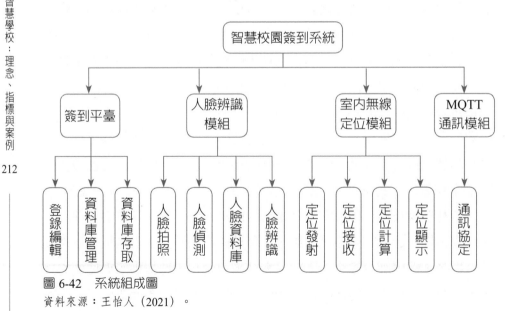

圖 6-42 系統組成圖

資料來源：王怡人（2021）。

2021）。綜上所述，智慧環境技術爲學校課堂管理帶來了革命性的改變。結合人臉辨識技術和室內定位技術，課堂簽到不再是繁瑣的手續，而是變得自動化和精確化。這不僅提高了管理效率，還有效解決了傳統點名方式存在的人工確認和代刷等問題。學校可以借助智慧環境技術，建立更安全、高效的課堂管理系統，提升教學品質，並培養學生的出勤紀律。同時，系統還能爲教師提供準確的出缺勤數據和學生到課率分析等功能，助力教師更好地優化教學方案，實現教學個性化。這樣的技術應用不僅使學生和教師受益，也爲學校管理提供了更便捷、高效的解決方案，推動學校向智慧校園的轉型。

第六節　智慧綠能案例

壹、智慧分類垃圾桶：校園環保新利器

　　根據聯合國公布的報告顯示，人類每年製造九十億噸塑膠且回收率僅只有百分之九。在科技日新月異的現今，能運用科技創造環保綠色城市更是值得關注的議題。大多數無法被大自然分解的垃圾往往被送往焚化爐，或是倒往海裡造成不少空氣與垃圾汙染。其受害者不僅僅是生活在焚化爐周遭的居民們，也危害到其生活在大海中的動物們，尤其是塑膠袋影響最爲深遠。張浚林、吳俊逸、李元廷和施婷喻（2019）採用 Raspberry3B+ 爲系統的主要核心，搭配 Pi Camera 圖像擷取，以及結合 OpenCV 與 TensorFlow 所訓練出來的圖像分類技術，來完成自動辨識垃圾種類。可分類項目分爲一般垃圾、紙類、厚紙板、塑膠類、鐵鋁罐共五種分類項目（見圖 6-43），而本專題所配置的裝載桶爲三個，其儲存方式爲紙類與厚紙板、塑膠類、鐵鋁罐與一般垃圾分別放置於個別桶中，透過 Python 強大的功能完成 Firebase 資料庫的建立，使得資料紀錄得更加完整，並且結合 IFTTT 與 LINE 提醒清潔人員分類桶內的狀況方便安排時間將回收垃圾進一步集中處理。再來藉由樹莓派中 GPIO 接腳控制帶動外部的齒輪軸以及馬達，進而讓垃圾分類功能實體化（見圖 6-44）。最後透過 MIT App Inventor 2 讓使用者可以隨時觀看垃圾桶

圖 6-43　紙類與厚紙板、塑膠類、鐵鋁　圖 6-44　藉由樹莓派中 GPIO 接腳控制
罐與一般垃圾分別放置於個別　　　　　　帶動外部的齒輪軸以及馬達
桶中　　　　　　　　　　　　資料來源：張浚林、吳俊逸、李元廷、施婷
資料來源：張浚林、吳俊逸、李元廷、施婷　喻（2019）。
　　喻（2019）。

的分類紀錄。

　　此外，近年來哈爾濱市繼紅小學校積極探索資訊賦能與智慧校園
建設有效路徑，著力構建個性化、智慧化的智慧校園平臺，讓智慧科技
在校園生根，以數位化賦能教育、教學創新。人工智慧社團進行了「科
研成果」現場發布，基於校園生活中遇到的實際問題，學生們發明了人
臉辨識自動開關校門、自動升降旗杆、「智慧分類垃圾桶」、校園聲音
分類巡邏車等科技作品，並將部分創意在校園中變成現實（新華網，
2024）。學校垃圾分類不僅是解決環境污染的重要途徑，也是培養學
生環保意識和創新能力的有效方法。建議學校借鑒前揭等研究成果，積
極推廣垃圾分類教育，鼓勵學生參與垃圾分類相關的創新活動，將智慧
垃圾分類系統引入校園，並加強校園與社區的合作，建立完善的垃圾分
類回收體制。

貳、智慧綠能：TrashBot 改善垃圾處理

　　利用 AI 進行回收分類有許多優點，這些電腦能夠比人類更快地儲
存和處理資料，儲存的資料隨後可以由設施管理人員使用，甚至可以公
開使用，以改善產量。即使是機器本身也可以從儲存的資訊中學習，實

現不斷更準確的分類，AI 還將減少手動分類的危險。例如，工人可能暴露於有害化學品、呼吸危害或由於不正確處置而產生的生物物質中，受到機器故障的傷害，或者由於重複的分類動作而受傷（Vasarhelyi, 2022）。美國新創 Clean Robotics 推出了 AI 垃圾分類機器人 TrashBot（見圖 6-45），為垃圾處理帶來了革命性的變革。TrashBot 可以讓垃圾處理變得更加無腦，只需將垃圾丟進 TrashBot，它就能自動判別是否可回收。依據 Clean Robotics 官網數據顯示，手動分類垃圾的正確率僅為 30%，而 TrashBot 的正確率可高達 90% 以上，顯著提升了垃圾處理效率。TrashBot 整合了影像辨識器、機器人技術、演算法和 AI 系統，使用者只需將物品丟入垃圾桶，TrashBot 就會自動完成後續的處理工作，包括判斷是否有液體、分類垃圾類型、並將其轉移到相應的內部分類桶。最後，垃圾數據會傳送到 TrashBot 的雲端系統，以便在垃圾快滿時通知車隊來運走垃圾，或進行清洗等相應工作。

　　TrashBot 的運作方式與一般垃圾桶相似，但僅能一次丟入一個垃圾，這是基於成本的考量。儘管如此，TrashBot 的 AI 仍可將垃圾分類為 110 個類別，並達到 98% 的準確度，比一般人類的準確度更高。這項智慧綠能技術的應用不僅提升了垃圾處理效率，還有助於保護環境，

圖 6-45　AI 垃圾分類機器人 TrashBot 可將垃圾分成 110 類，準確度達 98%。
資料來源：CleanRobotics.

實現可持續發展（科技新報，2022）。TrashBot 的智慧垃圾分類技術為學校提供了寶貴的啟示，學校可以考慮引進智慧垃圾分類系統提升垃圾處理效率，同時培養學生環保意識。此外，學校還可以鼓勵學生參與垃圾分類相關的創新活動，進一步推動環保教育。建議學校加強與社區的合作，建立完善的垃圾分類回收體系，共同為環境保護盡一分力量。透過引入智慧綠能技術，學校不僅能提高垃圾處理效率，還能為學生提供更好的環保教育，培養他們的社會責任感和創新能力。

參、Overlake Waste Localizer：智慧校園垃圾分類的典範

在美國華盛頓州雷德蒙德市的 Overlake 學校，智慧環境的理念正在以一種獨特的方式體現，那就是利用人工智能（AI）技術來解決垃圾分類問題。十年級學生 Aditya S. 和科學老師 Gerald Blycker 共同開發了 Overlake Waste Localizer（OWL），這是一種客製化訓練的卷積神經網路，用於檢測和分類垃圾。OWL 運行在靠近垃圾桶的筆記型電腦的網路攝影機上，使用 Python 代碼進行操作。當學生將垃圾扔進垃圾桶時，OWL 會自動識別垃圾的類型，並將其引導至相應的回收或處理容器（見圖 6-46）。這不僅可以提高垃圾分類的準確性，還可以減少垃圾處理中的錯誤，從而降低對環境的影響。OWL 的開發不僅解決了校園垃圾分類的難題，也激發了學生的創新精神和對 AI 技術的興趣。Aditya 領導的 Overlake AI/ML 俱樂部為學生提供了學習和探索 AI 技術的平臺，並透過 TED 演講系列邀請行業專家分享 AI 知識和經驗。OWL 的成功案例為其他教育機構、設施和企業提供了借鏡，展示了 AI 技術在智慧環境建設中的應用潛力。透過將 AI 技術融入校園垃圾分類管理，可以有效提升垃圾處理效率，減少環境污染，打造更加綠色、健康的校園環境（Messier, 2024）。Overlake 學校在垃圾分類管理中的智慧綠能應用提供了重要啟示，臺灣中小學學校可以借鏡這一做法，將 AI 技術應用於校園環境管理中，例如，垃圾分類和處理。透過開發

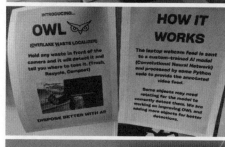

圖 6-46　當學生將垃圾扔進垃圾桶時，OWL 會自動識別垃圾的類型，並將其引
　　　　導至相應的回收或處理容器

資料來源：The Overlake School (2024).

類似的智能系統，可以提高垃圾分類的效率和準確性，減少人為錯誤，
降低對環境的影響。同時，這也能激勵學生對科技的興趣，促進創新思
維和解決問題的能力。建議學校成立類似 Overlake AI/ML 俱樂部，為
學生提供學習和探索 AI 技術的平臺，同時邀請專家進行分享和指導。
這樣的措施有助於提高學生的科技素養，推動學校智慧環境建設，為綠
色、健康的校園環境打造奠定基礎。

肆、iManager 智慧總管實現節能減碳

臺北市北一女中、和平高中、中崙高中、百齡高中因電費上升而增加校園管理成本，經評估後發現照明、冷氣使用、室內空氣品質不佳等問題。為因應需求四校引進智慧綠能解決方案，應用 iManager 智慧總管與 AIoT 物聯網應用平臺，透過雲端監控與管理用電、空調與空氣品質。具體措施包括 iManager 智慧總管，以觸控電腦監測與控制用電及空氣品質，並設定事件控制空調運作以節能。AIoT 平臺則將數據同步至雲端進行管理，包括電能需量管理、空調節能控制、室內空氣品質監測。導入後效益顯著，用電節省 28.7%，室內空氣品質改善 25.7%，並進一步改善空調使用效率，提升學生學習品質（思納捷，2023a）。新北市 299 所國中小學導入 iManager 電能與需量管理並搭配雲端平臺（見圖 6-47 左），協助新北市教育局同時管理 299 所校園用電。建置一公開「能源地圖——新北市政府教育局能源教育平臺」（見圖 6-47 右），讓所有人除可透過此網站了解各區、各校用電排名外，亦可了解各校人均用電及用電效率。除公開網站外，亦提供一能源管理後臺供管理者使用，讓教育局可同時管理新北市 299 所學校用電，各校管理者亦可透過此系統深入了解校園主要的耗電來源、用電量的高峰時間，以執行有效的節能方針。搭配異常用電告警，讓管理者可自行設定告警條件，在用電過高時立即通知以避免超約。透過有效的能源監測，搭

圖 6-47 左　隨時掌握校園總耗電或不同　圖 6-47 右　能源監測平均每年省下約
　　　　　大樓用電量，搭配異常告警　　　　　　5% 用電，省下的電費更
　　　　　避免超約。　　　　　　　　　　　　超過百萬。

資料來源：斯納捷（2023b）、新北市政府教育局（無日期）。

配超約告警，平均每年省下約 5% 用電，省下的電費更超過百萬（思納捷，2023b）。在人力與資金有限的情況下，節省不必要的浪費無非是最直覺的選擇，運用數據來監控與預測，可以精準掌控校園中的開銷與避免浪費及節約能源。透過智慧電控系統的人流感應及計算，自動關閉電燈或冷氣，並透過 AI 機器人隨時使用 Line 通知用電情況。智慧電錶能夠呈現每日耗電量、總供電時數與開關次數等資訊（群輝商務科技，2024）。綜上所述，智慧綠能技術在學校管理中展現出鉅大的潛力，透過引進 iManager 智慧總管和 AIoT 物聯網應用平臺，學校成功實現了節能減碳的目標，同時提升了室內空氣品質，為學生提供更優質的學習環境。這些技術不僅能夠有效監控和管理用電，還能提供即時的異常用電告警，使管理者能夠及時調整能源使用，避免能源浪費。透過智慧電控系統的應用，學校能夠實現自動化的節能措施，降低能源消耗，同時提高管理效率。這些成功案例顯示，智慧綠能技術將成為學校永續發展的重要支柱，為節能減碳提供了可行的解決方案。

伍、智慧綠能路燈：結合物聯網打造智慧校園

隨著智慧城市概念的興起，傳統的路燈功能已無法滿足現代化的需求。為了解決這一問題，詹智荃（2023）研究提出了一套智慧綠能路燈系統，旨在利用物聯網（IoT）技術將路燈轉變為多功能的智慧基礎設施，以提升校園照明效率、節省能源，並提供更多智慧化服務。該智慧綠能路燈系統由硬體架構的路燈、不同功能的 IoT 設備及網路組成，可直接連接網路，無需額外的電腦裝置。內建的感測器包括溫濕度感測器 DHT22、超音波感測器 SRF05 及光敏電阻繼電器，可收集環境數據，並將數據上傳至雲端平臺和資料庫供管理者監控和分析（見圖 6-48）。為了驗證系統的完整性和健全性，詹智荃採用 Petri Net 進行流程架構建模（見圖 6-49），模擬系統運行狀態並排除潛在問題。透過 Petri Net 分析可優化系統設計，提高系統準確度和可行性。綜上所述，智慧綠能路燈系統可實現以下效益包括節能減碳：根據光照強度和環境條件自動

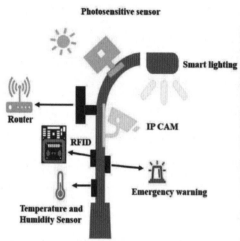

圖 6-48　智慧燈桿架構圖（硬體功能有智　圖 6-49　智慧燈桿實體圖
　　　　能照明、無線網路分享、網路即　資料來源：詹智荃（2023）。
　　　　時攝像頭、戶外溫濕度、RFID
　　　　及淹水警報）

資料來源：詹智荃（2023）。

調整路燈亮度，可有效節省能源。環境監測：可收集環境溫度、濕度、物體距離等數據，為智慧校園管理提供數據基礎。智慧照明：可根據人流等情況調整路燈亮度，提高照明效率。安全監控：可整合監控攝影機等設備，提供校園安全監控功能。總而言之，智慧綠能路燈系統可有效提升校園照明效率、節省能源，並提供更多智慧化服務，為智慧校園建設提供可行的解決方案。

　　對應到其他地區，智慧綠能是現代城市建設的重要組成部分，尤其在學校校園的應用上更是引人注目。過去，許多學校的路燈僅限於提供照明功能，無法有效管理，無法滿足綠色校園的需求。然而，隨著智慧綠能的興起，上海市市東中學的智慧路燈計劃成為了一個典型的例子。該計劃在提供基本照明的同時，還增加了資訊收集模塊和顯示屏模塊，突顯了綠色環保主題。這款被命名為「鳳凰」的智慧路燈，不僅搭載了智慧照明功能，還具備了環境監測、智慧廣播、公共 WIFI、一鍵報警、視頻監控和 LED 顯示屏等多項功能。在這樣的智慧校園中，學生

們可以在安全和健康的環境中學習和成長。當夜幕降臨，智慧路燈爲校園增添了明亮的色彩，不僅美化了校園，提高了校園內的安全性，還有效降低了能源消耗，實現了節能環保理念，成爲綠色校園建設的一大亮點。又以陝西省神木中學爲例，智慧燈桿上裝載了新能源汽車充電站及智慧照明有效的節能減排，並且還搭載有環境監測即時監控校園內的環境變化，還搭載了智慧 WIFI 讓師生們在課餘時間裡免費上網。除此之外，智慧燈桿上還搭載了視頻監控安防系統（見圖 6-50）已能夠與校園現有的安防設施匹配，打造綠色，安全，科技爲一體的智慧路燈（艾燈杆，無日期 a、無日期 b）。而在國內新竹清華大學與光寶合作，建置智慧路燈於臺達館周圍共 8 盞，可調整路燈亮度，並透過無線感測裝置監控環境，取得附近環境的溫度、濕度、空氣品質及水質等資訊，上傳資料庫並在網頁上以圖表呈現，以便查詢即時和歷史資料（清華大學，2021）。智慧綠能路燈系統展示了將傳統基礎設施轉化爲智慧

圖 6-50　陝西省神木中學智慧校園建設計劃——啓航智慧燈桿
資料來源：艾燈杆（無日期 b）。

化的潛力，為國內中小學提供了可行的範例。透過物聯網技術，校園路燈不僅提供照明功能，還具備環境監測、安全監控等多種功能，有助於提高校園管理效率、節省能源。國內中小學可考慮引入類似系統，根據校園需求調整功能配置，如增設環境監測設備、整合安全監控系統等，以提升校園綠色智慧化品質。此外，應加強與科技公司、學術機構的合作，推動智慧化科技在校園的應用，培養學生對智慧城市建設的認知與參與意識，推動未來城市發展與永續管理的發展。

參考文獻

尤嘉禾（2012）。ZigBee 技術下的智慧化環境監控。取自 https://www.digitimes.com.tw/iot/article.asp?cat=130&cat1=50&cat2=10&id=0000280359_8id2nc7g61lhq38tqj9xy

王怡人（2021）。基於人臉辨識及室內無線定位技術應用於智慧校園簽到系統設計之雙重認證機制。國立中正大學雲端計算與物聯網數位學習碩士在職專班未出版碩士論文，嘉義縣。

王傑瑋（2019）。人工智慧科技融入食物網概念教學對國中生環境素養之影響。國立高雄師範大學科學教育暨環境教育研究所未出版碩士論文，高雄市。

中央大學（2019）。【智慧系統領域】中央大學 AI 智慧手錶潛藏中風者的福音。擷取自 https://hesp.ncu.edu.tw/farmer/index.php/zh/96-2018-05-17-05-08-17/294-ai

中國評論新聞網（2023）。2023 京臺基礎教育校長峰會在京舉行。擷取自 https://hk.crntt.com/doc/1067/7/6/0/106776079.html?coluid=275&kindid=16872&docid=106776079&mdate=0928005712

永平高中（2020）。永平高中 Eschool 多功能智慧校園平臺及 APP 使用操作流程。擷取自 https://www.yphs.ntpc.edu.tw/wp-content/uploads/doc/d220/%E6%B0%B8%E5%B9%B3%E9%AB%98%E4%B8%ADEschool%E5%A4%9A%E5%8A%9F%E8%83%BD%E6%99%BA%E6%85%A7%E6%A0%A1%E5%9C%92%E5%B9%B3%E5%8F%B0%E5%8F%8AAPP%E4%BD%BF%E7%94%A8%E6%93%8D%E4%BD%9C%E6%B5%81%E7%A8%8B.pdf

百度百科（2019）。AMI（環境智能）。取自 https://baike.baidu.com/item/AMI/13006218

江彥廷（無日期）。各國 AI 人工智慧產業 AI 人工智慧產業及教人才培育政策對於我國高級中等以下 AI 人工智慧教育之啟示：以新加坡、日本及中國大陸為例。取自 https://www.rde.ntpc.gov.tw/userfiles/1160700/files/9_%E5%90%84%E5%9C%8BAI%E4%BA%BA%E5%B7%A5%E6%99%BA%E6%85%A7%E7%94%A2%E6%A5%AD%E5%8F%8A%E6%95%99%E8%82%B2%E4%BA%BA%E6%89%8D%E5%9F%B9%E8%82%B2%E6%94%BF%E7%AD%96%E5%B0%8D%E6%96%BC%E6%88%91%E5%9C%8B%E9%AB%98%E7%B4%9A%E4%B8%AD%E7%AD%89%E4%BB%A5%E4%B8%8BAI%E4%BA%BA%E5%B7%A5%E6%99%BA%E6%85%A7%E6%95%99%E8%82%B2%E4%B9%8B%E5%95%9F%E7%A4%BA%EF%BC%9A%E4%BB%A5%E6%96%B0%E5%8A%A0%E5%9D%A1%E3%80%81%E6%97%A5%E6%9C%AC%E5%8F%8A%E4%B8%AD%E5%9C%8B%E5%A4%A7%-

E9%99%B8%E7%82%BA%E4%BE%8B.pdf

艾燈杆（無日期a）。智慧路燈逐步開始走進各大校園學校。擷取自 https://www.azhdg.com/news-170.html

艾燈杆（無日期b）。陝西省神木中學智慧校園建設項目-啟航。擷取自 https://www.azhdg.com/case8a686232-5b9b-4dff-947b-9b0aac7dfa9a.html

朱冠諭（2024）。桃園力推智慧教室國中小布建率建置率逾9成領先全國。擷取自 https://udn.com/news/story/7324/7831225

余欣潔（2023）。AI繪圖應用於國小高年級美術課程對學童創作表現之影響。國立宜蘭大學多媒體網路通訊數位學習碩士在職專班，未出版碩士論文，宜蘭縣。

李開復、王詠剛（2017）。面對人工智慧，教育應該如何革新？——《人工智慧來了》。擷取自 https://panx.asia/archives/57648

李瑞敏、李宏隆、李青燕、陳昌助、羅亦斯（2020）。智慧校園利用智慧輔助教學系統提高學生學習成效之研究。課程與教學季刊，23(2)，1-24。

吳清山（2018）。文化回應教學。教育研究月刊，290，127-128。

吳清山（2019）。智慧領導。教育研究月刊，300，132-133。

吳忠霖、林秀秀（2021）。運動智能手錶監測國中小學生身體活動量之分析。國北教大體育，16，14-28。

技嘉科技（2023）。AI教育遍地開花新北小學導入人臉辨識「刷臉借書」。擷取自 https://www.gigabyte.com/tw/Article/facial-recognition-brings-ai-education-to-taiwan-s-schools

邱祐蓁（2018）。以人工智慧教學系統進行國小特殊需求學生社會技巧教學。亞洲大學資訊工程學系未出版碩士論文，臺中市。

何寶妍（2013）。臺灣地區國民小學校長科技領導對智慧教室創新擴散影響之研究。國立政治大學學校行政碩士在職專班未出版之碩士論文），臺北市。

利一奇（2019）。從智慧學校數位學習的興起淺談學校經營應有之變革與堅持。新北市教育，31，16-19。

林光媚（2017）。臺北市國民小學智慧校園指標建構之研究。國立政治大學學校行政碩士在職專班未出版碩士論文，臺北市。

林佳靜（2020）。運用後設分析方法探討智慧校園導入智慧教學之學習成效。課程與教學，23（2），25-54。https://doi.org/10.6384%2fCIQ.202004_23(2).0002

林睿鵬（2018）。東大首創人臉辨識借書 世界8美圖書館之首再升級。擷取自 https://www.ner.gov.tw/news/5b2b4ce64cb84800056ca222

林欣靜（2019）。108新課綱什麼是「素養」？知識、技能與態度的整合。擷取自 https://www.parenting.com.tw/article/5078645

東大新聞網（2018）。東大首創「人臉辨識借書服務」啟用3秒完成自助借書。

擷取自 https://enews.nttu.edu.tw/p/405-1045-79855,r923-1.php?Lang=zh-tw

科技新報（2022）。分類準確率高達 90%！TrashBot 推 18 萬元 AI 垃圾桶，讓消費者「無腦」丟垃圾。擷取自 https://technews.tw/2022/09/11/clean-robot-ics-trashbot/

洪榮昌（2019）。偏鄉小校縮小城鄉教育差距可行性策略之初探 以實施數位學習及建構智慧學校為例。新北市教育，31，28-31。

珠海容閎學校（2018）。未來已來智教先行容閎有道。取自 http://www.rh-school.cn/xxb/DetailedArticle.aspx?aId=2350&coId=131

思納捷（2023a）。智慧校園解決方案—北市四校環境改善小幫手。擷取自 https://insynerger.com/%E6%99%BA%E6%85%A7%E6%A0%A1%E5%9C%9 2%E2%94%80%E5%8C%97%E5%B8%82%E5%9B%9B%E6%A0%A1%E7% 92%B0%E5%A2%83%E6%94%B9%E5%96%84%E5%B0%8F%E5%B9%AB %E6%89%8B/

思納捷（2023b）。新北市校園智慧能源雲_299 所國中小學導入雲端電能與需量管理。擷取自 https://insynerger.com/%e6%96%b0%e5%8c%97%e5%b8%8 2%e6%a0%a1%e5%9c%92%e6%99%ba%e6%85%a7%e8%83%bd%e6%ba%9 0%e9%9b%b2_299%e6%89%80%e5%9c%8b%e4%b8%ad%e5%b0%8f%e5% ad%b8%e5%b0%8e%e5%85%a5%e9%9b%b2%e7%ab%af%e9%9b%bb%e8% 83%bd/

梁志強（2011）。人工智慧方法於線上診斷測驗之應用～以國小五年級「表面積」為例。亞洲大學資訊工程學系碩士在職專班未出版碩士論文，臺中市。

莊晏詞（2021）。人臉辨識技術應用之規範探討—以美國為例。生物產業科技管理叢刊，9，30-49。

國立臺灣大學教務處教學發展中心 x 數位學習中心（2019a）。教學新知—未來教室。擷取自 https://www.dlc.ntu.edu.tw/innovation-future-classroom/

國立臺灣大學教務處教學發展中心 x 數位學習中心（2019b）。未來教室。擷取自 https://www.dlc.ntu.edu.tw/futureclassroom/

翁雅玲（2021）。我國大學智慧校園指標建構之研究：模糊德懷術之應用。國立政治大學學校行政碩士在職專班未出版碩士論文，臺北市。

閆明聖（2019）。基礎教育階段智慧學校建設的實踐與探索。教育與裝備研究，2019（9），5-8。

鹿星南（2017）。論智慧學校建設支援系統及策略。教育文化論壇，2017(6)，134。

鹿星南、和學新（2017）。國外智慧學校建設的基本特點、實施條件與路徑。比較教育研究，335，23-29。

MBA 智庫百科（2023）。智慧學習。擷取自 https://wiki.mbalib.com/zh-tw/%E6 %99%BA%E6%85%A7%E5%AD%A6%E4%B9%A0

清華大學（2021）。智慧路燈──光寶科技。擷取自 https://smartcampus.site.nthu.edu.tw/p/405-1512-209278,c18347.php

教育部（無日期）。HiTeach 智慧教學系統。擷取自 https://www.sdc.org.tw/product/hiteach%E6%99%BA%E6%85%A7%E6%95%99%E5%AD%B8%E7%B3%BB%E7%B5%B1/

教育百科（2014）。遠距教學。擷取自 https://pedia.cloud.edu.tw/Entry/WikiContent?title=%E9%81%A0%E8%B7%9D%E6%95%99%E5%AD%B8&search=%E9%81%A0%E8%B7%9D%E6%95%99%E5%AD%B8

教育部（2024a）。前瞻基礎建設計劃 - 強化智慧學習暨教學計劃。取自 https://www.edu.tw/News_Plan_Content.aspx?n=D33B55D537402BAA&sms=954974C68391B710&s=DA1CCC6332FA1EE8

教育部（2024b）。112 至 113 年 5G 智慧學習學校推動計劃。擷取自 https://www.edu.tw/News_Content.aspx?n=0217161130F0B192&s=665F48E38A802B3E

教育技術通訊（2012）。智慧才是力量。取自 http://www.etc.edu.cn/show/tougao/2002/zhihuishililiang.htm

陳育亮（2014）。大學生選課免排隊！「智慧行政」創新校園面貌。取自 https://scitechvista.nat.gov.tw/Article/C000003/detail?ID=5505b330-c68a-4685-9b16-09bf7b569248

陳昀（2018）。人臉辨識進校門、智慧手環盯健康桃園試辦智慧校園。取自 https://news.ltn.com.tw/news/life/breakingnews/2628335

陳思伶（2021）。智慧幼兒園指標和權重體系建構之研究：模糊德懷術和層級分析法之應用。國立政治大學學校行政碩士在職專班未出版碩士論文，臺北市。

陳冠霖（2023）。高級中學智慧校園指標與權重體系建構之研究：模糊德懷術與層級分析法之應用。國立政治大學教育行政與政策研究所未出版碩士論文，臺北市。

許鈺屏（2023）。智慧城市是什麼？22 縣市案例、六大應用範圍一次看。取自 https://futurecity.cw.com.tw/article/1983

郭靜芝（2018）。打造 AI 智慧學校。取 https://www.chinatimes.com/newspapers/20181128000619-260210

張奕財（2018）。智慧學校校長科技領導、教師專業發展與創新經營效能關係之研究。國立政治大學教育學系未出版博士論文，臺北市。

張奕華（2013）。智慧教育與智慧學校理念。中國資訊技術教育，6，16-17。

張奕華（2020）。超過 70 位智慧教育專家心目中的「AI 智慧學校」。擷取自 https://www.habook.com/zh-tw/event.php?act=view&id=86

張奕華、林光媚（2017）。臺北市國民小學智慧校園指標及權重體系建構之研

究。教育行政與評鑑學刊，22，57-98。

張奕華、吳權威（2014）。智慧教育：理念與實踐。臺北市：網奕資訊。

張奕華、吳權威（2017）。智慧教育之教師專業發展：理念與案例。臺北市：高教代理。

張奕華（2022）。從 AI 智慧教室邁向智慧學校：兼談智慧教育。師友月刊，635，13-20。

張奕華、吳權威、曾秀珠、張奕財、陳家祥（2020）。智慧學校校長科技領導：理論實務與案例。臺北市：五南。

張奕華、劉林榮（2016）。南港國小等智慧校園導入驗證。經濟部智慧校園產業推動規劃建立示範學校專案計劃成果報告。

張明文（2019）。教室無邊界學習無國界智慧新學校。新北市教育，31，4。

張浚林、吳俊逸、李元廷、施婷喻（2019）。智慧分類垃圾桶。擷取自 https://niicc.cilab.csie.ncu.edu.tw/achievement/achieveresult/10077

曾薇臻（2016）。幼兒園教師應用智慧教室之現況與成效之研究（未出版之碩士論文）。國立政治大學，臺北市。

創新未來學校（2023）。下一波教育改革浪潮將由人工智慧帶動。擷取自 https://www.bplan.com.tw/post/ai_education_0627

游念育（2021）。酷課 APP 數位點名請假好方便。擷取自 https://www.china-times.com/newspapers/20210407001621-260107?chdtv

游昊耘（2024）。AI 教育斷層美國調查近六成老師不曾使用 AI、ChatGPT。擷取自 https://flipedu.parenting.com.tw/article/008986

黃臺中（2019）。致理科大圖書館創新採用人臉辨識系統。擷取自 https://www.chinatimes.com/newspapers/20190731000325-260210?chdtv

黃國禎（2021）。人工智慧的發展與教育應用。人文與社會科學簡訊，23(1)，98-104。

葉亞薇（2022）。班班有冷氣臺電助導入智慧能源管理永續教育落腳三千五百校。擷取自 https://www.cw.com.tw/article/5120974

新北市政府教育局（無日期）。能源地圖—新北市政府教育局能源教育平臺。擷取自 https://ecloud.ntpc.edu.tw/index.do

新華網（2024）。國家級資訊化實驗區建設成果展示交流活動在哈爾濱市繼紅小學校舉行。擷取自 http://www.hlj.xinhuanet.com/20240329/3e74cb8ec9534ba298e7e873a30312fb/c.html

微笑科技（2023）。校園安全零死角為什麼要給孩子買兒童智慧安全手錶？擷取自 https://www.ocare.com.tw/portal_b1_page.php?owner_num=b1_609989&button_num=b1&cnt_id=117864

詹智荃（2023）。智慧校園之智慧燈桿結合物聯網應用系統開發研究。明志科技大學電子工程系未出版碩士論文，新北市。

楊若晨（2023）。兒童定位手錶該不該買？專家建議依需求與4大原則來挑選。擷取自 https://www.parenting.com.tw/article/5087394

楊文君（2019）。小心你的臉！人臉辨識進入臺灣校園，學生隱私誰來把關？擷取自 https://futurecity.cw.com.tw/article/1082

群輝商務科技（2024）。什麼是智慧校園？學生與教師有何好處？智慧校園案例參考。擷取自 https://chci.com.tw/what-is-smart-campus-and-the-benefits/

維基百科（2023）。霧運算。擷取自 https://zh.wikipedia.org/zh-tw/%E9%9C%A7%E9%81%8B%E7%AE%972018-11-16-10-7-47-nfl.pdf

維基百科（2024a）。*AlexNet*。擷取自 https://zh.wikipedia.org/zh-tw/AlexNet

維基百科（2024b）。樹莓派。擷取自 https://zh.wikipedia.org/zh-tw/%E6%A0%91%E8%8E%93%E6%B4%BE

網奕科技（無日期a）。HiTeach 928 公益版授權如何應用 AI 輔助文句分析功能。擷取自 https://www.habook.com/zh-tw/faq.php?act=view&id=186

網奕資訊（無日期b）。學生端 Web IRS 操作說明（互動、任務、歷程、筆記）。擷取自 https://www.habook.com/zh-tw/faq.php?act=view&id=184

網奕資訊（2019）。新北市立北新國小 Best School KDP 國際認證的醍摩豆智慧學校。擷取自 https://www.habook.com/zh-tw/case.php?act=view&id=4

網奕資訊（2023a）。臺中市新平國小教育部年度績優學校。擷取自 https://www.habook.com/zh-tw/case.php?act=view&id=181

網奕資訊（2023b）。HiTeach 5 差異化分組「協作」功能使用說明。擷取自 https://www.habook.com/zh-tw/faq.php?act=view&id=245

網奕資訊（2023c）。跨越千里雙「新」共上一堂課 HiTeach 生生用平板結合 TBL 的遠距混成課堂。擷取自 https://www.habook.com/zh-tw/news.php?act=view&id=639

經濟部能源署（2021）。節能特色案例 - 高雄市小林國小結合數位科技建構全方位智能校園。取自 https://energy.mt.ntnu.edu.tw/news_pages.php?SN=189

臺北市立成功高級中學（2023）。（酷課 APP）親子綁定、家長端線上請假步驟。擷取自 https://www.cksh.tp.edu.tw/news/%E9%85%B7%E8%AA%B2app%E5%AE%B6%E9%95%B7%E7%AB%AF%E7%B7%9A%E4%B8%8A%E8%AB%8B%E5%81%87%E6%AD%A5%E9%A9%9F%E5%8F%8A%E6%B3%A8%E6%84%8F%E4%BA%8B%E9%A0%85/

臺北市教師研習中心（2018）。2018 兩岸城市教育論壇 - 教育創新 ╳ 智慧領導 ╳ 實驗教育實施計劃。取自 http://www.hhjh.tp.edu.tw/mediafile/1564/news/106/2018-11/

臺北市政府（2023）。臺北市親師生平臺 / 酷課 APP 再升級！健康管理數據、營養午餐及學習獎勵三大功能陸續上線！https://www.gov.taipei/News_Content.aspx?n=F0DDAF49B89E9413&s=2B0A86422C48F2CF

臺南市政府（2024）。臺南 5G 智慧學習成果展打造未來教育新樣貌。取自 https://www.tainan.gov.tw/news_content.aspx?n=13371&s=8611210

魯永明（2023）。年省 2 萬度電獲節能標竿民族國小用這些節能方法辦到。擷取自 https://udn.com/news/story/6898/7619964

親子天下（2023）。SDGs 是什麼？永續發展目標 17 項目標及臺灣實例。取自 https://www.parenting.com.tw/article/5091099

蔡志宏、林劍秋（2020）。AI+5G：數位成長催化劑。國土及公共治理季刊，8(4)，20-29。

數位時代（2018）。翻轉傳統教育打造 AI 智慧學校。取自 https://www.bnext.com.tw/article/51364/habook

熱點影像科技有限公司（無日期）。智慧教室、未來教室：雙向授課，打造討論式課堂。擷取自 https://www.hot-dot.url.tw/service/smart_classroom/

劉林榮（2013）。南港國小的智慧學校藍圖。中國信息技術教育，6，18-19。

劉濬慶（2020）。使用於智慧化教室的人臉偵測、追蹤及辨識。國立臺灣大學資訊工程學研究所未出版碩士論文，臺北市。

衛德彬、阮征、陳方勇、韓芬芬（2019）。智慧學校環境下習題課教學與初中生數學成績關聯性實驗研究。中小學電報，2019(6)，34-38。

戴慈萱（2021）。國民中學智慧校園指標與權重體系建構之研究：模糊德懷術與層級分析法之應用。國立政治大學學校行政碩士在職專班未出版碩士論文，臺北市。

謝宛芹（2023）。國民中學英語科教師應用 AI 文句分析模組與教學效能之研究。國立政治大學教育學系未出版碩士論文，臺北市。

謝宛芹、潘姿伶、張奕華（2023）。國民中學英語科教師應用 AI 輔助文句分析模組及其教學效能之研究〔論文發表〕。2023 ICEET 數位學習與教育科技國際研討會，臺北市。

盧玟燕（2020）。導入 AI 機器學習之天氣預測系統專題課程對高中學生 AI 學習成效影響之研究。國立高雄師範大學工業科技教育學系未出版碩士論文，高雄市。

盧玟燕、羅希哲、范斯淳（2023）。高中生人工智慧學習態度對學習成就影響之研究。工業科技教育學刊，16，180-198。https://doi.org/10.6306/JITE.202307_(16).0011

AASA (2023). *Bringing AI to school: Tips for school leaders* (ED629554). ERIC. https://files.eric.ed.gov/fulltext/ED629554.pdf

Abuarqoub, A, Abusaimeh, H, Hammoudeh, M, Uliyan, D, Abu-Hashem, M. A., Murad, S, Al-Jarrah, M., & Al-Fayez, F. (2017). A survey on internet of things enabled smart campus applications. In International Conference on Future Networks and Distributed Systems (ICFNDS 2017), 19 July 2017 - 20 July 2017,

Cambridge, United Kingdom.

ALEKS (2024). *What makes ALEKS unique*. Retrieved from https://www.aleks.com/about_aleks/tour_ai_intro

American Federation of School Administrators (2023). *Artificial intelligence and education*. Retrieved from https://www.theschoolleader.org/news/artificial-intelligence-and-education

Attune (2022). *Indoor Air Quality (IAQ) Monitoring*. Retrieved from https://www.attuneiot.com/indoor-air-quality-iaq

Augusto, J. C., Callaghan, V., Cook, D. J., Kameas, A., & Satoh, I. (2013). Intelligent environments: A manifesto. *Human-centric Computing and Information Sciences*, *3*(1). https://doi.org/10.1186/2192-1962-3-12

Badshah, A., Ghani, A., Daud, A., Jalal, A., Bilal, M., & Crowcroft, J. (2023). Towards smart education through the Internet of things: A survey. *ACM Computing Surveys*, *56*(2), 1-33. https://doi.org/10.1145/3610401

Bajaj, R., & Sharma,V. (2018). Smart education with artificial intelligence-based determination oflearning styles. *Procedia Computer Science 132* (2018), 834-842.

Burns, J. (2024). *DOE recognizes 13 school districts for efficiency, healthy school efforts*. Retrieved from https://www.facilitiesdive.com/news/doe-efficient-healthy-schools-program-iaq-benefits-sensors/715928/

Celik, I., Dindar, M., Muukkonen, H., & Järvelä, S. (2022). The promises and challenges of artificial intelligence for teachers: A systematic review of research. *TechTrends: Linking Research and Practice to Improve Learning, 66*(4), 616-630.

Cohen, B. (2018). *Blockchain cities and the smart cities wheel*. Retrieved from https://boydcohen.medium.com/blockchain-cities-and-the-smart-cities-wheel-9f65c2f32c36

Continental Automated Buildings Association. (2008). *Bright green building: Convergence of green and intelligent buildings*. Retrieved from http://www.caba.org/brightgreen

CyberSchool with IoT (n. d.). *Smart school building management with IoT system*. Retrieved from http://www.cyberschool.id/content/smart-school-building-management-iot-system

Dake, D. K., & Ofosu, B. A. (2019). 5G enabled technologies for smart education. *International Journal of Advanced Computer Science and Applications (IJACSA), 10*(12), 201-206.

Demir, K. A. (2021). Smart education framework. *Smart Learning Environments, 8*(29), 1-36.

EDU STEP UP (2024). *What is a smart school? And what are their benefits?* Retrieved fromhttps://edustepup.com/en/what-is-smart-school-and-benefits

El-Sofany, H.F., & El-Seoud, S. A. (2022). Implementing effective learning with ubiquitous learning technology during coronavirus pandemic. *Computer Systems Science and Engineering, 40*(1), 389-404. https://doi.org/10.32604/csse.2022.018619

eSchool News (2024). *What is the role of AI in a smart school?*Retrieved from https://www.eschoolnews.com/digital-learning/2024/02/05/what-is-the-role-of-ai-in-a-smart-school/

Extramarks (2023).*These 8 tech trends will change how you view smart school technology.* Retrieved from https://www.extramarks.com/blogs/these-8-tech-trends-will-change-how-you-view-smart-school-technology/

Firoozi, M. R., Kazemi, A., & Jokar, M. (2017). The role of socio-cognitive variables in predicting learning satisfaction in smart schools. *International Electronic Journal of Elementary Education, 9*(3), 613-626.

Fisher, E. (2023). A fresh look at ethical perspectives on artificialintelligence applications and their potential impacts atwork and on people. *Business and Economic Research, 13*(3), 1-22.

Fretes, G., Llurba, C., & Palau, R. (2023). Influence of teaching activities, environmental conditions and class schedules on teacher stress measured with a smartwatch: A pilot study. *Journal of Technology and Science Education, 13*(3), 775-787. https://doi.org/10.3926/jotse.2043

Fullan M., Azorín, C., Harris, A., & Jones, M. (2023) Artificial intelligence and school leadership: challenges, opportunities and implications. *School Leadership & Management, Editorial*, 1-8. DOI: 10.1080/13632434.2023.2246856

Galindo-Domínguez, H., Delgado, N., Losada, D., & Etxabe, J.-M.(2024). An analysis of the use of artificial intelligence in education in Spain: The in-service teacher's perspective. *Journal of Digital Learning in Teacher Education, 40*(1), 41-56.

Girardin, K., & Duell, N. (2017, September). *Rebooting smart schools: The need to debug New York's 2014 Bond Act.* (ED573929). ERIC. https://files.eric.ed.gov/fulltext/ED588817.pdf

Google DeepMind (2024). *Gemini* (March 4 version) [Large language model]. https://gemini.google.com/app

Google for Education (n. d.). *Bring learning to life with Jamboard.* Retrieved from https://edu.google.com/intl/ALL_us/jamboard/

Greene Nolan, H. L., & Vang, M. C. (2023). Automated essay scoring in middle school writing: Understanding key predictors of students' growth and comparing artificial intelligence- and teacher-generated scores and feedback. *Digital Promise*. doi.org/10.51388/20.500.12265/187

Gupta, K. P., & Bhaskar, P. (2020). Inhibiting and motivating factors influencing teachers' adoption of AI-based teaching and learning solutions: Prioritization using analytic hierarchy process. *Journal of Information Technology Education: Research, 19,* 693-723.

Ha, I., & Kim, C. (2014). The research trends and the effectiveness of smart learning. *International Journal of Distributed Sensor Networks, 2014,* 1-9. https://doi.org/10.1155/2014/537346

Hao, J. (2021). Design of intelligent educational administration system based on big data technology. AIAM2021: 2021 3rd International Conference on Artificial Intelligence and Advanced Manufacture. https://dl.acm.org/doi/10.1145/3495018.3495406

Harvard Graduate School of Education. (2022a). *About project zero.* Retrieved from https://pz.harvard.edu/who-we-are/about

Harvard Graduate School of Education. (2022b). *Smart schools.* Retrieved from https://pz.harvard.edu/projects/smart-schools

Harvard Graduate School of Education. (2022c). *Digital life & learning. Project zero.* Retrieved from https://pz.harvard.edu/topics/digital-life-learning

HiESD (2024). *Smart healthy school.* Retrieved from https://hiesd.org/wp/smart-healthy-school/

Hsu, H. (2020). *Construction of indicators for intelligent leadership competence of primary and secondary school principals: Application of fuzzy Delphi method* (Unpublished master's thesis). National Chengchi University, Taipei, Taiwan.

Hsu, S. (2018). 主動出擊打擊弊端。擷取自 https://cdn.viaembedded.com/DM_pdfs/2018/TW/Ebook-chinese+version.pdf

Huang, C., & Samek, T., & Shiri, A. (2021). AI and ethics: Ethical and educational perspectives for LIS. *Journal of Education for Library and Information Science, 62*(4), 351-365.

Huang, M. H., Rust, R., & Maksimovic, V. (2019). The feeling economy: Managing in the next generation of artificial intelligence (AI). *California Management Review, 61*(4), 43-65. https://doi.org/10.1177/0008125619863436.

Hutson, J., & Plate, D. (2023). *Human-AI collaboration for smart education: Reframing applied learning to support metacognition.* Retrieved from https://www.intechopen.com/online-first/1139594

International Society for Technology in Education (2024). *Artificial intelligence in education*. Retrieved from https://iste.org/ai

Jackson, B. B. (2022). *Administrative leaders' experiences with information communication technology platforms and best practices in smart schools.*(ED620223). ERIC. https://eric.ed.gov/?id=ED620223

Jadhav, P., Chilukuri, M. V. K., Chandana,V., Krithika, L., & Shetty, A. (2020). Facial recognition-based attendance management system using Raspberry Pi. *International Journal of Research in Engineering, Science and Management, 3*(5), 654-658.

Jones, M. (2024). *Two Illinois public schools gain indoor air quality monitoring systems*. Retrieved from https://spaces4learning.com/Articles/2024/03/19/Attune-ASHRAE-IAQ-Monitoring-Systems.aspx

Kim, W.J. (2022). AI-integrated science teaching through facilitating epistemic discourse in the classroom.*Asia-Pacific Science Education, 8*(1), 9-42.

Kim, T., Cho, J. Y., & Lee, B. G. (2013). Evolution to smart learning in public education: A case study of Korean public education. In T. Ley, M. Ruohonen, M. Laanpere, & A. Tatnall (Eds.), *Open and social technologies for networked learning*(pp.321-338). Berlin, Heidelberg: Springer. https://doi.org/10.1007/978-3-642-37285-8_18

Kuppusamy, P. (2019). Smart education using Internet of things technology. In Z. Ma&L.Yan (Eds.), *Emerging technologies and applications in data processing and management* (pp.385-412). Hershey, Pennsylvania: IGI Global.

Langreo, L. (2024a). *Teachers told us they've used AI in the classroom. Here's why*. Retrieved from https://www.edweek.org/technology/teachers-told-us-theyve-used-ai-in-the-classroom-heres-why/2024/01

Langreo, L. (2024b). *Most teachers are not using AI. Here's why*. Retrieved from https://www.edweek.org/technology/most-teachers-are-not-using-ai-heres-why/2024/01

Li, P. (2018). 人臉辨識如何幫助學生有效學。擷取自 https://cdn.viaembedded.com/DM_pdfs/2018/TW/Ebook-chinese+version.pdf

Li, K. C., & Wong, B. T. M. (2022). Research landscape of smart education: A bibliometric analysis. *Interactive Technology and Smart Education, 19*(1), 3-19. http://dx.doi.org/10.1108/ITSE-05-2021-0083

Lin, L. (2019). *A study on the relationship among intelligent leadership of elementary school principals, maker education of teachers, and school effectiveness in Taipei City* (Unpublished doctoral dissertation). National Taipei University of Education, Taipei, Taiwan.

Liu, Y. (2020). *A study on intelligent leadership of elementary school principals*

(Unpublished master's thesis). National Taipei University of Education, Taipei, Taiwan.

Liu, Y., & Qu, Y. (2024). Construction of a smart face recognition model for Universitylibraries based on FaceNet-MMAR algorithm. *PLoS ONE 19*(1), 1-20. | https://doi.org/10.1371/journal.pone.0296656

Melbourne School of Design (n.d.). *Smart green schools.* https://msd.unimelb.edu.au/research/projects/completed/VEIL/eco-acupuncture/2007-08-studios/smart-green-schools

Messier, S. (2024). *How AI can help you at the trash bins.* Retrieve from https://www.overlake.org/about/news/2544

Microsoft Copilot (2024). *Copilot* (March 4 version) [Large language model]. https://www.microsoft.com/zh-tw/microsoft-copilot

Mirzajani, H., Bayekolaei, M. D., Kookandeh, M. R., Rezaee, S. S. R., Kamalifar, A. A., & Shani, H. R. (2016). Smart schools an innovation in education: Malaysian's experience.*Asian Journal of Education and Training, 2*(1), 11-15. http://dx.doi.org/10.20448/journal.522/2016.2.1/522.1.11.15

Mogas, J., Palau, R., Fuentes, M., & Cebrián, G. (2022). Smart schools on the way: How school principals from Catalonia approach the future of education within the fourth industrial revolution. *Learning Environments Research, 25*, 875-893 https://doi.org/10.1007/s10984-021-09398-3

Monteith, B., & Noyce, P., & Zhang, P. (2022). Teaching artificial Intelligence through the arts in Beijing. *Science Teacher, 89*(5), 42-49.

Mulawarman, W. G. (2022). *The effect of smart management and school efficiency on school performance in the digital era.* https://ejer.com.tr/manuscript/index.php/journal/article/view/954

New Leaders (2024). *A.I. in education: What K-12 leaders need to know.* Retrieved from https://www.newleaders.org/blog/a-i-in-education-what-k-12-leaders-need-to-know

OECD (2023). *Opportunities, guidelines and guardrails for effective and equitable use of AI in education.* Retrieved from https://www.oecd.org/education/ceri/Opportunities,%20guidelines%20and%20guardrails%20for%20effective%20and%20equitable%20use%20of%20AI%20in%20education.pdf

Ogata, H., Matsuka, Y., El-Bishouty, M. M., & Yano, Y. (2009). LORAMS: Linking physical objects and videos for capturing and sharing learning experiences towards ubiquitous learning. *International Journal of Mobile Learning and Organization, 3*(4), 337-350.

Omidinia, S., Masrom, M., & Selamat, H.B. (2013). An examination of the concept of smart school: An innovation to address sustainability. *IEEE International Conference on Computational Science and Engineering*. Hershey, PA: Information Science Reference.

OpenAI. (2024). *ChatGPT* (March 4 version) [Large language model]. https://chat.openai.com/chat

Orhani, S., Saramati, E., & Drini, L. (2023). School administration through the school's electronic management system. *European Journal of Educational Management, 6*(1), 59-67. https://doi.org/10.12973/eujem.6.1.59

Ossiannilsson, E. (2015). Challenges and opportunities for active and hybrid learning related to UNESCO post 2015. In G. Keengwe&G. Onchwari(Eds.),*Handbook of research on active learning and the flipped classroom model in the digital age* (pp.333-351). Hershey, PA: Information Science Reference.

Pal, S., Bhattacharya, S., Mustafi, S., & Mitra, S. (2023). Smart green classroom and machine learning to promote green awareness for sustainable living. *International Journal of Instructional Technology and Educational Studies, 4*(1), 7-15. https://doi.org/10.21608/ihites.2021.107726.1081

Palau, R., & Mogas, J. (2019). Systematic literature review for a characterization of the smart learningenvironments. In Cruz, A.M., & Aguilar, A.I. (Eds.), *Propuestas multidisciplinares de innovación e intervencióneducativa*. Universidad Internacional de Valencia.

Palmieri, K. (2022). Back in my classroom, jamming with Jamboard. Retrieved from https://www.middleweb.com/44102/back-in-my-classroom-jamming-with-jamboard/

Park, W., & Kwon, H. (2024). Implementing artificial intelligence education for middle school technology education in Republic of Korea.*International Journal of Technology and Design Education, 34*(1), 109-135. https://doi.org/10.1007/s10798-023-09812-2

Perkins, D. (2022). *Smart schools: Key principles for schools to develop*. Retrieved fromhttps://pz.harvard.edu/projects/smart-schools

Pollitt, K. (2020).*New wristband monitors personal exposure to air pollution*. Retrieved fromhttps://ysph.yale.edu/news-article/new-wristband-monitors-personal-exposure-to-air-pollution/

ResearchGate (2017). *The smart city wheel by Boyd Cohen*. Retrieved from https://www.researchgate.net/figure/The-Smart-city-wheel-by-Boyd- Cohen_fig3_317269039

Russell, S, & Norvig, P. (2003). *Artificial intelligence: A modern approach*. New York: Prentice Hall.

Sadipour, I., Ghavam, S. E., Farrokhi, N., Assadzadeh, H., & Sameti, N. (2017). A model to predict academic performance based on the components of emotional intelligence, problem solving skills and achievement motivation among students of smart and ordinary school.*International Journal of Environmental and Science Education, 12*(5), 1353-1369.

Schiel, J., Bobek, B.L., & Schnieders, J. Z. (2023). *High school students' use and impressions of AI tools* (ED573929). ERIC.https://files.eric.ed.gov/fulltext/ED638428.pdf

Singh, H., & Miah, S. J. (2020). Smart education literature: A theoretical analysis. *Education and Information Technologies, 25*(4), 3299-3328. http://dx.doi.org/10.1007/s10639-020-10116-4

SmartStudent (2023). *Top 10 features of the best school management system*. Retrieved from https://smartstudent.app/top-10-features-of-the-best-school-management-system/

Smart Nation and Digital Government Office (2023). *Our achievements*. Retrieved from https://www.smartnation.gov.sg/about-smart-nation/our-journey/achievements/#singapore-named-top-asian-city-in-the-2023-imd-smart-city-index

Soundarya, S., Ashwini, P., Rucha, W., & Gaurav, K. (2021). A review paper on attendance management system using face recognition. *International Journal of Creative Research Thoughts, 9*(11), 63-68.

Srivastava, A., Katiyar, P., & Chauhan, P. (2023). *A review paper on attendance management system usingface recognition*. Retrieved from https://www.researchgate.net/publication/371788782_A_REVIEW_PAPER_ON_ATTENDANCE_MANAGEMENT_SYSTEM_USING_FACE_RECOGNITION

Sumakul, D. T. Y. G., Hamied, F. A., & Sukyad, D. (2022). Artificial Intelligence in EFL Classrooms: Friend or foe? *LEARN Journal: Language Education and Acquisition Research Network, 15*(1), 232-256.

Sun, J., Ma, H., Zeng, Y., Han, D., & Jin, Y. (2023). Promoting the AI teaching competency of K-12 computer science teachers: A TPACK-based professional development approach. *Education and Information Technologies, 28*(2), 1509-1533.

Teacher Tapp (2023a). *About us*. Retrieved from https://teachertapp.co.uk/about-us/
Teacher Tapp (2023b). *How to improve behavior and wellbeing, and how you're using AI in schools*. Retrieved from https://teachertapp.co.uk/articles/how-to-improve-behaviour-wellbeing-and-how-youre-using-ai-in-schools/#AI

The Center for Educational Leadership (1992). *Smart schools for San Antonio's future: A report on public education*. (ERIC Document Reproduction Service No.

ED369134)

The U.S. Department of Education Office of Educational Technology (2023). *Artificial intelligence and the future of teaching and learning: Insights and recommendations*. Retrieved from https://tech.ed.gov/ai-future-of-teaching-and-learning/

Tpoint Tech. (2021). *Artificial intelligence in education*. https://www.javatpoint.com/artificial-intelligence-in-education

Tyson, M. M., & Sauers, N. J. (2021). School leaders' adoption and implementation of artificial intelligence. *Journal of Educational Administration, 59* (3), 271-285. https://doi.org/10.1108/JEA-10-2020-0221

UNESCO (2023). *Global Education Monitoring Report. Technology in Education. A Tool on Whose Terms?* Paris: UNESCO.

UNESCO IITE (2022a). *Smart education strategiesfor teaching and learning:Critical analytical framework and case studies*. Retrieved from https://iite.unesco.org/wp-content/uploads/2022/09/Smart-education-strategies-publication.pdf

UNESCO IITE (2022b). *Analytical report on global innovations and monitoring of the status of smart education [PDF]*. Retrieved from https://iite.unesco.org/wp-content/uploads/2022/09/Analytical-report-on-global-innovations-and-monitoring-of-the-status-of-smart-education.pdf

UNESCO IITE (2023). *Synthesis report of the global smart education conference 2023*. Retrieved from https://iite.unesco.org/publications/synthesis-report-of-global-smart-education-conference-2023/

UNESCO IITE (2024). *Report on National Smart Education Framework*. Retrieved from https://iite.unesco.org/publications/report-on-national-smart-education-framework/

University of Michigan Marsal Family School of Education (2024). *Data Analysis for Project Topeka*. Retrieved from https://marsal.umich.edu/grants-awards/data-analysis-project-topeka

Utami, S. P. T., Andayani, Winarni, R., & Sumarwati (2023). Utilization of artificial intelligence technology in an academic writing class: How do Indonesian students perceive? *Contemporary Educational Technology, 15*(4), ep450. https://doi.org/10.30935/cedtech/13419

Vasarhelyi, K. (2022). *AI robotics in recycling*. Retrieved from https://www.colorado.edu/ecenter/2022/04/06/ai-robotics-recycling

Walia, J. S., & Kumar, P. (2022). Tech transition: An exploratory study on educators' AI awareness. *International Journal of Virtual and Personal Learning Environments, 12*(1), 1-17.

Wang, X., Wilson, J., & Li, W. (2021). An empirical investigation of leadership and human resources capacities as key actors in the implementation of smart education. *Education Sciences, 11*(138), 1-25. https://doi.org/10.3390/educsci11030138

White, J. (2022). *Smart teaching: A guide for trainee teachers*. Thousand Oaks, CA: Sage.

Wikipedia (2022). *Intelligent environment*. Retrieved from https://en.wikipedia.org/wiki/Intelligent_environment

Wikipedia (2023). *Collaborative learning*. Retrieved from https://en.wikipedia.org/wiki/Collaborative_learning

Wikipedia (2024a). *Stable diffusion*. Retrieved from https://zh.wikipedia.org/zh-tw/Stable_Diffusion

Wikipedia (2024b). *Gemini* (chatbot). Retrieved from https://en.wikipedia.org/wiki/Gemini_(chatbot)

Wikipedia (2024c). *ChatGPT*. Retrieved from https://en.wikipedia.org/wiki/ChatGPT

Wikipedia (2024d). *Microsoft 365 Copilot*.Retrieved from https://en.wikipedia.org/wiki/Microsoft_Copilot

Wikipedia (2024e). *Embedded system*. Retrieved from https://en.wikipedia.org/wiki/Embedded_system

Wikipedia (2024f). *Jamboard*. Retrieved from https://en.wikipedia.org/wiki/Jamboard

Wikipedia (2024g). *Collaboration*. Retrieved from https://en.wikipedia.org/wiki/Collaboration

Xu, B., & Margevica-Grinberga, I. (2021). A discourse on innovation of English teaching in China from the perspective of artificial intelligence. *Cypriot Journal of Educational Sciences, 16*(5), 2313-2323.

Yau, K.-W., Chai, C.-S., Chiu, T. K. F., Meng, H., King, I., & Yam, Y. (2023). A phenomenographic approach on teacher conceptions of teaching artificial intelligence (AI) in K-12 schools. *Education and Information Technologies*, *28*(1), 1041-1064.

Yu, S., & Lu, Y. (2021). Introduction. In S. Yu and Y. Lu (Eds.), *An Introduction to Artificial Intelligence in Education*(pp.1-7). Singapore: Springer.

Zeeshan, K., Hämäläinen, T., & Neittaanmäki, P. (2022). Internet ofthings for sustainable smart education: An overview. *Sustainability, 14*, 1-15. https://doi.org/10.3390/su14074293

Zhang, J., Jing, Q., Liang, Y., Jiang, H., Li, N. (2023). Smart learning environments in school: Design principles and case studies. In Spector, J. M., Lockee, B. B.,

Childress, M. D. (eds), Learning, Design, and Technology (pp. 3659-3686). Cham: Springer. https://doi.org/10.1007/978-3-319-17461-7_19

Zhou, Z. (2020). *An intelligent teaching assistant system using deep learning technologies*. ICMLT '20: Proceedings of the 2020 5th International Conference on Machine Learning Technologies (paper presentation), Beijing, China.

Zhu, Z.-T., & He, B. (2012). Smart education: New frontier of educational informatization. *E-Education Research, 12*, 1-13.

Zuo, L., Xu, X., Li, Q., Xu, C., & Wang, S. (2022). Research on smart education methods based on the perspectiveof "5G+AI". *International Journal of Social Science and Education Research, 5*(6), 491-494. DOI: 10.6918/IJOSS-ER.202206_5(6).0070

Zhu, Z-T., Sun, Y., & Riezebos, P. (2016). Introducing the smart education framework: core elements for successful learning in a digital world.*International Journal of Smart Technology and Learning, 1*(1), 53-66.

Zivelonghi, A., & Giuseppi, A. (2024). Smart healthy schools: An IoT-enabled concept for multi-room dynamic air quality control. *Internet of Things and Cyber-Physical Systems, 4*, 24-31.https://doi.org/10.1016/j.iotcps.2023.05.005

參考文獻

239

Note

Note

國家圖書館出版品預行編目資料

i-LEADER⁺智慧學校：理念、指標與案例／張
奕華著. ──初版. ──臺北市：五南圖書
出版股份有限公司, 2024.09
面； 公分

ISBN 978-626-393-776-5（平裝）

1.教學科技 2.數位學習 3.學校行政

521.53 113013493

1IGJ

i-LEADER⁺智慧學校
理念、指標與案例

作　　者 ― 張奕華

企劃主編 ― 黃惠娟

責任編輯 ― 魯曉玟

封面設計 ― 韓衣非

出 版 者 ― 五南圖書出版股份有限公司

發 行 人 ― 楊榮川

總 經 理 ― 楊士清

總 編 輯 ― 楊秀麗

地　　址：106臺北市大安區和平東路二段339號4樓

電　　話：(02)2705-5066　　傳　　真：(02)2706-6100

網　　址：https://www.wunan.com.tw

電子郵件：wunan@wunan.com.tw

劃撥帳號：01068953

戶　　名：五南圖書出版股份有限公司

法律顧問　林勝安律師

出版日期　2024年 9 月初版一刷

定　　價　新臺幣400元

經典永恆・名著常在

五十週年的獻禮 —— 經典名著文庫

五南，五十年了，半個世紀，人生旅程的一大半，走過來了。
思索著，邁向百年的未來歷程，能為知識界、文化學術界作些什麼？
在速食文化的生態下，有什麼值得讓人雋永品味的？

歷代經典・當今名著，經過時間的洗禮，千錘百鍊，流傳至今，光芒耀人；
不僅使我們能領悟前人的智慧，同時也增深加廣我們思考的深度與視野。
我們決心投入巨資，有計畫的系統梳選，成立「經典名著文庫」，
希望收入古今中外思想性的、充滿睿智與獨見的經典、名著。
這是一項理想性的、永續性的巨大出版工程。
不在意讀者的眾寡，只考慮它的學術價值，力求完整展現先哲思想的軌跡；
為知識界開啟一片智慧之窗，營造一座百花綻放的世界文明公園，
任君遨遊、取菁吸蜜、嘉惠學子！